Roland R. Ropers

Geburtsstunde des neuen Menschen

Hugo Makibi Enomiya-Lassalle zum 100. Geburtstag

Für Achim Battke
mit österlichen Grüßen
Roland Ropers
München, April 2004

vianova
Verlag Via Nova

1. Auflage 1998
Verlag Via Nova, Neißer Straße 9, 36100 Petersberg
Telefon und Fax: (06 61) 6 29 73
Satz: typo-service kliem, 97647 Neustädtles
Druck und Verarbeitung: Rindt-Druck, 36037 Fulda

ISBN 3-928632-38-8

Inhaltsverzeichnis

Vorwort

*„Es gibt verschiedene Kräfte, die wirken,
aber nur den einen Gott. Er bewirkt alles
in allen. Jedem aber wird die Offenbarung
des Geistes geschenkt, damit sie anderen
nützt. Dem einen wird vom Geist die Gabe
geschenkt, Weisheit mitzuteilen, dem
anderen durch den gleichen Geist
die Gabe, Erkenntnis zu vermitteln,
dem dritten im gleichen Geist Glaubens-
kraft, einem anderen – immer in dem einen
Geist – die Gabe, Krankheiten zu heilen,
einem anderen Wunderkräfte, einem anderen
prophetisches Reden, einem anderen die
Fähigkeit, die Geister zu unterscheiden, wieder
einem anderen verschiedene Arten von Zungen-
rede, einem anderen schließlich die Gabe, sie
zu deuten. Das alles bewirkt ein und der
derselbe Geist; einem jeden teilt er seine
besondere Gabe zu, wie er will.“*

– 1 Korinther 12,6–11 –

Der Jesuitenpater und Zen-Meister Hugo Makibi Enomiya-Lassalle, der geradezu pionierhaft und wagemutig eine uralte, aus dem Buddhismus stammende Meditationspraxis für Christen und Nicht-Christen, für nach letztgültiger Wahrheit Suchende erprobt und später in zahlreichen Kursen angeboten hatte, zählt zu den Hoffnungsträgern und Brückenbauern für die geistige Zukunft vieler Menschen. Er ist stets allen Menschen vorurteilslos begegnet und wußte die Welt eines jeden einzelnen zu respektieren und zu schätzen. Ohne missionarischen Eifer hat er sich um den Menschen bemüht und hat durch sein von großen Schicksalsschlägen erschüttertes Leben vorbildhafte Maßstäbe für die Überwindung von Widerständen und Gegensätzlichkeiten in der Welt gesetzt.

Das vorliegende Buch gibt durch viele bisher unbekannte Dokumente einen Einblick in sein vielschichtiges Leben und Wirken. Die Kapitel 3–7 sind seinem vergriffenen und von mir 1988 herausgegebenen Buch „Wohin geht der Mensch?“ entnommen.

Wir stehen an einem besonderen Wendepunkt in unserer Menschheitsgeschichte. Das bevorstehende 3. Jahrtausend gibt ständig Anlaß für unterschiedliche Prophezeiungen, Spekulationen, Ängste, steht aber auch für eine sehr große Hoffnung. Der Transformations-Prozeß, der am Endes dieses Jahrhunderts sich immer intensiver durchsetzt, ist ein tiefgreifendes Geschehen, ein Durchbruch von Dunkelheit und Unwissenheit zur lichtvollen Erkenntnis. Das zerstörerische Licht der Atombombe, das Hugo Makibi Enomiya-Lassalle am 6. August 1945 in Hiroshima erleben mußte, möge eine Mahnung sein, daß wir anstelle des dämonischen, vernichtenden Lichts die göttliche Strahlung, die in jedem von uns wesenhaft verborgen liegt, zur Entfaltung bringen. Jeder Mensch ist ein Lichtstrahl Gottes und sollte sich dessen mehr bewußt werden und die Frohe Botschaft voller Freude zum Ausdruck bringen.

Möge dieses Buch einen Beitrag dafür leisten, daß dieses göttliche Licht in einem Neuen Bewußtsein immer stärker durchbricht.

In tiefer Dankbarkeit gegenüber Pater Lasalle übergebe ich das vorliegende Werk anläßlich seines 100. Geburtstages der Öffentlichkeit. Möge erneut die Kraft und der Geist dieses großen Meisters in seinen Schülern und Freunden lebendig werden, mögen die Menschen unserer Zeit durch das Lesen und Studieren dieses Werkes nach innen gehen und zu tieferen Schichten des Seins gelangen. Mögen sie wieder Hoffnung schöpfen, daß der neue Mensch kommen wird und seine Geburtsstunde nahe ist.

Roland R. Ropers

Kreuth/Tegernsee, 6. August 1998,
53. Jahrestag von Hiroshima,
Fest der Verklärung Christi.

1. Kapitel

Die göttliche Radioaktivität des Menschen

„Wäre nicht das Auge sonnenhaft,
die Sonne könnt es nie erblicken;
läg nicht in uns des Gottes eigne Kraft,
wie könnt uns Göttliches entzücken ?“

- Johann Wolfgang von Goethe -

„Ich bin das Licht der Welt.
Wer mir nachfolgt, wird nicht
in der Finsternis umhergehen, sondern
wird das Licht des Lebens haben.“

- Johannes 8,12 -

Herkunft

Hugo Makibi Enomiya-Lassalle, der weltberühmte Jesuitenpater und erste christliche Zen-Meister in der Geschichte, wurde am 11. November 1898 im westfälischen Dorf Externbrock bei Nieheim als zweitältestes von fünf Kindern eines Amtsrichters geboren. Hugo Lassalle hat in der Überwindung des bloß Rationalen, des dominierend diskursiven Denkens, seit 1943 den Zugang zu den Grundwassern Gottes zusätzlich mittels der Zen-Meditation erfahren und hat durch sein Wirken und seine zahlreichen Publikationen über viele Jahrzehnte Menschen aus aller Welt auf den Weg zu einer neuen Wirklichkeitserfahrung geführt. Hugo Lassalle hat im Dialog mit den Buddhisten für die Christen das Fenster zum Osten geöffnet. Sein 1948 angenommener japanischer Name Makibi Enomiya besiegelt die Intensität dieses Dialogs, welcher die Integration von westlicher und östlicher Religionserfahrung zum Ziel hat.

Er hat gegen erheblichen Widerstand aus der eigenen Kirche die Weisheit des Ostens für das Christentum neu entdeckt und durch Ausübung der Zen-Meditation einen neuen Zugang zur christlichen Mystik gefunden. Sein eigenes, von Politik und Geschichte erschüttertes Leben führte ihn zu seiner großen Berufung, die großen Traditionen des Christentums und des Buddhismus zu einer fruchtbaren Synthese zusammenzuführen.

Soziales Engagement: Jochi Settlement

Nach seinen Studienjahren in Holland, England und Frankreich kam Pater Lassalle am 3. Oktober 1929 in Japan an und war an verschiedenen Orten als Hochschullehrer und Novizenmeister tätig. Mit seinen Studenten widmete er sich der Sozialarbeit in den Slums von Tokyo, wo er 1931 das *„Jochi-Settlement"* gründete. Ein Mitbruder von Pater Lassalle berichtet 1932 von einem Weihnachtsfest im Elendsviertel von Mikawashima: *„In diesem 80000 Einwohner zählenden Vorort Tokyos hat unsere Universität eine Niederlassung eingerichtet, um unseren Studenten Möglichkeiten zu sozial-karitativer Betätigung zu geben. Man kaufte einige japanische Häuschen an, wo zwei katholische Studenten und ein Diener dauernd wohnen. Die Studenten nehmen sich der Jungen an. Für die Mädchen sorgen ehemalige Schülerinnen der Schwestern vom Heiligsten Herzen, die in der Nähe unserer Hochschule eine große Schule für Mädchen haben. Am 1. November fing die Arbeit an. Aber schon das Weihnachtsfest sollte dort gefeiert werden. Eine Weihnachtsfeier bei Leuten, die vom Christentum noch keine Ahnung haben, höchstens Vorurteile dagegen. In ihrem Stadtviertel, das sehr arm ist, gibt es leider noch keine katholische Missionsstation. Auch noch keinen Shinto- und Buddha-Tempel, was wir aber nicht bedauern. Manche Kinder der Volksschule kennen noch nicht einmal Amaterasu, die Urgöttin und Urmutter des japanischen Kaiserhauses und des ganzen Volkes, was in Japan schon etwas heißen will.*

So bestieg ich am Heiligen Abend mit Pater Minister Lassalle, seinem Cello, einer Geige und meiner Klampfe das Auto. Mit Jubel wurden wir von einer großen Zahl von Kindern in Mikawashima empfangen. Die Neugier und Spannung der Kleinen wuchs natürlich um ein Beträchtliches, als sie die sonderbaren Hüllen unserer Musikinstrumente wahrnahmen. Sie waren schon am Morgen gekommen, und fortwährend frag-

ten sie: Sensei, fängt es nicht bald an? Durch alle Ritzen und Spalten suchten sie einen Blick in das Zimmer zu tun. Und bei dem Drängen und Stoßen ging zunächst eine Scheibe entzwei. Endlich konnten sie hinein. Gab das ein Hallo! Der Weihnachtsbaum, die bunten Wände, die Püppchen und alle möglichen Spielsachen, die an der Decke und an den Wänden baumelten. Klein und eng war der Raum. Groß die Schar der neugierigen Kinder. Wohl 250 bis 300 Kinder hockten da durcheinander. So zusammengepfercht, daß man kaum einen Fuß dazwischensetzen konnte, ohne auf zwei oder drei dieser krabbeligen Menschlein zu treten. Die Kinder waren ganz selig. Weniger wohl fühlte sich der Fußboden des Zimmers. Ein solches Gewicht war er nun doch nicht gewohnt. Auf einmal gab es ein Krachen, und die ganze mittlere Partie rutschte etwa 30 bis 40 cm tiefer. Die Holzträger waren geknickt, und die Tatami (Matten) sanken mit den darauf hockenden Trabanten in die Tiefe. Es geschah keinem etwas, und der Freude tat das am wenigsten Abbruch. Nur der Pater Minister bekam einen kleinen Schrecken. Denn er dachte an die Rechnung, die er in den nächsten Tagen bekommen würde. Und das bei einer Kasse, die nur aus Schulden bestand. Doch über dem Jubel der Kinder waren auch bald die Schulden vergessen. Pater Lassalle erzählte einiges von Weihnachten und dem Christkind. Auch ließ er allen ein Blättchen reichen, auf dem kurz und einfach vom Weihnachtsgeheimnis erzählt war. Wohl für alle war es das erste Mal, daß sie etwas vom Christkind hörten. Diese religiöse Armut ist immer noch die schlimmste. Wenn wir auch kein direktes Apostolat ausüben können, so ist es doch langsame Vorbereitung, daß auch die Frohbotschaft zu diesen verlassenen Armen Tokyos kommt. Bisher haben wir uns auf die Betreuung der Kinder beschränkt. Sie kommen am Nachmittag, um sich von den Studenten allerlei Nützliches und Märchen erzählen zu lassen, Bücher zu lesen, Spiel und Sport zu betreiben. Am Abend kommen sie wiederum; diesmal mit den Schulbüchern, und sie lassen sich bei den Schularbeiten helfen. Sie kommen immer gerne, und die Studenten können sich ihrer kaum erwehren. Die geplante Armenapotheke und ärztliche Hilfe ist noch in Vorbereitung. Auch ein Kindergarten soll eingerichtet werden, wo die Kleinen, die noch nicht in die Schule gehen, über Tag betreut werden sollen, damit die Mütter auf Arbeit gehen können. Wir haben bereits begonnen, alte Sachen, Kleider, Schuhe, Bücher usw. zu sammeln, die wir den Armen geben oder, um Streitigkeiten zu vermeiden, ganz billig verkaufen. Es werden zu diesem Zweck Säcke hergestellt mit der Aufschrift „Jochi Settlement“, die man den befreundeten Familien zuschickt und mit alten Sachen gefüllt zurückbekommt. Diese

Sachen werden gereinigt, wenn nötig ausgebessert, und dann finden sie in unserer Niederlassung dankbare Abnehmer. In nächster Zukunft hoffen wir auch den Ärmsten der Kinder, die gewöhnlich zu Mittag nichts zu essen bekommen, ein Mittagessen zu geben. Zu Anfang einige Tage in der Woche, später, wenn möglich, täglich. ..."

Dieser Bericht macht auf sehr eindrucksvolle Art deutlich, wie sehr Pater Lassalle das soziale Engagement am Herzen lag. Er wurde nach Japan geschickt, um an der Sophia-Universität der Jesuiten in Tokio als Hochschullehrer tätig zu werden, doch er entschied sich, vorrangig den Menschen in Not zu helfen und teilte mit ihnen gemeinsam die Umgebung ihres sozialen Elends. Diese Grundhaltung zieht sich durch das ganze Leben dieses bewunderungswürdigen Menschen, der - mit großen Geistesgaben ausgestattet - der Versuchung einer akademischen Laufbahn mit entsprechender Anerkennung und angenehmen Lebensumständen widerstand. Hugo Lassalle hatte ursprünglich beabsichtigt, nach seiner Ausbildung in Europa in eine Lepra-Station nach Afrika zu gehen. Aufgrund seiner hohen Bildung entschieden seine Ordensoberen anders, und so führte sein Weg nach Japan. Doch sehr schnell gelang es dem jungen Jesuiten, seine sozialen Pläne auf seine Weise im Land der aufgehenden Sonne zu verwirklichen.

Hiroshima

Von 1935-1949 war er Superior der Jesuiten-Mission in Japan und in dieser Eigenschaft einige Zeit auch Vorgesetzter des späteren Generaloberen des Ordens, Pater Pedro Arrupe. Zeugen aus dieser Zeit berichten, daß Pater Lassalle schon damals ein Heiliger gewesen sei. Seine entwaffnende und geradezu überwältigende Bescheidenheit, die jeder sofort in der Begegnung mit diesem außergewöhnlichen Mann zu spüren bekam, machte ihn zu einem demütigen Diener Gottes.

Seit 1940 hatte er seinen Wohnsitz in der Stadt Hiroshima und war dort von 1940 bis 1959 *Vicarius Delegatus* des Apostolischen Vikariats. Ein Mitbruder berichtet: „*Das Noviziat in Hiroshima ist auch der Wohnsitz des Missionsoberen Pater Hugo Lassalle. Seinem Unternehmungsgeist ist es zu verdanken, daß von dort aus – die Noviziatskapelle wurde zur Pfarrei erhoben – die verschiedensten Arbeiten in Angriff genommen wurden. Zunächst gründete er eine Arbeitsgemeinschaft an der staatlichen Universität in Hiroshima, die er selbst leitet. Der Kreis umfaßt 25–30 Studenten und drei Professoren. Zur Zeit findet ein Seminar über Lipperts ‚Weltanschauungen des Katholizismus' statt. Welch ein Eifer dort herrscht, zeigt die Tatsache, daß alle Studenten, da es nur ein einziges Exemplar des Buches gab, dieses in einer Woche abgeschrieben und vervielfältigt haben.*"

Beim Abwurf der Atombombe am 6. August 1945, den er unmittelbar erlebte, wurde er verwundet und war seither strahlengeschädigt. Das Missionszentrum lag nur 1200 Meter vom Zentrum der Explosion, dem sogenannten Epicenter, entfernt. Die vier geretteten Jesuitenpatres Lassalle, Kleinsorge, Cieslik und Schiffer berichten, wie sie die Explosion der Atombombe erlebt hatten: „*Um 8:15 Uhr am Morgen des 6. August ging jeder der vier seiner gewohnten Tätigkeit nach. Schiffer tippte auf der Schreibmaschine, Cieslik las in einem Buch, Kleinsorge in einer Zeitschrift, Lassalle stand nachdenklich am Fenster. Seine Hauptsorge galt dem zunehmenden Polizeidruck, der darauf zielte, uns alle in eine entlegene Gegend zu evakuieren. Die Explosion war derart plötzlich und gewaltig, daß die vier später nicht in der Lage waren, irgend etwas über den Moment selbst zu rekonstruieren, außer daß sie den enormen Lichtschein sahen, die Hitze verspürten und die Explosion hörten. Augenblicklich fiel Dunkelheit über alles. Die Zimmer waren angefüllt mit Staub und Schmutz, das Haus demoliert. Lassalle blutete; Schiffer, der mit dem Rücken zum Fenster saß, war schlagartig von Wunden übersät. Cieslik hatte sich in dem Moment, als das Licht aufschien, mit rasanter Geschwindigkeit in den Gang geworfen, wie sie es so oft durchgesprochen hatten. Seiner blitzartigen Reaktion verdankte er seine Unversehrtheit. Auch Kleinsorge, der direkt an der Wand gesessen hatte, war unverletzt. Keiner konnte sich in dem nun folgenden Durcheinander einen Begriff von dem Ausmaß der Katastrophe machen. Jedenfalls war das Haus, obwohl ein Holzbau, nicht sofort zusammengestürzt, denn es war wegen der häufigen Erdbeben relativ stabil gebaut – wohl der einzige Holzbau in solcher Nähe zum Zentrum, der nicht dem Erdboden gleichgemacht worden war. Dagegen waren die zum Missionszentrum gehörenden Häuser der Katechistenfamilie und der Köchin völlig zerstört, doch gelang es, die Bewohner aus den Trümmern zu befreien.*

Cieslik und Kleinsorge wollten die beiden Verwundeten zu Dr. Kanada, einem befreundeten Arzt, der direkt um die Ecke wohnte, bringen, aber sein Haus war nicht mehr da. Alles war wie plattgewalzt und nicht mehr zu erkennen. Sie gingen zurück und betreuten die Wunden, so gut es ging, selbst. Erst jetzt bemerkten sie, daß es überall zu brennen begann. Eine Nachbarin eilte herbei und bat sie, ihnen bei der Bergung ihres Mannes zu helfen, der unter ihrem zusammengebrochenen Haus verschüttet läge. Sie konnten ihn trotz Suchens nicht finden; ihr Rufen blieb ohne Antwort.

Die Feuer vermehrten sich durch den mit der Druckwelle einsetzenden Wind rapide und umzingelten bald das Missionszentrum, so daß sie zu fliehen beschlossen. Unterwegs über die von Dachziegeln, Telegraphendrähten und Balken versperrten Straßen hörten sie immer wieder die Stimmen von Verschütteten, die aus den zertrümmerten Häusern drangen: ‚Helft uns!' ‚Helft mir!' Zu diesem Zeitpunkt war es kaum noch möglich, irgend etwas zu tun, denn die Feuersbrunst wurde immer bedrohlicher. Schließlich erreichten sie völlig erschöpft die Sakae-Brücke, um dort feststellen zu müssen, daß sie nicht mehr hinüber konnten, denn auf der gegenüberliegenden Seite stand alles in Flammen. Wie die anderen Flüchtenden aus der Umgebung änderten sie sofort ihr Fluchtziel und versuchten, anstelle des östlichen Exerzierplatzes den nahen Asano-Park zu erreichen. Doch auch der Weg dorthin war durch Feuer versperrt. Sie mußten zum Fluß hinuntersteigen, um durch das Flußbett, das streckenweise noch trocken war, den Park zu erreichen.

Die Gruppe, insgesamt waren es neun Personen, erreichte mit anderen Flüchtenden den Park. Obwohl er, wie sich später herausstellte, nicht weit vom Zentrum der Explosion entfernt war, hatte er sein Grün erhalten. Hunderte von Flüchtlingen, zum Teil verwundet, drängten sich im Park. Immer mehr griff das Feuer, das nun in der ganzen Stadt lichterloh brannte, auf den Park über. Stundenlang bekämpften sie es mit Zweigbündeln und Kleidungsstücken, und dennoch kam es immer näher. Die beiden Verletzten, Lassalle und Schiffer, wurden direkt zum Flußufer gebracht. Schwerer Regen setzte ein. Gerüchte, daß die Amerikaner Gasolin von Flugzeugen abwarfen, um das Feuer noch mehr zu verbreiten, kursierten unter den Flüchtlingen, denn die Regentropfen waren schwarz und ungewöhnlich groß. Auf dem Höhepunkt des Feuers entwickelte sich ein Wirbelwind, der die Bäume im Park umwarf oder sie sogar mitsamt der Wurzel ausriß. Bäume und Gegenstände prasselten in den Fluß, dessen Wasser vom Sturm hoch aufgewirbelt wurde, und auf die Flüchtlinge nieder. Kleinsorge warf sich auf Schiffer, um ihn zu schützen. Andere hielten sich an Grasbüscheln und Sträuchern fest, um an Land zu bleiben. Immer noch versuchten Flüchtende über die Brücke zu gelangen und wurden in den Fluß geblasen, wo sie starben. Auch im Park griff der Tod um sich, zumal es keinerlei Medikamente gab. Das Feuer breitete sich aus, verbrannte Verwundete. Was viele am meisten bedrückte, war die Tatsache, daß sie auf ihrem Fluchtweg immer wieder Hilferufe von Verschütteten, oft genug von Bekannten aus der Nachbarschaft, gehört hatten, ohne daß sie ihnen hatten helfen können, da das Feuer bereits zu bedrohlich war. So hatten sie nicht nur ihre ganze Habe verloren, sondern waren zum Teil selbst verwundet, darüber hinaus drückte sie die Schuld gegenüber den Zurückgelassenen, die jetzt in dem Feuer umkamen. Die Stadt auf der anderen Seite der Brücke glich einem Feuermeer. Wo das Feuer niedergebrannt war, hingen schwere Rauchwolken. Überall lagen Tote und Verwundete. Gespenstisch zugerichtete Gestalten krochen aus den rauchenden Trümmern und stolperten über irgendwelche Drähte. Das Krankenhaus, ein Betongebäude, das zwischen Brücke und Park lag, stand immer noch in Flammen. Die meisten anderen Häuser waren fast vollständig niedergebrannt. Gegen Mitternacht erreichten sie den Park, in dem das Feuer ebenfalls noch gespenstisch loderte. Früh am Morgen des zweiten Tages nach der Expolosion gingen wir wieder in die Stadt, um Kleinsorge und die anderen, die noch im Park waren, zu retten. Es war einer der strahlenden Augustmorgen. An vielen Stellen in der Stadt flackerten noch Feuer, vor allem Fabriken. Doch das dominierende Bild dieses Morgens war das einer großen, unbeschreiblichen Wüste aus Asche, Schutt und schwarzen Ruinen, durch die sich der Fluß seinen Weg bahnte.“

An diesem denkwürdigen 6. August 1945 hatte eine amerikanische Boeing B-29 Superfortress unter dem Kommando von Paul Tibbets über Hiroshima die erste Uranium-Atombombe auf Menschen abgeworfen. Am 9. August entlud eine andere B-29 die zweite Atombombe, diesmal mit Plutonium, über Nagasaki. Den Befehl zum Abwurf der beiden Bomben hatte der amerikanische Präsident Truman von Potsdam aus gegeben, wo er mit Stalin und Churchill über die Behandlung des besiegten Deutschlands beriet. Das Leben geht weiter, auch in Hiroshima. Wer heute Japans jüngste Millionenstadt besucht - erst 1985 übersprang die Einwohnerzahl die Millionengrenze, derzeit leben in der Stadt 1,1 Millionen Menschen -, hat Mühe, zwischen den buntglitzernden Reklameschildern und der verwirrenden Vielfalt moderner Bürohäuser Spuren der Katastrophe zu entdecken. Planmäßig und mit dem Willen der Stadtverwaltung wurden alle sichtbaren Kriegsschäden beseitigt, wie es das Gesetz über den Wiederaufbau Hiroshimas vorsah. Hiroshima sollte wieder eine wirtschaftlich blühende Stadt werden, wie vor der Bombe und ein einträgliches Tourismuszentrum. Schließlich liegt in der Bucht von Hiroshima eine der schönsten Sehenswürdigkeiten Japans: das rotlackierte Schreintor von Miyajima, das bei Flut im Wasser steht und dann zu schwimmen scheint. Die Bombe von Hiroshima war zugleich ein Quantensprung in der Geschichte der Kriegsführung mit katastrophalen Folgen. Niemals mehr darf eine Atombombe Menschenleben zerstören.

Pater Lassalle sagte noch 1986 während eines Empfangs auf der Frankfurter Buchmesse: *„Möglicherweise brauchen wir ein zweites Hiroshima, damit die Menschen endlich aufwachen."* Die Zündung der Atombomben in Indien und Pakistan zu Pfingsten 1998 haben deutlich gemacht, daß die Gefahr einer neuerlichen Katastrophe nicht auszuschließen ist.

Auf vielen Vortragsveranstaltungen wurde Pater Lassalle immer wieder besorgt nach seinem Hiroshima-Erlebnis befragt, und jedesmal verwandelte er die im Raum spürbare Angst und Furcht in eine strahlende Sicherheit und Furchtlosigkeit. Der jahrzehntelange Übungsweg des *Zen* hatte Pater Lassalle eine innere Strahlkraft verliehen, welche der Radioaktivität der von außen einwirkenden Atomkraft wirksamen Widerstand zu leisten vermochte. Durch Pater Lassalle erfahren wir eine großartige Ermutigung, zukünftig selbst „radioaktiv zu werden und zu sein", d. h., die innere Strahlkraft zu entwickeln, um durch ein inneres geistiges Kraftwerk den Einflüssen von außen mutig und sorgenfrei entgegentreten zu können. Wir leben derzeit in einer Welt, in der die Menschen wie eine Marionette manipuliert und durch ihr unerschöpfliches Konsumangebot narkotisiert und nahezu willenlos gemacht werden. In diesem Ausgeliefertsein, durch das das innere Kraftpotential verkümmert, sind die Menschen wehrlos den äußeren Einflüssen ausgeliefert. Die Abkehr von falschen krankmachenden Verhaltensmustern und die Umkehr zu einem Neuen Bewußtsein, von dem in einem der späteren Kapitel noch ausführlich die Rede sein wird, verleiht dem neuen, „radioaktiven" Menschen seine Würde als „göttlichen Mensch".

EHRENBÜRGERURKUNDE

für Herrn Enomiya Makibi

Hiroshima, 1. April 1968

名誉市民称号記

愛宮真備 殿

広島市は市条例の定めるとこ
ろにより市議会の 議決を得て
貴殿に名誉市民の称号を贈ります

昭和43年4月1日

広島市長 山田節男

Kathedrale des Weltfriedens

In den Jahren 1946/47 unternahm Pater Lassalle Vortragsreisen in viele Länder der Erde, wobei er um Verständnis für Japan warb und den Bau der Weltfriedenskirche in Hiroshima anregte. Aus dem Ausland und nach seiner Rückkehr auch aus dem japanischen Inland erhielt er sehr große Unterstützung - von Christen und Nicht-Christen! In Hiroshima selbst wurde von Haus zu Haus gesammelt. Alle großen Firmen beteiligten sich, die in Japan akkreditierten Diplomaten gewährten Hilfe. Die Grundsteinlegung erfolgte am 6. August 1950, die Weihe am 6. August 1954. Ohne Enomiya-Lassalle wäre die aus der Todesasche neugeborene Stadt vielleicht nicht zum „Mekka des Weltfriedens" geworden. Für seine Verdienste um Frieden und Versöhnung ernannte ihn die Stadt Hiroshima am 1. April 1968 zu ihrem Ehrenbürger. Die Urkunde ist unterschrieben vom Bürgermeister Setsuo Yamada, den Pater Lassalle bereits während seiner Studien in Oxford (1927/28) kennengelernt hatte. Im Beschluß des Stadtrates heißt es:

„Unsere Stadt hat als Symbol den Weltfrieden gewählt. Dieser Gedanke der Stadt Hiroshima hat in der Erbauung der Friedenskirche durch Makibi Enomiya in hervorragender Weise einen konkreten Ausdruck gefunden. Wir wissen um die fast unüberwindlichen Schwierigkeiten, die er zu lösen hatte. An dieser Stelle möchte die Stadt Hiroshima in tiefer Verehrung ihm danken für alles, was er für unsere Stadt getan hat".

20 Jahre zuvor hatte Pater Lassalle aus Liebe zu seiner neuen Heimat die japanische Staatsangehörigkeit angenommen und trug seither den Namen *Makibi Enomiya.*

In Hiroshima gibt es einen alten Schrein, mit dem die jahrhundertealte Tradition verbunden ist, daß dort Jimmu Tenno in der grauen Vorzeit gelandet sei: *Enomiya.* Das wurde der neue Nachname von Pater Lassalle, der so viele Jahre seines Lebens in Hiroshima verbracht hatte. Den Vornamen schlug ein Lehrer des Jesuiten-Kollegs in Kobe vor: *Makibi.* Makibi ist der Name jenes bedeutenden Mannes, der im 8. Jahrhundert die japanische Umschrift für die schwer zu lesenden chinesischen Schriftzeichen erfand.

Bis zwei Jahre vor seinem Tod in Münster am 7. Juli 1990 nahm Pater Lassalle alljährlich am 6. August jeweils um 8.15 Uhr an den Erinnerungsfeierlichkeiten in Hiroshima teil. Der langjährige Oberbürgermeister der Stadt, Takeshi Araki, war ein enger Freund Pater Lassalles. Mit Brief vom 2. August 1990 schrieb mir Takeshi Araki: *„Lieber Herr Ropers, die Nachricht vom plötzlichen Ableben von Pater Hugo M. Enomiya-Lassalle, Ehrenbürger von Hiroshima, hat uns alle hier tief erschüttert. Wir empfinden durch seinen Tod tiefste Trauer. Am 16. Juli wurde in Hiroshima zu Ehren von Pater Lassalle eine Totenmesse zelebriert, die von sehr vielen Menschen besucht wurde. In der feierlichen Stimmung dieser Messe betete ich für Pater Enomiya-Lassalles Seele.*

Ich möchte Sie hiermit über die Angelegenheit, Pater Enomiya-Lassalles Asche in der Weltfriedenskirche beizusetzen, in Kenntnis setzen. Auf Ihren Wunsch hin sprach ich sofort mit den Jesuiten und Bischof Ikenaga sowie mit Bischof Misue von der Weltfriedenskirche. Wir haben beschlossen, einen Plan zu unterbreiten für die Beisetzung Pater Enomiya-Lassalles Asche in der Krypta der Weltfriedenskirche und für die Errichtung eines Monuments durch den Jesuitenorden in Japan. Wir schätzen außerordentlich Ihr Bemühen um das Anliegen für und von Pater Lassalle und beten, daß Sie gesund und erfolgreich bleiben mögen.“

Nach vielen zu überwindenden Unstimmigkeiten innerhalb des Jesuitenordens hat Pater Lassalle ein Jahr nach seinem Tod seine letzte Ruhestätte in seinem geliebten Hiroshima gefunden. Der so liebenswürdige und hilfsbereite Oberbürgermeister Takeshi Araki ist nur wenige Jahre nach Pater Lassalles Tod gestorben.

Fenster zum Osten

Besondere Bedeutung in Enomiya-Lassalles Leben gewann die Begegnung mit der Zen-Meditation. Im Jahre 1943 hat er zum ersten Mal an siebentägigen Exerzitien im Eimyo-Tempel in Tsuwano in der Provinz Shimane teilgenommen. Noch im Krieg hat er sich gründlich dem Zen-Studium gewidmet und bei einem der bedeutendsten Zen-Meister, Sogaku Daiun Harada (1870-1961), geübt. Kein Missionar in Japan hat die Praxis des Zen so intensiv erfahren wie er. Enomiya-Lassalle suchte den Schlüssel zur japanischen Seele und fand ihn im Zen.

Je mehr er sich dem Zen widmete, umso mehr machte er die Erfahrung, daß Zen für sein religiöses Leben als katholischer Ordensmann eine Hilfe war. Enomiya-Lassalle hierzu wörtlich: *„Im Zen kommt die Seele bis an die Grenze ihrer Möglichkeiten"*.

1967 hielt Enomiya-Lassalle im Anschluß an die legendäre Ost-West-Tagung „Arzt und Seelsorger" auf Schloß Elmau, Oberbayern, an verschiedenen Orten in Deutschland Vorträge über Zen.

An dieser Tagung nahmen u. a. so berühmte Referenten wie Karlfried Graf Dürckheim, Professor J. H. Schultz (Begründer des autogenen Trainings) und Benediktinerpater Cyrill von Korvin-Krasinsky aus Maria Laach teil. Lassalle hatte nach der qualvollen Zeit während des Zweiten Vatikanischen Konzils (1962 - 65) eigentlich vorgehabt, nicht mehr nach Europa bzw. Deutschland zurückzukehren. Sein allererstes Buch, „Zen-Weg zur Erleuchtung", Herder Verlag, Wien 1960, hatte für große Aufregung gesorgt. Wegen seiner offenen und positiven Darstellung eines für die Christen noch sehr unbekannten Weges zur Gotteserfahrung wurde Enomiya-Lassalle für einige Zeit mit Rede- und Schreibverbot bedacht. Sein mutiger Superior, Pater Pedro Arrupe, hatte dennoch am 7. Juli 1958 (vor 40 Jahren; gleichfalls an einem 7. Juli ist Enomiya-Lassalle gestorben) die Druckerlaubnis für das Buch gegeben. Das erzbischöfliche Ordinariat in Wien hat diese Druckerlaubnis am 10. November 1959 bestätigt. Und dennoch wurde der pionierhaft tätige Jesuit aus Deutschland während des Zweiten Vatikanischen Konzils als Häretiker angeklagt. In dieser Zeit besuchte Enomiya-Lassalle den heiligen Berg Athos, um in der monastischen Stille der Hesychasten Antworten für seinen gewählten Weg zur Gotteserfahrung zu finden. Mit Hilfe seines deutschen Ordensbruders Professor Dr. Johannes B. Lotz gelang es, Pater Lassalle freizusprechen. Gleichzeitig war er der seinerzeit prominenteste Weg-Bereiter zur Öffnung der römisch-katholischen Kirche für den Osten. Die Anerkennung und Gleichrangigkeit der nicht-christlichen Religionen waren die großen Früchte des Zweiten Vatikanums, das unter Papst Johannes XXIII. sehr hoffnungsfroh begann und unter Papst Paul VI. mit großen Erwartungen für Reformen und Veränderungen beendet wurde. Vom großen Geist dieses bedeutsamen Konzils ist heute kaum noch etwas zu spüren. Der in Japan so beliebte und erfolgreiche Jesuiten-Superior Arrupe wurde zum Ordensgeneral in Rom berufen und hatte unter Papst Johannes Paul II. eine qualvolle Zeit, die ihn in eine schicksalhafte Krankheit trieb. Pater Lassalle hat diesen Prozeß seines langjährigen Freundes, der über viele Jahre hindurch sein Untergebener und später oberster Vorgesetzter war, mit innerem Entsetzen und Trauer anschauen müssen.

Aus der gemeinsam Zeit in Japan erinnert sich Pater Pedro Arrupe: *„Um einen Menschen kennenzulernen, ist nichts besser geeignet, als Freud und Leid mit ihm zu teilen, gleiche Ideale wie er zu besitzen, sich mit ihm verbunden zu wissen, nicht nur durch ein Zusammenleben in Raum und Zeit und nicht nur durch eine rein intellektuelle Wertschätzung, sondern durch jene tiefe menschliche Herzlichkeit und apostolische Liebe, die das* ‚isshin denshin‘, *die Verbundenheit im Innersten der Seele und der Persönlichkeit verwirklicht. Diese innere Verbindung mit Pater Lassalle habe ich immer aufrechterhalten. Ich glaube sagen zu können, daß ich Pater Lassalle äußerlich und innerlich kenne; er ist kein ‚guru‘, kein ‚leader‘, kein ‚Pater Spiritual‘, kein ‚Romantiker‘, kein ‚westlicher Jesuit‘ – Nein! Er ist all das und noch viel mehr: er ist ein Apostel, der ‚allen alles werden wollte‘ (1 Kor 9,22). – Und das ist ihm gelungen.*

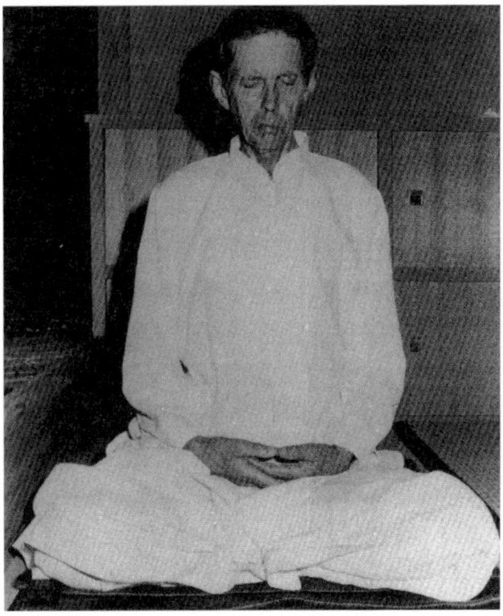

Der Rückschritt seit dem Zweiten Vatikanum geht weiter. Kardinal Ratzinger hat 1989 in einem besorgten Appell an alle Bischöfe in der Welt vor den östlichen Meditationsformen gewarnt. Die Befreiung des Menschen zu seiner göttlichen Bestimmung durch Meditation wird kontrolliert und beschränkt. Papst Johannes Paul II. hat vor nicht allzu langer Zeit den Buddhismus diskrimiert und dafür in Sri Lanka großen Protest erfahren müssen.

Enomiya-Lassalle hatte diese Entwicklung geahnt und befürchtet, und so nahm er im pensionsreifen Alter von 69 Jahren ein neues, großes Lebens-Wagnis auf sich und begann Unterweisungen in der Zen-Meditation zu geben.

Ebenso wie sein berühmter, 1955 verstorbener, Mitbruder Pierre Teilhard de Chardin, den man wegen seiner unerwünschten Thesen nach China verbannt hatte, gehört Pater Lassalle zu den Vorläufern eines neuen Bewußtseins, das dem Menschen die absolute Wirklichkeit zu erfahren ermöglicht und ihn zu dem Punkt Omega, zur Vereinigung mit Gott zu führen vermag. Wer diesem überaus bescheidenen Ordensmann jemals begegnet ist, spürte die spirituelle Dimension eines Menschen mit mystischer Erfahrung. Im *Tao Te King* von Lao Tse finden wir Worte, die ganz besonders auf Enomiya-Lassalle zutreffen:

„In die Stille gehen heißt:
zu seiner Bestimmung zurückkehren.
Zu seiner Bestimmung zurückkehren heißt:
das Ewige erkennen.
Das Ewige erkennen heißt:
erleuchtet sein.“

1968 - inzwischen war er als Mitglied des neugegründeten „*Institute for Oriental Religions*“ der Sophia-Universität von Hiroshima, wo er an der dortigen Musikhochschule als Professor für Religionswissenschaft tätig war, nach Tokio übergesiedelt - kam er erneut nach Deutschland und hielt die ersten Zen-Kurse, die sogenannten Sesshins, für die vor allem die Benediktinerklöster Niederaltaich, Weingarten und Maria Laach ihre Räume und ihre Stille zur Verfügung stellten. In der Zeit vom 14. August bis 17. Oktober gab Pater Lassalle nicht weniger als 12 Zen-Kurse mit insgesamt 980 Teilnehmern! Seitdem kam Enomiya-Lassalle jährlich zu den Zen-Sesshins nach Europa, wo er schließlich zwei Drittel seiner Zeit verbrachte. Die Zen-Kurse waren ohne Werbung ständig überfüllt und bis 1989 ausgebucht.

Auch in Japan wirkte Enomiya-Lassalle als Zen-Meister. Am 17. Dezember 1960 (dem 54. Geburtstag von Bede Griffiths, der seit 1955 in Indien lebte und wirkte) konnte der Bischof von Hiroshima ein kleines, von Pater Lassalle errichtetes Zen-Exerzitienhaus „*Shinmeikutsu*“ in der Nähe von Hiroshima einweihen. Am 19. Dezember 1969 erfolgte durch den Erzbischof von Tokio die Einweihung der von Enomiya-Lassalle erbauten Zen-Halle „*Akikawa-Shinmeikutsu*“, der „*Höhle des göttlichen Dunkels*“, in Hinohara-Mura am Rande von Tokio, in einem verschwiegenen Naturschutzgebiet gelegen, das auf drei Seiten vom Herbstfluß, einem Wildbach, umflossen wird. Die „Höhle des göttlichen Dunkels“ ist das erste christliche Zen-Meditationszentrum in Japan. Die Zen-Halle hat ihren Namen bekommen, weil der Lichtstrahl der Erleuchtung aus dem Geheimnisdunkel hervorbricht wie der Blitz aus der Finsternis.

Die Zen-Meister Japans betrachten den Jesuiten und Zen-Meister Hugo Makibi Enomiya-Lassalle als ihresgleichen.

Vietnam

Seit 1968 hielt Enomiya-Lassalle regelmäßig Kurse in Europa und in Japan ab, im Wechsel mit Reisen zu den Zentren des Buddhismus und anderer östlicher Religionen in Korea, Thailand und den USA. Zwischen 1974 und 1977 hielt er auch Zen-Kurse in Vietnam, auf den Philippinen, in Hong Kong, auf Taiwan und in Pakistan, später auch in Süd-Indien.

Noch vor dem Zusammenbruch verbrachte Enomiya-Lassalle im November 1974 zehn Tage in Vietnam und erinnert sich in einem 1975 verfaßten Bericht: *„In der Zisterzienserabtei ‚Unsere Liebe Frau von Phuoc-Son‘, etwa 16 km von Saigon entfernt, und in Saigon selbst hielt ich Vorträge über Zen und gab Einführungen in die Meditation. Für die meisten Teilnehmer war dies die erste persönliche Bekanntschaft mit dem Zen. Als Ergebnis dieser Veranstaltung wurde von vielen der Wunsch ausgesprochen, einen strengen Zen-Kurs mitzumachen. Im Februar 1975 flog ich nach einem Kurs in Manila wieder nach Saigon. Am Flugplatz erwartete mich der Abt der Zisterzienserabtei, und nachdem ich die erste Nacht bei meinen Mitbrüdern verbracht hatte, fuhren wir am nächsten Tag in das von den Zisterziensern gegründete Meditationszentrum, etwa 150 km von Saigon entfernt. Der Abt erklärte mir, daß diese Stätte für den Zen-Kurs der Abtei vorgezogen worden sei, weil es dort ruhiger und sicherer sei. Ich muß gestehen, daß ich bei diesem ‚sicherer‘ eine gewisse Unsicherheit verspürte. Unterwegs machten wir eine kurze Rast auf dem Landgut des Klosters. Der Abt zeigte auf die nur drei Kilometer von der großen Straße entfernten bewaldeten Hügel und sagte, daß dort die kommunistischen Soldaten seien, die nicht erlaubten, die Bäume zu fällen, weil diese ihnen zur Wohnung dienen. Er war sich wohl bewußt, daß mit einem plötzlichen Angriff zu rechnen sei, hatten die Regierungstruppen doch erst vor einem Jahr zwei Provinzen aufgeben müssen. Eine Stunde später kamen wir im Meditationszentrum an. Es liegt unmittelbar am Meer. Nur eine Straße und einige Häuser sind dazwischen. Da das Haus am Berghang liegt, ist die Aussicht auf das Meer besonders schön. Hoch auf dem Berge steht eine Herz-Jesu-Statue und auf halber Höhe der hl. Benedikt als Patron des christlichen Mönchstums. Direkt am Meer steht, dem Meer zugewandt, als Schutz-*

patronin der Seefahrer eine riesige Statue der von den Buddhisten viel verehrten Kannon. Im Deutschen wird sie oft als die Göttin der Barmherzigkeit bezeichnet. Beständig liegen Schiffe in der nahen Meeresbucht, oder sie fahren majestätisch daran vorbei.

Eine Anzahl Mönche war uns vorausgefahren, um die notwendigen Vorbereitungen für den Kurs zu treffen. Es war der erste Exerzitienkurs im neuen Meditationszentrum. Die Zisterzienser waren der Kern der ganzen Gruppe. Unter den Teilnehmern befand sich auch eine Gruppe von Benediktinerinnen. Insgesamt bestand der Kurs aus 36 Personen, auch Laien waren vertreten. Es war gewiß das erste Mal, daß von christlicher Seite ein Zen-Kurs in Vietnam gehalten wurde. Aber es wäre ein großer Irrtum, daraus zu schließen, daß in Vietnam das Zen etwas Neues sei. Im Gegenteil, es ist nicht nur bekannt, sondern es wurde wenigstens 500 Jahre früher eingeführt als in Japan. Aber es hat dort keinen so großen und dauernden Einfluß gehabt wie im Lande der aufgehenden Sonne. Vietnam hat 1000 Jahre unter chinesischer Herrschaft gestanden, und daher wurde es auch kulturell sehr stark von China beeinflußt. China ist ja bekanntlich die eigentliche Heimat des Zen. In Vietnam wurde das Zen zur Zeit des vierten Patriarchen, Dao Tien, eingeführt. Er ist der dritte Nachfolger von Bodhidharma, der um das Jahr 520 von Indien nach China kam und als Gründer des Zen gilt.

Unser Zen-Kurs dauerte sechs Tage. Das strenge Stillschweigen wurde nur durch die liturgischen Feiern, die Eucharistie und einen Teil des Chorgebets unterbrochen. Die im Zen übliche Einzelaussprache (dokusan) mit dem Zen-Meister war sehr intensiv. In der offenen gemeinsamen Aussprache nach Beendigung des Kurses wurde von vielen Teilnehmern der große Wert des strengen Schweigens hervorgehoben und der Wunsch geäußert, auch im alltäglichen Klosterleben das Stillschweigen wieder strenger durchzuführen. Auf der Rückfahrt zur Abtei nach Beendigung des Kurses besuchten wir ein in der Nähe liegendes Zen-Kloster. Hier konnten wir ein längeres Gespräch mit dem Zen-Meister führen. In unserer Begegnung kamen wir natürlich auf das Zen in Vietnam zu sprechen. Der Zen-Meister sagte uns, daß das Zen in Vietnam nur wenige echte Meister habe, deren Erleuchtung in einer ununterbrochenen Reihe auf den Gründer des Zen, Bodhidharma, zurückgeht, wie es ursprünglich für die Qualifikation eines Meisters vorgeschrieben war. Er fügte hinzu, daß sich die echten Meister verborgen hielten und es sehr schwer sei, einen echten Meister zu finden. Beim Abschied von der Zisterziensergemeinschaft wurde der Wunsch ausgesprochen, ich solle auch in Zukunft gele-

gentlich wieder für einen Zen-Kurs nach Vietnam kommen. Wie jedermann weiß, hat sich inzwischen die Lage sehr zu Ungunsten des südlichen Teils verändert. Zum gegenwärtigen Zeitpunkt ist Saigon schon umzingelt, und niemand weiß, ob es mit dem bevorstehenden Ende des Krieges noch ein freies Vietnam geben wird. Ich selbst bin dankbar, dieses Volk in jener intimen Weise kennengelernt zu haben, wie es kaum besser als in einem strengen Zen-Kurs möglich ist. Ein unvergeßliches Erlebnis!"

Das Zen-Erbe Vietnams vertritt seit vielen Jahren der 1926 in Vietnam geborene Thich Nhat Hanh, der als einer der großen buddhistischen Lehrer und Zen-Meister unserer Zeit gilt und seit 1973 in einer kleinen Ordensgemeinschaft in Frankreich lebt, wo er lehrt, schreibt und sich für Friedensarbeit und Flüchtlingsbetreuung engagiert. Sein großes soziales Engagement ist dem von Enomiya-Lassalle vergleichbar. Er ist der Angelpunkt der weltweiten Bewegung „Engagierter Buddhismus". In Gemeinschaft mit christlichen Gruppen in aller Welt arbeitet diese buddhistische Bewegung daran, die Ursachen von Gewalt und Krieg zu überwinden. In den 60er Jahren war Thich Nhat Hanh eine der Schlüsselfiguren des gewaltlosen Protests gegen die Diktatur und den Krieg in Vietnam. Nach dem Sieg der Kommunisten 1975 wurde ihm die Einreise nach Vietnam verweigert. Thich Nhat Hanh, der mit Martin Luther King und Thomas Merton befreundet war, hat sich sehr intensiv mit den verbindenden Elementen der christlichen und buddhistischen Lehren auseinandergesetzt und dies in seinem bemerkenswerten Buch: *Lebendiger Buddha, lebendiger Christus*" dokumentiert.

Zen-Praxis

Das deutsche Nachrichtenmagazin *„Der Spiegel"* berichtet in seiner Ausgabe Nr. 42/1971 sehr umfangreich über *Zen* als eine Methode buddhistischer Meditation: *„Der Katholik Hugo Makibi Enomiya-Lassalle ist der bemerkenswerteste Zen-Meister aus deutschen Gefilden ..."*

Er war nicht nur bemerkenswert, sondern auch sehr mutig. Im Rahmen seiner jährlichen Europa-Kurse reiste er auch stets in die damalige DDR und gab - unerlaubt und inoffiziell - Zen-Sesshins in Heiligenstadt. Enomiya-Lassalle wollte mit diesem Engagement ein Zeichen setzen und den Auflösungsprozeß von Trennung und Mauer durch Schweigen begleiten.

Im Umgang und im Dialog mit seinen Meditationsschülern wurde die grenzüberschreitende Toleranz und die tiefe Weisheit des Meisters Enomiya-Lassalle deutlich. Er suchte sich seine Schüler und Gesprächspartner nicht nach eigenem religiösen Bekenntnis aus, sondern respektierte im voraus die unterschiedliche Glaubensheimat der einzelnen Menschen. In der Zen-Meditation unter Führung Enomiya-Lassalles fand jeder zu seiner ursprünglichen Religiosität zurück: Er wurde wieder angebunden (lat.: *religio*) an sein eigentliches Selbst.

Immer wieder machte Pater Lassalle darauf aufmerksam, daß die Begegnung mit Gott, die Erfahrung des Absoluten, ein Wirkungsprinzip ist, das in uns vorhanden ist:

„*Das Reich Gottes ist inwendig in euch*" (Lukas 17,21).

Weg zum Absoluten

Die Erleuchtung ist das eigentliche Ziel des Zen. In seinem großartigen Standardwerk „*Zen und christliche Mystik*" (3., neu überarbeitete Auflage des ursprünglichen Werkes *Zen-Buddhismus*) ist es Enomiya-Lassalle in geradezu einmaliger Weise gelungen, Christentum und Buddhismus in ihrem tiefsten Gehalt einander religionsphilosophisch gegenüberzustellen und die vielen Gemeinsamkeiten auf dem Erfahrungsweg zur letzten Wirklichkeit anschaulich darzustellen. Dieses wohl einzigartige Werk konnte nur von jemandem geschrieben werden, der wissenschaftlich zu arbeiten verstand und gleichzeitig über einen langjährigen Erfahrungsweg in der Zen-Meditation verfügte. Viele andere Autoren sind in ihren wissenschaftlich-philosophischen Betrachtungen steckengeblieben. Der in München lebende Jesuit und Lassalle-Kritiker Dr. Josef Sudbrack bemerkt zur Neuauflage dieses Buches: „*Neuauflage hat christliche Akzente getilgt*". Sudbrack gehört zu den vielen westlichen Autoren christlicher Mystik ohne nähere Berührung mit den östlichen mystischen Traditionen zu haben. Einem so tief-verankerten Christen wie Enomiya-Lassalle derartiges zu unterstellen ist mehr als unverständlich und beruht offenbar auf der Skepsis gegenüber der fernöstlichen Meditationspraxis. Leider hat Enomiya-Lassalle unter seinen zahlreichen Schülern kaum einen gefunden, der mit Mut und Risikobereitschaft den Ruf und das Ansehen des Meisters öffentlich und mit Nachdruck verteidigt hat. Auch hier erleben wir auf deutliche Weise das historische Phänomen des Petrus, der seinen Meister verleugnete.

In Deutschland, der Heimat von Enomiya-Lassalle, gibt es inzwischen eine große Anzahl von Zen-Zentren, aber für das Ansehen und das Lebenswerk dieses herausragenden Pioniers der Zen-Meditation für Christen ist in der Öffentlichkeit nur wenig geschehen. Man vergleiche nur das große und beständige Engagement der in Tübingen lebenden Karmelitin Waldtraud Herbstrith (Schwester Teresia a Matre Dei, Priorin des Edith-Stein-Karmels) für die vom Judentum zur Katholizismus konvertierte Edith Stein (1891–1942), die am 11. Oktober 1998 heiliggesprochen wurde. Derartiges unermüdliches Bemühen für einen großen Menschen ist außergewöhnlich. Waltraud Herbstrith, die selbst Zen-Schülerin von Pater Lassalle war, hat immer wieder ermutigende Anregungen gegeben, das heiligmäßige Wirken des deutsch-japanischen Zen-Meisters intensiver der Öffentlichkeit zugänglich zu machen. Sie erinnert sich: „*Wer bei Lassalle meditiert in der strengen Form des Zazen, erfährt sich in der eigenen Weg-Suche und Gotteserfahrung bestätigt. Die im Schweigen sich vollziehende Zazen-Übung entfernt den Übenden nicht von seinem Christsein, führt ihn eher tiefer hinein, denn so lange wir leben, können wir wachsen. Lassalle integriert in einzigartiger Weise Christsein und Zen. Wer bei Lassalle an einem Kurs teilgenommen hat, weiß, daß diese Form der Meditation keine Spielerei ist, nichts Modisches, sondern hartes Brot, das nur der erträgt, dem es wirklich um Befreiung von seinem vordergründigen Ich geht, um wahre Selbstlosigkeit.*“

Der in der Schweiz lebende Jesuit und Zen-Meister Niklaus Brantschen hat ein sichtbares Zeichen gesetzt. Er hat das weitbekannte Bildungshaus Schönbrunn der Jesuiten in Edlibach bei Zug in „*Lassalle-Haus*“ umbenannt. Hier werden heute regelmäßig Zen-Kurse angeboten und Tagungen zum Thema ‚interreligiöser Dialog‘ abgehalten. Vom 17.–18. Oktober 1998 findet dort ein Jubiläumswochenende unter dem Motto „*100 Jahre Hugo Enomiya-Lassalle*“ statt. Niklaus Brantschen schrieb zum 90. Geburtstag von Enomiya-Lassalle: „*Jede Begegnung mit Dir ist ein Geschenk. Erinnerst Du Dich an unsere erste Begegnung in St. Augustin bei Bonn? Beeindruckt von Deiner asketischen Gestalt, wollte ich etwas Entsprechendes ins Gespräch bringen und sagte Dir, ich sei dabei, das Rauchen aufzugeben. Deine Antwort war, Rauchen schaffe Kontakt, wenn man zum Beispiel Feuer reiche oder sich reichen lasse. Und nach einer Pause meintest Du mit Deinem unverwechselbaren Schalk in den Augen, ich würde staunen, wie viele neue Kontaktmöglichkeiten es gäbe, wenn ich erst einmal nicht mehr auf das Rauchen angewiesen sein werde. Im Herbst 1976/77 durfte ich unter Deiner*

Führung die abschließende spirituelle Ausbildungsphase eines Jesuiten, genannt Terziat, absolvieren. In diesen Monaten in Shinmeikutsu habe ich Dich als Jesuiten der alten Schule kennengelernt mit dem Besten, was diese Schule zu bieten vermochte ..."

Ich selbst habe 1985 viele Monate mit Pater Lassalle an der Neuauflage seines erstmals 1966 erschienenen Standardwerks „*Zen-Buddhismus*" zusammengearbeitet. Er selbst hatte alle Korrekturen sorgsam vorgenommen, von mir kam lediglich der neue Titelvorschlag „*Zen und christliche Mystik*", um einen ganz deutlichen Akzent auch auf das Christliche zu legen. Unmittelbar nach Erscheinen dieses 550 Seiten umfassenden Buches im Herbst 1986 schrieb mir Pater Lassalle mit Datum vom 4. Oktober in das erste, noch druckfrische Exemplar: „*Für Roland Ropers – zum Zeichen der Dankbarkeit für seine großartige Mitarbeit in meinem Bemühen, der Menschheit das neue Bewußtsein verständlich zu machen.*"

Und zum Thema Zen-Erleuchtung sagte Pater Lassalle damals:

„*Man wird heute kaum in Frage stellen, daß die Zen-Erleuchtung und ähnliche Erlebnisse in nicht-christlichen Religionen echte Erfahrungen des Absoluten sind, wenn auch nicht personale. Wären sie personal, so würden sie gleichbedeutend mit der Gotteserfahrung im christlichen Sinne sein. Die Ausformung dieser Erfahrung, vor allem aber der Versuch, sie in Begriffe zu spannen, ist nach der jeweiligen Weltanschauung verschieden. ... Eine echte mystische Erfahrung sträubt sich eben gegen jede Begrifflichkeit. Der Buddhist erfährt in der Erleuchtung sein tiefstes Selbst als eins mit dem absoluten Sein und wird dadurch in seinem Glauben an die vollkommene Einheit des Seins bestärkt. Der Christ (oder sonst an einen persönlichen Gott Glaubende) erfährt das Selbst nicht nur in sich, sondern auch in seiner Beziehung zum absoluten Sein. Er erfährt Gott in seinem Selbst. Beide, der Buddhist und der Christ, fühlen sich jedenfalls in ihrer Erfahrung von Furcht und Zweifel befreit sowie erfüllt von tiefem Frieden und höchster Freude. Sei es im buddhistischen Sinn oder im christlichen, die Erleuchtung ist ohne Zweifel eine hochwertige Erfahrung und, richtig verstanden, vielleicht die wertvollste, die dem Menschen möglich ist. Es ist nicht so aussichtslos, wenigstens eine kleine Erleuchtung zu erlangen. Es müssen nur die Bedingungen dafür geschaffen werden, vor allem durch den eigenen vollen Einsatz und die richtige Führung. Aber was uns noch hoffnungsvoller machen sollte, ist eine generelle, immer deutlicher sich abzeichnende Entwicklung des Menschen in der Richtung einer ganzheitlichen Welt-Erfahrung. Die Erleuchtung ist sicher ein wesentlicher Aspekt die-*

ser neuen Dimension. Das gilt für das Zen-Erlebnis ebenso wie für die christliche Mystik. Auf beiden Wegen sind solche Erfahrungen in den letzten Jahren so häufig, daß sich mit Recht sagen läßt, was früher nur für wenige begnadete Menschen zugänglich war, kann heute für viele Wirklichkeit werden. Der Mensch der Zukunft sollte und wird Mystiker sein, wenn er die Chance nutzt, die ihm gegeben ist."

Enomiya-Lassalles Leben ist durch mehr als hundert Publikationen in vielen Sprachen nachhaltigst dokumentiert. Aber es gibt Episoden und Themenbereiche, die bislang nur wenig Erwähnung fanden, von denen ich aus meinen Begegnungen und Gesprächen einige in nicht-chronologischer Reihenfolge nachskizzieren möchte.

Thomas Merton

Der legendäre Trappistenmönch Thomas Merton (1915–1968) vom Kloster Gethsemani in Kentucky/USA war ein großer Kenner der christlichen und östlichen Mystik. Seine jahrelange Korrespondenz mit dem Zen-Philosophen D. T. Suzuki hatte ihn für die Begegnung und Berührung mit Asien sehr neugierig gemacht. Mit Enomiya-Lassalle stand Merton in flüchtigem Briefwechsel über die Notwendigkeit der korrekten Haltung (Lotus-Sitz) bei der Zen-Meditation, die Merton nicht einsah. Nach vielen nahezu unüberwindlichen Hindernissen mit den Ordensoberen gelang es Merton endlich und er war sehr glücklich darüber, Mitte Oktober 1968 zu seiner ersten und letzten Asienreise nach Indien, Singapore, Malaysia, Sri Lanka und Thailand aufzubrechen. In Indien begegnet er S.H. XIV. Dalai Lama, damals 33 Jahre jung; sie werden Freunde. Im Andenken an Thomas Merton hielt der Dalai Lama im Juli 1996 einen einwöchigen Meditationskurs im Trappistenkloster Gethsemani, eine ungewöhnliche Geste für die Versöhnung der Weltreligionen! Der Schriftsteller und Poet Thomas Merton hinterläßt als Abschluß seiner unzähligen Publikationen, die ihn weltberühmt gemacht haben, sein *Asiatisches Tagebuch*. Und mit Eintrag vom 4. Dezember schildert Thomas Merton das wohl eindrucksvollste Erleuchtungserlebnis beim Anblick der Buddhastatuen von Gal Vihara in Polonnaruwa, das einem Christen in buddhistischer Umgebung widerfahren kann.

Als ich diese Figuren betrachtete, wurde ich plötzlich fast mit Gewalt aus der üblichen, halbgebundenen Sicht der Dinge gerissen, und eine innige Klarheit, Helligkeit, die aus den Felsen zu strömen schien, wurde spürbar und sichtbar. Die verrückte Offensichtlichkeit der liegenden Figur, das Lächeln, das traurige Lächeln Anandas, der mit verschränkten Armen dasteht (viel imperativer als da Vincis Mona Lisa, weil völlig einfach und geradeheraus). Das ist es: kein Rätsel, kein Problem und wirklich kein Mysterium. Alle Probleme sind gelöst, und alles ist klar, einfach deshalb, weil das, was wichtig ist, klar ist. Der Felsen, alle Dinge, alles Leben ist voller Dharmakaya ... alles ist Leere, und alles ist Mitleiden. Ich weiß nicht, wann ich in meinem Leben je so ein Gefühl von Schönheit und spiritueller Stärke in einer ästethischen Illumination habe zusammenlaufen sehen. Mit Mahapalipuram (Indien) und Polonnaruwa ist meine asiatische Pilgerreise ganz sicher klar geworden und hat sich selbst gereinigt. Ich meine, ich kenne und habe gesehen, wonach ich dunkel gesucht habe. Ich weiß nicht, was noch auf mich zukommt, aber jetzt habe ich unter die Oberfläche geschaut, habe mich hindurchgebohrt, und ich bin durch Dunkelheit und Verborgenheit hindurchgelangt. Das Ganze gleicht sehr einem Zen-Garten, eine Spanne von Nacktheit und Offenheit und Offensichtlichkeit, und die großartigen Figuren, bewegungslos, doch in den Linien voller Bewegung, voller wogender Kleidung und Körperform, eine wunderschöne und heilige Vision. Für den Rest der Stadt, den alten Palast, hatte ich keine Zeit. Wir fuhren einfach durch die Straßen und sahen die Ruinen und begannen unsere lange Heimfahrt nach Kandy."

Nur wenige Tage später, am 10. Dezember 1968, starb Thomas Merton in Bangkok an den Folgen eines tragischen Stromunfalls. In der thailändischen Hauptstadt fand eine asiatische Mönchskonferenz statt, an der auch Pater Enomiya-Lassalle und der Benektinermönch Dom Bede Griffiths teilnahmen.

Lassalle hatte mich oft ermutigt, Mertons Bücher zu lesen. Und das hatte schließlich dazu geführt, daß ich Mertons Erlebnis von Polonnaruwa nachempfinden wollte. Gal Vihara ist ein außergerwöhnlicher Platz. In meinem Arbeitszimmer habe ich eine große handgeschnitzte Buddha-Statue von dort und sichtbar vor mir drei große Fotos, die unseren knapp dreijährigen Sohn Benedikt Antonio Kumar am frühen Morgen ganz allein vor diesen Friede und Ruhe ausstrahlenden Buddhas zeigen.

Mertons tief-inneres Erlebnis zeigt den großen Verwandlungsprozeß, den ein Mensch erfahren kann: die überwältigende Erleuchtung und Klarheit des Geistes.

Hier spürt man das Wirklichkeitwerden der Radioaktivität des von Gott im Innersten berührten Menschen, ein Licht wird angezündet, das von innen nach außen ohne Unterlaß strahlt.

Ich habe mit Enomiya-Lassalle viel über Thomas Merton gesprochen, von dessen persönlicher Erscheinung in Bangkok er nicht allzu sehr angesprochen war. Auch Bede Griffiths, der Merton schon von seinen Besuchen in Amerika kannte, bestätigte den Eindruck auf ähnliche Weise: „*Ein hochbegabter Mensch, aber keine Disziplin.*"

Merton starb im Alter von 53 Jahren, Enomiya-Lassalle war gerade 70 geworden und stand am Anfang einer intensiven Zen-Unterweisungs-Tätigkeit.

Anläßlich des 100jährigen Bestehens des Parlaments der Weltreligionen in Chicago/USA (28. August bis 5. September 1993) hatte ich eine außergewöhnliche Begegnung mit dem Trappisten James Connor von Gethsemani Abbey, der 20 Jahre lang der engste Mitbruder von Thomas Merton war. Ich wollte sehr viel mehr Einzelheiten über das Leben Mertons und die Bedeutung seiner Schriften erfahren, als James Connor mir plötzlich von seinem Lieblingsbuch vorschwärmte. Und ich war mehr als erstaunt, wie er den Titel nannte: „*Living in the New Consciousness by Hugo Makibi Enomiya-Lassalle*". Dieses Buch hatte ich mit eigenen Kommentaren 1986 unter dem deutschen Titel „Leben im neuen Bewußtsein" herausgebracht, das große Lebensthema von Enomiya-Lassalle in seiner letzten Schaffensphase. Hier in Chicago, im Gespräch über Thomas Merton, wird der Zen-Meister Enomiya-Lassalle plötzlich anwesend und bedeutend. James Connor hatte immer davon geträumt, diesem großartigen „Geburtshelfer auf dem Weg zur Erleuchtung" persönlich zu begegnen. Aber ich konnte ihm wenigstens einen Teil meiner Eindrücke mitteilen und ihn in seinem Vorstellungsbild bestätigen.

Bede Griffiths

Enomiya-Lassalle fühlte eine große Liebe zu Indien. Er hat mit mir so oft über Tiruvannamalai und den Ramana Maharshi Ashram gesprochen. Sein Besuch in der Höhle des heiligen Berges Arunachala in Süd-Indien, wo Ramana Maharshi von 1915-1922 unaufhörlich meditiert hatte, hat ihn sehr beeindruckt. Auch ich kann von meinen drei Besuchen in dieser Höhle nur bestätigen, daß ich kaum einen stilleren Platz in meinem Leben angetroffen habe. Kein schöner Ort im Vergleich zu Polonnaruwa, aber an völligem Schweigen und ungewöhnlicher Lautlosigkeit kaum zu überbieten. Hier vibriert die heilige Erde des lebendigen Indien. Japan, mit seiner großen Strenge und Disziplin eher maskulin bestimmt, hat nicht die Schwingungsdimension von Mother India, der weiblichen Erhabenheit und Anmut, der liebevollen Zärtlichkeit und weisen Intuition. Von Indien kann man nur fasziniert sein, wenn man sich auf den Strom des Lebens einzulassen versteht.

In einem seiner täglichen Zen-Vorträge während eines Sesshins erwähnte Pater Lassalle Anfang der achtziger Jahre im Benediktinerkloster Maria Laach den Namen Bede Griffiths, der mich seither nicht mehr losgelassen hat. Lassalle betonte mir gegenüber mehrfach: „*Wenn Sie Tiefgründiges über Religion erfahren möchten, müssen Sie zu Bede Griffiths nach Shantivanam in Süd-Indien reisen*".

Und das hat sich bewahrheitet. Der englische Benediktiner Bede Griffiths, 1906 in Walton-on-Thames, unweit von London, geboren, ging 1955 nach Indien, um dort die zweite Hälfte seiner Seele zu suchen. Als Nachfolger des französischen Benediktiners Henri Le Saux, bekannt unter dem Namen Abhishiktananda, übernahm Bede Griffiths 1968 den *Saccidananda Ashram Shantivanam*, 30 km westlich von Tiruchchirapalli in Süd-Indien gelegen. Der Ashram der heiligen Dreifaltigkeit (Sanskrit: *sat-chit-ananda* = Sein - Bewußtsein - Glückseligkeit) in Shantivanam (= Wald des Friedens) wurde unter Bede Griffiths zu einem bedeutenden Treffpunkt der Weltreligionen. Pater Lassalle hat diesen außergewöhnlichen christlichen Sannyasin verehrt und bewundert, und er hat dort verschiedene Male Zen-Sesshins und Vorträge gehalten. Was die vielen jungen Gäste aus den christlichen Ländern des Westens in Shantivanam suchen, ist die Innerlichkeit, jene innere Dimension des christlichen Glaubens, die im Westen vom Vernunft- und Fortschrittsdenken überrollt worden ist. Für Bede Griffiths war das Bewußtsein der innewohnenden Gegenwart Gottes ein Hauptmerkmal der indischen Spiritualität. Er attestierte Indien einen besonderen Sinn für das Heilige, der sich etwa darin zeige, daß für den Inder Gott in der ganzen Schöpfung gegenwärtig ist, daß für ihn alles heilig ist. Unser logisches und systematisches Denken bedarf nach Griffiths' Auffassung der Ergänzung durch das intuitive Erkennen des Ostens, die Intuition muß sich mit der Vernunft verbinden. Pater Lassalle war fasziniert von dem Wissen und der Weisheit dieses bedeutenden Mönchs und Mystikers unserer Zeit.

Wenn Bede Griffiths aus den heiligen Schriften vorlas, spürte man, daß diese Texte bei allen äußeren Verschiedenheiten um die gleiche innere Mitte, um das gleiche göttliche Geheimnis kreisen:

„Alle religiösen Lehren sind symbolischer Ausdruck einer Wahrheit, die nicht angemessen ausgedrückt werden kann. Jede Religion, ob

christlich, buddhistisch oder islamisch, ist durch Zeit, Raum und Umstände bedingt. Jede Form von Organisation, Priestertum, Ritual und Lehre gehört der Welt der Zeichen an, die vergehen wird. Aber in all diesen äußeren Formen der Religion offenbart sich eine ewige Wahrheit; Götzendienst besteht darin, bei den Zeichen stehenzubleiben: wahre Religion geht durch das Zeichen hindurch zur Wirklichkeit. Wir erstreben eine ökumenische Bewegung, die derjenigen entspricht, die bereits unter Christen vor sich geht; durch sie dürfen wir hoffen, allmählich gegenseitiges Verstehen zu erreichen und schließlich die Einheit der Welt. Wir müssen lernen, die Stimme des Heiligen Geistes in jeder heiligen Schrift zu erkennen und die verborgene Quelle zu entdecken, aus der sie alle fließen. Die letzte Wahrheit liegt jenseits aller schulmäßigen Formulierungen. Man findet sie in den Tiefen des Herzens, jenseits von Worten und Gedanken, wo das göttliche Wort gesprochen wird und das Mysterium des Seins sich kundtut. Der westliche Mensch lebt in einer Zeit größter Bewährung. Wenn die Dogmen der Erkenntnis der Wahrheit im Wege stehen und die Menschen einander um dieser Dognen willen in Gefängnisse werfen, foltern und töten, dann ist es offensichtlich, daß sie ihren Sinn verloren haben. Wenn das Ritual der Kirche kein Zeichen der Einheit mehr ist, in dem die Menschen in der Liebe des Geistes versammelt werden, sondern zur Schranke wird, welche die verschiedenen Kirchen voneinander und vom Rest der Menschheit trennt, dann hat das Ritual seine Bedeutung verloren. Wenn der Aufbau der Kirche mit seiner ganzen Pracht und Macht nicht mehr dazu dient, die Menschheit in Liebe zu vereinen, hat die Kirche aufgehört, das zu erfüllen, wozu sie gegründet wurde.“

Enomiya-Lassalle war mit Bede Griffiths in völliger Übereinstimmung, mußte aber durch sein Wirken im Westen und im christlichen Umfeld mit derart klaren Äußerungen vorsichtig sein. Er sagte mir einmal über seinen Eindruck eines berühmten deutschen Benektinerklosters: „*Die meisten Mönche hier wissen gar nicht, worum es eigentlich geht. Sie werden förmlich auf ihrem Weg zur Gotteserfahrung behindert.*“

Und genau dies bestätigte mir ein Benediktiner-Abt, der mehrere Jahrzehnte ein Kloster in Holland geleitet hatte: „*Als ich mit über 70 Jahren nach Shantivanam zu Bede Griffiths kam und dort längere Zeit lebte, wurde mir erstmalig die Dimension des monastischen Lebens bewußt. Bis dahin hatte ich nur eine tiefe Sehnsucht, die Gegenwart Gottes zu erfahren und zu berühren. Bede Griffiths hat mir auf wunderbare Weise den Weg gezeigt, der einen großen Transformationsprozeß in mir in Bewegung setzte.*“

Griffiths' beständiges Wirken in Indien und Enomiya-Lassalles aktive Reisetätigkeit haben viele Parallelen. Beide Meister haben sich um die Hochzeit von West und Ost, die intra-religiöse Begegnung von christlicher Mystik mit der Weisheit von Buddhismus und Hinduismus, verdient gemacht. Sie haben für die suchenden Menschen eine Schatztruhe von unermeßlichem Wert geöffnet. Enomiya-Lassalle war als Zen-Meister eher der Praktiker, der meist wenig sprach und nicht mit Worten zu faszinieren verstand. Er wirkte authentisch durch sein Sein und seine treue Anwesenheit. Bede Griffiths, der Weise, von Gott begnadete Gelehrte und Poet, war ein Meister des Wortes, gleichwohl war seine Radioaktivität, seine Strahlkraft der Liebe, überwältigend. In seiner Anwesenheit zu atmen war stets Heilung und göttliche Segnung. Auf Empfehlung von Pater Lassalle war ich später viel mit Bede Griffiths zusammen. Wie kaum ein anderer Mensch hatte er mir kurz vor seinem Tod im Mai 1993 sein Innerstes vollständig geöffnet und mich über Jahre durch viele Gespräche und reichhaltige Korrespondenz an seinem Erfahrungsweg teilnehmen lassen. Enomiya-Lassalle hat mir ein sehr bedeutungsvolles Geschenk gemacht, mir Brücken gebaut zu Menschen, mit denen meine Familie und ich später eng befreundet und verbunden wurden (Bruder David Steindl-Rast, Raimon Panikkar, Zen-Meister Ruben Habito und Familie u. a.).

Enomiya-Lassalle schrieb ein Vorwort zur der deutschen Ausgabe des von mir übersetzten Griffiths-Buches „*Rückkehr zur Mitte – das Gemeinsame östlicher und westlicher Spiritualität*", München 1987. Lassalle schreibt u. a.: „*Ich kenne Pater Bede Griffiths seit vielen Jahren. Auf meinen Reisen bin ich in Shantivanam regelmäßig und gern eingekehrt. Ich konnte miterleben, wie sich das Werk entwickelte und welche Anziehungskraft es entfaltete. Zuletzt bin ich im Januar 1985 bei Pater Bede gewesen und habe dort zwei Wochen lang Zen-Meditations-Kurse abgehalten. Sein Buch ‚Rückkehr zur Mitte' habe ich mit großem Interesse gelesen. Es ist dem Verfasser in einzigartiger Weise gelungen, dem heutigen Menschen zu zeigen, was eigentlich Religion ist, woher sie kommt und wohin sie geht. Viele Menschen in unserer Zeit haben sehr viele Fragen an die Religion und suchen nach neuen Antworten. Es geht eine Bewußtseinsveränderung vor sich, die nicht nur den einzelnen, sondern die Menschheit insgesamt betrifft...*"

Bede Griffiths hatte dieses Buch 1975 in Shantivanam in nur einer Woche verfaßt. Wie aus einer Quelle flossen die Gedanken in die Feder, mühelos, von großer intuitiver Kraft beseelt. Er betrachtete dieses Werk lange Zeit als sein schönstes Buch. Im September 1990 schrieb er für meine Frau Christiane eine wunderschöne Widmung in sein Buch: „*Das Zentrum, die Mitte, ist das Zentrum des Selbst, das Zentrum des Universums und das Zentrum Gottes. Wenn wir erfahren, daß diese drei eins sind, erfahren wir Gott.*“

Übereinstimmend lehnten Enomiya-Lassalle und Bede Griffiths die Reinkarnation, wie sie in vereinfachender Weise heute vielfach verstanden wird, ab. Lassalle im Mai 1988 in Hannover wörtlich: „*Für mich gibt es keine Reinkarnation*“. Auch Buddha lehnte die Reinkarnation letztlich ab, worüber im Kapitel „Dynamik des Geistes: Ewiges Leben“ noch ausführlich die Rede sein wird. Bede Griffiths sagte am 13. April 1992 in der St. James' Church in London:

„*Für mich gehört die Reinkarnation in den Bereich der Psyche. Und was der Psyche nach dem Tod genau widerfährt, das weiß ich nicht. Es ist für mich nicht von Bedeutung, was mit der Psyche geschieht, denn der Mensch ist ewiger Geist und muß über das Problem Reinkarnation hinausgelangen. Der indische Weise Ramana Maharshi (1879–1950) hätte genau das gleiche gesagt. Er würde sagen, daß es auf die geistige Wirklichkeit ankommt. Und ich empfehle, daß man sich nicht mit den Abenteuern der Psyche in Vergangenheit, Gegenwart und/oder Zukunft aufhalten sollte.*“

Heute leben wir in einer Zeit, wo auch auf dem sogenannten spirituellen Weg die Projektionsfallen von außen erheblich zugenommen haben. Es hat sich ein blühendes Geschäft entwickelt, der illusionäre Tanz kosmischer Intelligenzen wird vielfach für die absolute Wirklichkeit gehalten, „*mega maya*“, die große Täuschung, wird zwangsläufig zur Enttäuschung.

Bede Griffiths schrieb in einem Brief an mich 1988:

„*Als ich vor vielen Jahren Tokio besuchte, bin ich Pater Lassalle zum ersten Mal begegnet. Damals begann er gerade mit seiner Arbeit, die Methode der Zen-Meditation zu unterrichten. In der katholischen Kirche war er hierin ein Pionier, und er stieß anfangs auf sehr viel Mißtrauen. Viele Katholiken waren in der diskursiven Meditation festgefahren, und die Idee des Nicht-Denkens, des Leermachens des Geistes, wurde als gefährlich angesehen. Aber die Notwendigkeit, über die Aktivität des Geistes hinauszugehen und das tiefere Zentrum des Herzens im Schweigen und in der Stille zu entdecken, eröffnete eine neue Dimension für die Gebetspraxis. Die Tradition der Kirche hatte die Notwendigkeit klarer Vorstellungen bei der Betrachtung des Glaubensgeheimnisses betont, aber das Bekanntwerden mit Zen half den Menschen zu erfahren, daß das göttliche Geheimnis sowohl Wort und Gedanken transzendiert, und so führte die Praxis der Zen-Meditation zur Wiederentdeckung der kontemplativen Tradition der Kirche. Es ist die herausragende Leistung von Pater Lassalle, einen Weg zu zeigen, wie Buddhisten und Christen einander begegnen können, ohne die Grundlagen ihrer Religion aufzugeben."*

Enomiya-Lassalle hat sich immer gefreut, wenn ich von Bede Griffiths und Indien berichtete. Wenige Monate vor seinem Tod schrieb er mir mit Datum vom 29. November 1989:

„Lieber Herr Ropers! Vielen, vielen Dank für die Kostbarkeiten, die Sie mir von Fr. Bede Griffiths mitgebracht haben. Ich habe fast Lust, ihn nochmals zu besuchen. Alles Gute!"

Enomiya-Lassalle war zu diesem Zeitpunkt bereits 91 Jahre alt!

Raimon Panikkar

Enomiya-Lassalle hat den Freund Raimon Panikkar, den überragenden Universalgelehrten, Theologen, Philosophen und Naturwissenschaftler, bewundert. Panikkar (geb. 1918), der wie kaum ein zweiter die Wurzeln des abendländischen Christentums mit der intuitiven Weisheit Indiens verknüpft hat, zählt zu den großen Denkern dieses Jahrhunderts und ist gleichzeit spiritueller Lehrer. Raimon Panikkar begegnete Lassalle das erste Mal in Hiroshima 1966 während dessen großer Krise. Er erinnert sich: *„Vieles habe ich vergessen. Eines aber blieb mir fest in meinem Gedächtnis: die Tiefe dieser ersten Begegnung und die konkrete Situation, in der er sich damals befand. Er war in Verdacht geraten; er hatte das Vertrauen mancher seiner eigenen Ordensleute verloren, und Mißtrauen der Kirche hatte ihn in seiner Tätigkeit beeinträchtigt. Ich konnte diese Situation, vielleicht aus meiner eigenen Erfahrung heraus, sehr gut verstehen. Ich erlebte einen großen Menschen in einem heiklen und schmerzlichen Zustand. Er war mir gegenüber aufrichtig und offen. Wir wußten uns als Mitbrüder im gemeinsamen Ideal; Mitleidende in gemeinsamer Berufung; verantwortlich für eine nur dem Anschein nach doppelte Treue: zur eigenen Religion und zu einer zweiten Tradition. Die Begegnung der Kulturen ist keine Spielerei. Er war damals 67 Jahre alt, und sein Weg schien völlig versperrt: ohne Anhänger, ohne Nachfolger, ohne Aussicht auf Verständnis weder von seinem Orden noch von Rom. Wem sollte er folgen, seinem Gewissen oder seinen Oberen? Gab es einen mittleren Weg? Pater Enomiya war 20 Jahre älter als ich.*

Er hätte also mir gegenüber behilflich und höflich sein, seine Krise aber für sich behalten können, um sein ‚Image' zu wahren. Das tat er aber nicht, und so kam eine Begegnung in der Tiefe zustande, ein wahres Treffen, ein Ausschütten unserer Herzen. Mit anderen sprachen wir über theoretische Sachverhalte. Unsere Gespräche gingen tief ins Existentielle. Wir wußten, daß der Inkarnationsversuch in einer anderen Spiritualität nicht nur schwer, sondern auch lebensgefährlich sein kann. Es handelt sich dabei um keinen Eklektizismus. Die Prüfung, die bestanden werden muß, ist eine doppelte: die theoretische der richtig verstandenen Orthodoxie und die persönliche der echten Orthopraxis. Er hat beide Feuerproben bestanden. Die Reinigung hat er schon hinter sich. Er ist längst über dies hinaus. Ich möchte nur von seinem inneren Kampf, von seiner Treue Zeugnis ablegen und meine Dankbarkeit für sein Leben aussprechen."

Raimon Panikkar ist ein einzigartiger Mensch und Freund, mit dem eine Begegnung in der Tiefe des Herzens unvermeidlich ist. Seine außergewöhnliche Dialogfähigkeit in vielen Sprachen, seine spontane Lebendigkeit, seine Kunstfertigkeit des Formulierens, sein meisterhaftes Eintauchen in die Vielfalt von Religionen, Wissenschaften und Kulturen, seine brennende Neugier für den Menschen sind Qualitäten, die nur selten vergleichbar anzutreffen sind.

Auf dem Kongreß „*Geist und Natur*" in Hannover im Mai 1988, auf dem Enomiya-Lassalle als ältester Referent seinen letzten großen Vortrag in der Öffentlichkeit hielt, sprach auch Raimon Panikkar zu den 2000 Zuhörern. Nach diesem glänzenden Auftritt sagte Enomiya-Lassalle spontan: „*Brillant!*" Diese Brillanz Raimon Panikkars kommt von innen. Er hat die großen religiösen Traditionen intensiv studiert, erlebt, erfahren, durchlitten und repräsentiert authentisch deren Wesenskern in einer überzeugenden Frohen Botschaft. Wenn Panikkar spricht, leuchtet der Raum, werden Dunkelheit und Finsternis in Licht verwandelt. Das ist nicht rollenhaft einstudiert, sondern hier wird die göttliche Radioaktivität des Menschen überdeutlich spürbar.

An jenem Kongreß in Hannover haben Raimon Panikkar, Pater Lassalle und ich einen denkwürdigen Gedankenaustausch in gelöster Atmosphäre gehabt. Es war ihre letzte Begegnung. Pater Lassalle hatte in Hannover so wundervoll formuliert: „*Erleuchtung ist, als wenn man alle neun Sinfonien Beethovens auf einmal hört.*"

Bei diesem Zusammensein erzählte Enomiya-Lassalle auch in kleinem Kreise nochmals die Geschichte seiner wiederholten Begegnungen mit dem österreichischen Dirigenten Herbert von Karajan. Jedesmal, wenn Karajan in Tokio dirigierte, lud er Pater Lassalle ins Konzert ein, um in der Pause ein Gespräch über Meditation zu führen. Karajan, der gewohnt war, alles zu beherrschen (Musik, diverse Sportarten, Yoga etc.), war der hoffnungsvollen Ansicht, auch die Methode der Zen-Meditation im Schnellverfahren zu erlernen. Nach dem dritten Karajan-Konzert bat Enomiya-Lassalle den weltberühmten Maestro, zu einem Zen-Sesshin in sein Zentrum „*Akikawa Shinmeikutsu*" vor den Toren Tokios zu kommen. Herbert von Karajan sagte zu und kam eines Tages bestens vorbereitet dort an. Er hatte das über 500 Seiten starke Standardwerk Enomiya-Lassalles „*Zen-Buddhismus*" wie eine Partitur Wort für Wort auswendig gelernt und wollte mit dieser beachtlichen Leistung den Zen-Meister beeindrucken. Lassalle war in seiner gewohnten Art unbeeindruckt und ermunterte den Dirigenten Herbert von Karajan zum intensiven Üben mit einem Koan. Unter Aufbietung sämtlicher Kraftreserven arbeitete von Karajan fast Tag und Nacht eine Woche lang mit dem Koan, war aber nicht in der Lage, dem Zen-Meister eine Lösung vorzutragen, welche die gewünschte Bestätigung der Erleuchtung zur Folge gehabt hätte. Der sonst so erfolgreiche Maestro Herbert von Karajan reiste ein wenig enttäuscht nach Hause. Einen Zen-Meister kann niemand beeindrucken; und das spricht für seine Qualität!

Enomiya-Lassalles Aussage über die neun Sinfonien Beethovens bestätigen die Möglichkeit der göttlichen Wirklichkeits-Erfahrung im Hier und Jetzt. Raimon Panikkar spricht von der „*unsichtbaren Harmonie*", die es mit Hilfe des dritten Augens wiederzuentdecken gilt.

Anläßlich des 80. Geburtstages von Enomiya-Lassalle schrieb Raimon Panikkar einen bemerkenswerten Beitrag, aus dem hier einige Passagen zitiert werden:

„Sollte meine These richtig sein, daß die Spaltung zwischen Denken und Sein kein universales menschliches Phänomen ist, sondern ein spezifisches Merkmal der ‚Selbstentfaltung der Realität' im westlichen Zweig der indo-europäischen Kultur, so würde sie ein zentrales Problem der Mystik aller Zeiten erhellen: den Konflikt der Mystik mit dem Denken, mit der Ratio. ... Die Mystik strebt nicht danach, das Sein zu denken, sondern es ‚sein zu lassen'; sie will nicht in das Sein eindringen (die Wahrheit erforschen, die Wirklichkeit erkennen), sondern sie läßt vielmehr das Sein selbst austreten (die Wahrheit sich offenbaren, die Wirklichkeit sich auswirken) und den Strom des Seins durchfließen. Wenn der Mönch wahrhaft in Kontemplation versunken ist, weiß er nicht, daß er betet; die Leere der echten Beschauung ist sicherlich nicht der Gedanke der Gedankenlosigkeit; die Reflexion tötet die Spontaneität

der wirklichen Kontemplation; es gibt weder einen Denkenden noch ein Gedachtes. ... Das Sein manifestiert sich, entfaltet sich, drückt sich auf eine Weise aus, daß das Denken nicht folgen kann. Es gibt eine Ausstrahlung des Seins, die nicht vom Denken eingeholt werden kann, über die nicht reflektiert werden kann, weil keine Wiederholung möglich ist. Die ‚gedankenfreie Meditation' wäre dann eine Teilhabe an dem Sein, das weder gedacht noch festgelegt werden kann. Es ist nicht möglich, sich ihrer bewußt zu werden, denn sie ist reine Teilhabe an der Entfaltung des Ganzen, ohne auf sich selbst zurückzufallen... Die Bewegung der gedankenfreien Kontemplation verläuft in umgekehrter Richtung zu der Bewegung des Denkens. Es ist nicht so, als würde ich, der Meditierende, über etwas nachdenken, selbst wenn dieses Etwas die unendliche Offenheit Gottes wäre; es ist auch nicht so, daß ich das Denken zu überwinden versuche, indem ich seine Grenzen überspringe oder sprenge. Die Bewegung der gedankenlosen Beschauung ist genau umgekehrt: Sie geht vom Mysterion aus, vom Sein selbst. Der Betende spricht nicht, er horcht, bis er reines Gehorchen wird. Er läßt den Strom des Geheimnisses (der Liebe, der Gnade, des Wissens, des Lichtes, des Seins, Gottes) durch sich durchfließen. Doch Vorsicht! Eine solche Beschauung darf nichts schauen. Wenn das der Fall wäre, dann würde das Geschaute das Schauen bestimmen und so nicht nur dem Schauen seine Freiheit rauben, sondern ihm auch ein Objekt geben und somit einen Gegenstand des Denkens. Ein geschauter Gott ist nicht mehr der lebendige Gott, sagen die Meister. Er ist sicher nicht mehr der Schauende, sondern höchstens der Geschaute. Die reine Betrachtung betrachtet nichts; mehr noch: sie betrachtet nicht. Es gibt kein Objekt, aber auch kein Subjekt, kein Zugrunde-liegendes, keinen Punkt, von dem aus man betrachten könnte, keinen Grund, sondern nur den Abgrund."

Portraitmaler: Hans Jürgen Kallmann

Konrad Lorenz, der Nobelpreisträger, der die Psyche der Tiere kannte wie keiner sonst, huldigte den Porträts, mit denen Hans Jürgen Kallmann die Repräsentanten der Bundesrepublik von Heuß bis Strauß, von Brecht bis Jünger und Bloch so gemalt hat, wie die Nachwelt sie anschauen wird, indem er darauf hinwies, daß dieser Künstler wie noch jeder Porträtmaler seinem Blick für die Verwandtschaft des menschlichen Gesichts mit tierischen Gesichtern die eindrucksvollsten Wirkungen verdankt. *„Ich kenne keinen Maler“*, schrieb Lorenz, *„der mich in dieser Weise gleichzeitig vom Malerischen und vom Psychologischen her so begeistert wie Kallmann: Natur und Geist in einem Bild!“*

Hans Jürgen Kallmann, genau 10 Jahre jünger als Enomiya-Lassalle, ist vor wenigen Jahren in München gestorben. War das prominenteste Modell Kallmanns auch Papst Johannes XXIII., den man gar nicht mehr anders sehen kann, als wie Kallmann ihn gesehen hat, stand man auch nur einmal vor einem dieser Papst-Porträts -, so hat den Maler, von Frauen abgesehen, die ihm nahestanden, vermutlich keine andere Person, die er porträtierte, fasziniert wie Konrad Adenauer.

Kallmann bekam für seine Kohlezeichnungen fürstliche Honorare.

In einem persönlichen Gespräch versuchte ich ihn für Pater Enomiya-Lassalle zu interessieren. Er war neugierig auf die Begegnung. Die hohe Kunst Kallmanns bestand darin, in einem persönlichen Gespräch von nur zwei Stunden zwei oder drei Kohlezeichnungen auf Papier zu übertragen, wobei später keine nachträglichen Korrekturen oder Verbesserungen gemacht wurden. Das in diesem Buch abgedruckte Porträt Enomiya-Lassalles dokumentiert die hohe Qualität des großen deutschen Malers Kallmann. Der Künstler schreibt über seine sternstundenhafte Begegnung mit Enomiya-Lassalle am 5. April 1986 im Franziskanerkloster von Dietfurt/Altmühltal:

„Der feine alte Herr, hochgewachsen, kantig, in seiner etwas gebückten Haltung hohe Jahre verratend – das also ist der legendäre Pater Lassalle, von dem die christliche und buddhistische Welt Bedeutendes weiß. Kallmann darf ihn in seinem kleinen, mehr wie bescheidenen Raum – Schreibtisch, Bett, zwei Stühle – im Kloster Dietfurt besuchen. Da ich ihn zeichnen darf, wird das blasse, knochige Gesicht mit den geformten Backenknochen, den großen Ohren, der hellen jungen Haut und den tief in den Höhlen liegenden Augen plastisch. Diese Augen!: den Maler inspirierend, den Menschen mit wunderbarer Tiefe betrachtend, eine tiefe, gütige Stille um sich verbreitend. Wenn ich, voller Arbeitsintensität und vehementer Konzentration beginnend, Spuren der Unruhe in mir hätte bezwingen müssen, hier bin ich von einer medialen Weisheit und Gläubigkeit so übermannt, daß nur zwei Menschen sich nahe gegenübersitzen, die nichts voneinander trennt. Nichts an dem Pater ist pathetisch, er ist wundervoll einfach, und er kann schelmisch lachen, er kennt die Welt und betrachtet sie mit innerer Heiterkeit. Der Maler darf erleben und übersetzen, er zeichnet den auch noch im hohen Alter vitalen Mund, die feine, schmale Nase, die trotz des Wissens um die erlebten Jahre sogar noch die Welt neugierig beschnuppert – hier gibt es

kein Ende der Jahre, sondern die Ewigkeit des göttlichen Dienens. Die Stirn des Paters wölbt sich leicht im Bogen nach vorn, zu den Schläfen hin kerbt sie sich ein und wird da schmal, die erstaunlich vollen Haare, von denen eine Strähne mitunter keck in die Stirn fällt, sind dunkel durchzogen, blau bis weiß-grau, ein langer Scheitel durchzieht seitlich den Kopf und deutet das große Volumen des Schädels an. Alles in ihm ist Ruhe und Bewegung, die Nähe des aufmerksam sehenden Malers bedeutet nichts Fremdes, die umfassende Welten-Güte des Paters umschließt auch den Maler, der ja ein Fremd-Körper im Ablauf dieses wunderbaren Lebens hätte sein können. Seine Hände sind wie feingesponnene Filigran-Figuren, die Finger mager, lang, von sensibelster Gestaltung. Sie sind da und ruhend, ohne das geringste Zittern. Später, beim Heiligen Abendmahl, an dem auch der evangelische Maler teilnehmen darf, erlebe ich eine Eucharistie-Feier von einer lautlosen Stille, die zarte, Bibelstellen zitierende Stimme des Paters verdichtet noch die Ruhe der Andächtigen, das Medium des Leisen bezwingt die Teilnehmer, die sitzend oder kniend eine große mediale Stunde erleben dürfen.“

Kallmann reflektierte mit mir sein Erlebnis in wunderbaren Gesprächen, er war damals bereits 77 Jahre alt, Pater Lassalle schon 87! In gestochen-schöner Handschrift schickte mir der Künstler Kallmann mit Brief vom 21. April 1986 seinen Beitrag und bedankte sich tausendfach für das Erlebnis einer Sternstunde in seinem Leben.

Pater Lassalle schrieb am 21. Mai 1986 aus Tokio:

„Lieber Herr Professor Kallmann! Herr Ropers schickte mir die Photos und auch Ihre Eindrücke – schriftlich niedergelegt – von unserer Begegnung. Das hat mich tief beeindruckt. Ich muß Ihnen sagen, daß es auch für mich einmalig war. Als mir Herr Ropers sagte, daß er jemanden gefunden hätte, der von mir ein Porträt malen würde, war ich, ehrlich gesagt, nicht sehr begeistert von der Idee. Aber ich wollte kein Spielverderber sein und wappnete mich mit Geduld, um durchzuhalten, bis das Porträt fertig sei. So etwas ist mir noch nicht passiert. Aber jetzt muß ich sagen, daß ich Sie kennenlernte, und zwar in dieser Situation, wo Sie eben malen, war für mich ein Erlebnis, das ich nie vergessen werde. Und ich möchte mich nochmals recht herzlich bedanken, daß Sie sich die große Mühe gemacht haben. Ich hoffe, Sie gelegentlich wieder treffen zu können, wenn auch nicht gemalt zu werden, sondern als Mensch zu Mensch. Mit allen guten Wünschen und nochmals 1000 Dank.“

Portraitfotograf: Walter Schels

Ein anderer großer Porträtkünstler ist der in Hamburg lebende Fotograf Walter Schels. Seine großartigen Aufnahmen von renommierten Künstlern und Persönlichkeiten haben ihn weltweit bekannt gemacht. Zusammen mit dem bekannten deutschen Musikkritiker Joachim Kaiser publizierte Walter Schels im Jahr 1997 ein faszinierendes Buch: *„Musikerporträts“*. Seine in diesem Buch abgedruckten Fotos von Pater Lassalle sind die mit Abstand eindrucksvollsten und ausdrucksstärksten ihrer Art. Walter Schels nahm 1987 an einem Zen-Sesshin in Dietfurt teil und machte wenig später seine Porträtstudien von dem Zen-Meister.

In seinem Buch „Das offene Geheimnis - neugeboren/altgeboren, was Gesicht und Hände eines Menschen verraten, welche Anlagen und Eigenschaften lassen sich erkennen“, München 1995, schreibt Schels: *„Lassalle war 88 Jahre alt, saß mit uns, zehn Stunden am Tag. Er saß aufrecht, perfekt, seinen Körper und sich selbst vollkommen beherrschend. Er hatte Satori-Erfahrung, wie es im Zen heißt. Er war ein Erleuchteter. In seinem Gesicht ist diese Selbstbeherrschung zu sehen. Die tiefliegenden Augen zeigen den Beobachter. Sie blicken unbeirrt, wie auf ein Ziel konzentriert, besitzen eine fast magische Qualität. Zwischen den Augen hat sich eine tiefe Nasenfalte eingegraben. Dieser Mann hat alle Widerstände überwunden, ohne lieblos zu werden. Die großen, abstehenden Ohren zeigen eine rebellische Natur. Ein Gesicht, das viel Ernst ausstrahlt. Aber ich habe Lassalle nicht gefühlskalt erlebt. Im Gegenteil: er war ein ernst-heiterer Mensch, offen für die Nöte seiner Mitmenschen. Ich kenne ein Foto, das ihn als jungen Studenten zeigt. Ein lachendes Gesicht, und das Lachen erfaßt beide Gesichtsseiten. Wenn ein Mensch gleichzeitig rechts und links lächelt, deutet dies auf tiefe, echte Heiterkeit hin.“*

Man darf von göttlicher Fügung sprechen, daß Walter Schels und Enomiya-Lassalle so spät noch zusammengetroffen sind. Pater Lassalle hatte eine große Liebe zu den Künstlern. Er wußte um ihre besondere intuitive Begabung, die ihnen den Durchbruch zur Wirklichkeit leichter möglich machte. Wir sehen an den so zahlreichen höchstbegabten und begnadeten jungen Künstlern, wie sehr sich die göttliche Anwesenheit offenbart. Sie leben aus einer Quelle mit direktem Zugang zum Ur-Grund.

Handschrift und Persönlichkeitsbild

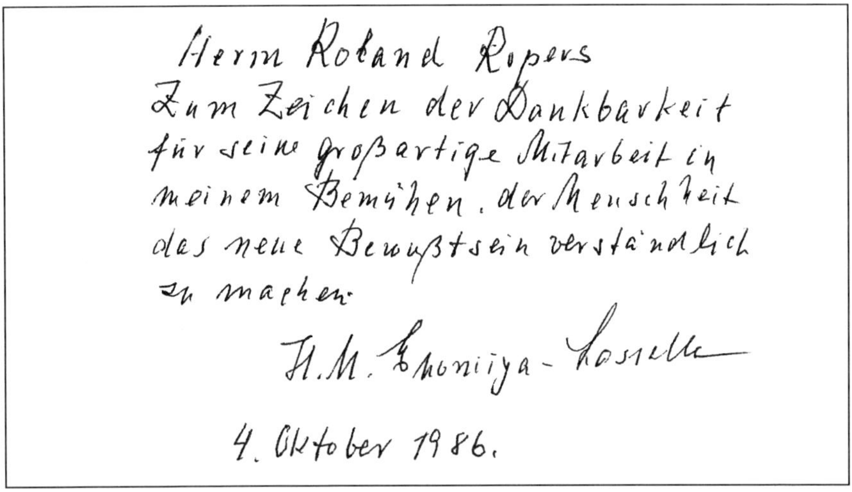

Herrn Roland Ropers
Zum Zeichen der Dankbarkeit
für seine großartige Mitarbeit in
meinem Bemühen, der Menschheit
das neue Bewußtsein verständlich
zu machen.

H. M. Enomiya-Lassalle

4. Oktober 1986.

Schriftproben von Pater Lassalle

Der in München lebende Schriftpsychologe Dr. Helmut Ploog hat im September 1986 folgendes Gutachten erstellt:

„Die Handschrift Enomiya-Lassalles macht aufgrund des starken Rhythmus einen ungewöhnlich lebendigen und straffen Eindruck, und das im Alter von nahezu 88 Jahren. Der Rhythmus ist gelegentlich altersbedingt etwas gestört, und auch manche Wörter fallen auseinander. Die Schrift lebt von der Bewegung, während die Form in den Hintergrund tritt. Winkelbindung wird bevorzugt, wobei die Bewegungen äußerst konzentriert und zweckmäßig verknappt ausfallen. Die Schrift ist insgesamt sehr gebunden, gehalten und wenig gelöst.

Nach C. G. Jung ist der Schreiber ein extrovertierter Denktypus mit der Intuition als Hilfsfunktion. Nach den Sprangerschen Lebensformen wäre er theoretisch und sozial ausgerichtet. Er ist also ein Wissenschaftler, der abstrakt und analytisch zu denken vermag und vor allem problemvertiefend vorgeht. Sein intellektueller Scharfsinn wird ergänzt durch intuitive Klarheit. Der Intuition als der Stimme des Kosmos im Menschen kommt bei Lassalle als Meditationslehrer besondere Bedeutung zu.

Dem Klischeebild eines innerlich ausgeglichenen, ruhig und beschaulich lebenden und eher weltabgewandten, verinnerlichten Menschen entspricht er in keiner Weise. Er wirkt bei innerer Konfliktveranlagung eher drängend, ungeduldig und sehr aktiv. Er ist kein bequemer Mensch, ist vielmehr konsequent, zielsicher und zu hartem Einsatz in der Lage.

Nach außen versteht er selbstsicher aufzutreten, weiß sich darzustellen und kann seinen Standpunkt mit Nachdruck vertreten. Wie bei vielen großen Persönlichkeiten der wissenschaftlichen Welt ist seine Schrift erstaunlich einfach, ohne irgendwelchen Anspruch. Trotzdem ist die Leserlichkeit gewahrt. So entsteht das Bild einer sehr individuellen und differenzierten Persönlichkeit, die gegen Ende ihres Lebens eine zweite Einfachheit verwirklicht hat, in deren Wesen nichts dominiert und alles überzeugt".

Auch dies ist nach den vorangegangenen großartigen Porträts des Malers Kallmann und des Fotografen Schels eine interessante Studie aus der letzten Lebensphase Enomiya-Lassalles.

Edmond Lassalle

Eine der sicherlich erwähnenswertesten Personen im Leben von Pater Lassalle war seine Cousine, Ordensschwester Edmond, genannt Eddy (geboren am 16. Oktober 1892 in Xanten am Rhein, gestorben am 7. September 1992 in Tilburg/Holland). Mit der hochgebildeten, ehemaligen Gymnasiallehrerin Eddy verband auch mich eine besonders tiefe Freundschaft. Ihr grenzenloses Verständnis für die Sorgen und Nöte eines Menschen, aber auch ihr herzerfrischender Humor waren überwältigend. Für Enomiya-Lassalle war die Cousine Eddy eine enge Vertraute seines Herzens, mit der er über alles, was ihn bewegte, sprechen konnte. Erst in hohem Alter von 75 Jahren begann Schwester Edmond, die im Kloster den Namen ihres geliebten Vaters annahm (schon sehr ungewöhnlich!), intensiv Zen zu üben und schloß ein komplettes Koan-Studium ab. Sie stellte u. a. die Verbindungen zu anderen Klöstern in Holland her, wo Pater Lassalle später Kurse halten sollte. Ihr Interesse an allem Neuen war sehr lebendig, als Gesprächspartnerin war sie stets glänzend informiert und eine liebevolle Zuhörerin. Enomiya-Lassalle begann im Januar oder Februar eines jeden Jahres seine Kurse meist in Holland, weil er mit der holländischen Fluglinie KLM am billigsten reisen konnte und, von Japan kommend, der erste Zielort in Europa

Amsterdam war. Enomiya-Lassalle hatte immer für ein ganzes Jahr genauestens seine Termine festgelegt, er war ein perfekter Organisator und Herr seiner Zeit.

Sr. Edmond Lassalle war eine der eifrigsten Briefschreiberinnen, die ich kenne. Ein Brief oder nur eine Postkarte blieb niemals lange unbeantwortet. Einen ganzen Ordner füllt ihre Korrespondenz mit mir. Ihre Handschrift bis zu ihrem Tode, nur fünf Wochen vor ihrem 100. Geburtstag, war von einer seltenen Klarheit und Ordnung geprägt. Unmittelbar nach dem Tod ihres Cousins Hugo am 7. Juli 1990 schreibt sie mir: *„Vielen, vielen Dank für Deinen so lieben Brief. Es hat mich sehr gefreut, daß Du noch bei Hugo auf Besuch warst, und vor allem, daß er noch bei vollem Bewußtsein war und Dich kannte. Du hast so viel Großartiges für ihn getan. Ja, er ist ein großer Heiliger, den wir anrufen können. Wir haben viel zusammen musiziert, er Cello und ich Violine gespielt. Du verstehst, welches Band da entstand. Vielen Dank auch für die sehr schönen Zeitungsausschnitte. Wie ehrlich und wunderbar wird Hugo da beschrieben! Eigentlich kann ich noch nicht so ganz fassen, daß er nicht mehr da ist. Ich gönne ihm natürlich die Freude und das himmlische Glück, nach dem er so verlangte, wie er mir öfter schrieb. Übrigens ist er mir jetzt näher als je zuvor…“*

Nur wenige Woche nach Enomiya-Lassalles Tod kam Bede Griffiths, dessen Buch „The New Vision of Reality“ ich gerade übersetzt hatte, im September 1990 zum ersten Mal zu uns nach Kreuth zu Besuch. Mit großem Interesse verfolgte Eddy Lassalle im hohen Alter von 98 Jahren das Leben und Wirken des Benediktinermönchs Griffiths aus meinen Berichten und freute sich, daß die Bemühung um die Versöhnung der Weltreligionen so fruchtbar voranging. Im November schrieb Eddy: *„Lieber Roland, wieviel Freude hast Du mir wieder bereitet mit Deinem reichen Geschenk: Die Neue Wirklichkeit von Bede Griffiths. Und dann seine persönliche Widmung für mich. Du arbeitest viel zu viel und hast wirklich einmal nötig, ein wenig zur Ruhe zu kommen. Mit herzlichem Gruß in Liebe Deine Eddy“.*

Karlfried Graf Dürckheim

Am 30. Mai 1986 besuchte ich zusammen mit Pater Lassalle seinen langjährigen Freund Karlfried Graf Dürckheim (1896–1988) in Todtmoos-Rütte/Schwarzwald. Dürckheim war Professor der Psychologie und Philosophie und hatte in einem langjährigen Japan-Auftenthalt Zen kennen und schätzen gelernt. 1948 baute er in dem Schwarzwalddorf Rütte eine existential-psychologische Bildungs- und Begegnungsstätte, Schule für initiatische Therapie, auf, zusammen mit seiner späteren Ehefrau Dr. Maria Hippius. Pater Lassalle hatte den Wunsch, Graf Dürckheim noch einmal zu begegnen - es sollte das letzte Zusammenkommen der beiden hochbetagten Meister ihrer Art sein.

Dürckheim schrieb über den deutsch-japanischen Zen-Meister:

„Ich halte Pater Enomiya-Lassalle für eine der wichtigsten Geistesgestalten unser Zeit. Weil er das lebt, was er verkündet, ist seine Anwesenheit in dieser Welt von besonderer Bedeutung. Pater Lassalle war zu unserer Freude schon wiederholt kürzere oder längere Zeit Gast in unserem Zentrum in Todtmoos-Rütte. Einfach seine Weise, da zu sein, nicht weniger als der Ausdruck seiner Persönlichkeit im Wort, ist für jeden, der es erlebt hat, von bleibender Bedeutung. Bei seinem letzten Hiersein nutzte er das letzte Zusammensein im großen Kreis zu einer besonders eindrucksvollen Dokumentation seines Wesens. Er setzte sich in einem Abstand von etwa zehn Metern von den anderen in den Raum und hielt dort etwa zehn Minuten vollständige Stille. Das war und wirkte stärker, als ein langer Vortrag es getan hätte. Pater Lassalle ist ein lebendiger Zeuge dessen, was er lehrt und verkündet. Ich schätze mich glücklich, ihn als alten Freund bezeichnen zu können. Und jedesmal ist eine, wenn auch nur kurze, Anwesenheit von ihm ein fruchtbares Geschenk für alle, die ihn erleben dürfen“.

Dieser Freitag im Frühling 1986 bleibt mir in sehr guter Erinnerung. Im kleinsten Kreise waren wir in Graf Dürckheims Privaträumen zum Kaffee geladen. Und Graf Dürckheim erzählte eine amüsante Anekdote von seiner ersten Begegnung mit Pater Lassalle Anfang der 60er Jahre in Rütte. Enomiya-Lassalle hatte Dürckheims Buch „Hara - die Erdmitte des Menschen“ gelesen und war interessiert, den Autor persönlich kennenzulernen. Lassalle, der seit 1948 nur unter dem Namen Enomiya reiste, kam eines Tages unangemeldet nach Rütte und fragte nach Graf Dürckheim. Der nicht sonderlich beeindruckende Jesuit wurde vom gräflichen Sekretariat gemustert, und man ließ ihn zunächst eine Weile warten. Dann erschien in erhabener Haltung Graf Dürckheim und fragte den Besucher nach seinem Anliegen. Enomiya-Lassalle wollte ein Erfahrungsgespräch über Zen führen, und statt eines Dialogs hielt Graf Dürckheim dem geduldigen Gegenüber einen geschliffenen Vortrag über Zen und seine Künste, nicht wissend, wer sein Besucher eigentlich war. Nach seinem brillanten Monolog fragte Dürckheim plötzlich verwundert seinen Besucher nach seinem Wohnort, und Lassalle antwortete lediglich, er wohne seit 1929 in Japan. Und sehr erstaunt entgegnete Dürckheim darauf: *„Dann müssen Sie doch den berühmten Zen-Meister Pater Lassalle kennen!"* Und Makibi Enomiya antwortete nur: *„Der sitzt vor Ihnen."*

Für Graf Dürckheim war dies eine sehr beschämende Situation. Er war es gewohnt, sehr schnell das Wort zu führen und mit seinen Formulierungskünsten andere zu faszinieren. Der bescheidene Zen-Meister aus Japan sah diesem Auftritt mit Geduld und Schmunzeln gelassen zu.

Nach diesem Kaffeeplausch hielt Pater Lassalle in der Zen-Halle von Rütte eine Eucharistiefeier. Der Raum war überfüllt. Ich werde nie vergessen, mit welch tiefer Andacht Graf Dürckheim teilnahm und mit welcher Dankbarkeit er die Kommunion aus den Händen seines Freundes Enomiya-Lassalle entgegennahm. Am Abend sprach Lassalle vor etwa 50 in Rütte tätigen Therapeuten über das Neue Bewußtsein. Ich hatte dazu eine längere Einführung gemacht, zumal Pater Lassalle mich sehr intensiv um meine Mitarbeit an seinem Gedankengut über den Neuen Menschen gebeten hatte. Er trennte sehr genau zwischen seinen Vorträgen und seinen Zen-Unterweisungen. Der 90minütige Vortrag von Pater Lassalle in Rütte hatte noch lange nachgewirkt. Graf Dürckheim bedankte sich bei mir wiederholt, daß ich diesen Besuch ermöglicht hatte.

Dürckheims Lebensuhr lief langsam ab. Seine Blindheit und seine Herzattacken hatten ihm bis zu seinem Tode am 28. Dezember 1988 große Prüfungen auferlegt. Dürckheim ist wenige Wochen *nach* seinem und Lassalle wenige Monate *vor* seinem 92. Geburtstag gestorben.

Wladimir Lindenberg

Am 5. September 1988 besuchte ich zusammen mit Pater Lassalle in Berlin den Arzt, Künstler und Mystiker Wladimir Lindenberg. In seinem 1978 erschienenen Buch „Riten und Stufen der Einweihung" erwähnt Lindenberg zum ersten Mal den Zen-Meister und Jesuitenpater Enomiya-Lassalle und war ihm bislang nie persönlich begegnet. Um diesen großen Menschen dem Leser ein wenig näher zu bringen, möchte ich ihm aus dem oben genannten großartigen Werk zitieren: *„Ramakrishna (1836–1886) lehrte die Verehrung der anderen Religionen und daß Gott überall derselbe sei. Er war einer der großen Verehrer Christi, den er als den zehnten Avatar (Wiedergeburt) des Gottes Vishnu anbete-*

te. Er war der erste, der Schüler ins Ausland sandte, um das Abendland mit den Lehren und Praktiken Indiens bekanntzumachen. Sein Schüler war Vivekananda (1863–1902). Nach dem Tode Ramakrishnas unterrichtete dieser die Schüler in den Lehren des Heiligen Franz von Assisi und des Thomas a Kempis. Schließlich nahm er den Stab und die Bettelschale und begab sich auf Missionsreisen. Was er predigte, war eine Synthese. Öffnung auf die moderne Welt hin, ihre Technik und Hygiene, würdige Lebensverhältnisse, Abschaffung der versteinerten Kasten, größte Duldsamkeit aller Rassen und Völker gegeneinander. 1893 trat er auf dem Weltparlament der Religionen in Chicago auf. Vier Jahre blieb er in Amerika, wo er die Vedanta-Gesellschaft gründete. Seitdem gibt es in der abendländischen Welt vielerorts die Ramakrishna-Mission. Paramhansa Yogananda war Leiter der Satsanga Yogoda Schule in Ranchi. 1920 ging er nach Amerika und gründete in Kalifornien die ‚Self Realisation Fellowship' (1925). Zu gleicher Zeit reisten Abendländer auf der Suche nach geistigen Lehrern nach Indien. Paul Brunton und Hans Hasso von Veltheim-Ostrau saßen zu Füßen des großen Ramana Maharshi in Tiruvannamalai. Andere besuchten die Ashrams des Mahatma Gandhi oder die Sri Aurobindos. Wir erleben heute und hier die Verwirklichung eines Infiltrationsprozesses von Weltanschauungen, Religionen, politischen Systemen. Zunächst sträubt man sich dagegen, und allmählich dringt dies oder jenes in die Vorstellungen und Gedanken ein und wird assimiliert. Das ist ein fortlaufender Prozeß in der Geschichte der Menschheit.

Das besondere Merkmal der Yogalehre und der brahmanischen und hinduistischen Religion ist, daß sie tolerant ist und an keinen Grenzen Halt macht. Jeder Gottessohn ist auch ihr Gott. So sind die Übungen gebunden an bestimmte religiöse Vorstellungen. Ein Muslim, ein Christ kann sie um der geistig-physischen Entfaltung seiner Person willen ohne Einschränkungen üben. Darum gerät ein Christ, der sich diese Übungen zu eigen macht, nicht in Konflikt mit seiner Kirche.

Trotzdem haben die christlichen Kirchen sich dem Eindringen dieser Lehre widersetzt. Aber dann erschien das Buch ‚Yoga für Christen' vom katholischen Pater Déchanet mit Genehmigung der kirchlichen Instanzen, und damit war das Hindernis beseitigt. Jetzt können Mönche in ihren Klöstern sich solchen Übungen und der Meditation, die allerdings ein uraltes Gut auch der christlichen Kirche ist, hingeben. Es ist ein Phänomen, daß die gleiche Kirche, die im Mittelalter und weit bis in die Barockzeit hinein Jagd auf Ketzer machte und sie verbrannte, heute die Toleranz besitzt, sich unparteiisch mit den anderen Religionen und Weltanschauungen zu befassen. So stammt die beste Interpretation der islamischen Mystik aus den Kreisen des Karmeliterordens, und der beste Interpret und Lehrer des Zen ist der Jesuitenpater Enomiya-Lassalle".

Und nun besucht der Zen-Meister Enomiya-Lassalle an diesem denkwürdigen Spätsommertag den vier Jahre jüngeren Meister und Mystiker Wladimir Lindenberg zum ersten Mal. Sie hatten viel voneinander gehört, waren durch gemeinsame Freunde wie Karlfried Graf Dürckheim und Pater Cyrill von Korvin-Krasinsky O.S.B. miteinander verbunden, aber begegnet waren sie sich bislang nicht. Lassalle war von den vier Stunden intensiven Gespräches in der kleinen Datscha in der Beyschlagstraße tief bewegt. Er sagte mir später, er sei einem Heiligen gegenübergesessen.

Nur sechs Tage nach dem Tode von Pater Lassalle am 7. Juli 1990 schreibt mir Wladimir Lindenberg aus Berlin:

„Mein lieber Freund Roland, ich danke Dir für die Kunde vom Sterben unseres Freundes. Welch ein segensreiches Leben voll Liebe und Hilfe und Vorbild. Wann ich auch immer an ihn dachte, wurde es mir warm ums Herz. Die Erde ist wieder ärmer geworden. Ich nehme Dich als lieben Freund in die Nachfolgeschaft unseres Freundes auf. Zwar hoffe ich sehr, daß ich der nächste bin, der ihm nachfolgt. Aber unsere Aufgaben hören mit dem Erden-Dasein nicht auf – und das gegenseitige hin und her Ausstrahlen spürt man ganz deutlich. Gott segne Dich, lieber Freund – Dein Wladimir."

Die große, tiefgreifende spirituelle Bewegung in Deutschland, im Verborgenen und eher Unsichtbaren, ist sehr eng mit dem Wirken von Wladimir Lindenberg verbunden. Er war ein Großmeister, ein von Gottes Gnaden Eingeweihter, ein erleuchteter Heiliger, ein religiöser Kosmopolit.

Enomiya Lassalle: Reisetätigkeit

In seiner sehr humorvollen Art sagte Lassalle einmal: *„Wer den Wunsch hat, viel zu reisen, sollte in den Jesuitenorden eintreten".*

Es ist erstaunlich, welches Reiseprogramm Enomiya-Lassalle im hohen Alter von 86 Jahren noch bewältigte. Und am Beispiel aus dem Jahr 1985 wird die Leistungskraft des Zen-Meisters auf beeindruckende Art deutlich. Der Blick auf das Vierteljahresprogramm möge seinen weltweiten Einsatz für die spirituelle Entwicklung der Menschen dokumentieren. Die folgenden Monate des Jahres 1985 waren in gleicher Weise randvoll gefüllt mit Vorträgen, Tagungen und vor allem Sesshins.

1.- 6. Januar	Hinohara-Mura/Japan Zen-Sesshin in Shinmeikutsu
7.-14. Januar	Tokio
15. Januar	Abflug Tokio nach New Delhi (wegen Visumsbeschaffung für Indien Umweg über Katmandu/Nepal)
bis 31. Januar	Madras und Shantivanam / Süd-Indien zwei Zen-Sesshins und Besuch bei Bede Griffiths
1.-13. Februar	Vortragsreise durch Israel
15.-24. Februar	Vogelenzang/Holland zwei Zen-Sesshins in „De Tiltenberg - Internationaal Graalcentrum“
25. Februar bis 3. März	Zundert/Holland Zen-Sesshin in Cistercienser Abdij „Maria Toeflucht“
4.- 9. März	Benediktiner-Abtei Maria Laach Zen-Sesshin
11.-23. März	Bad Schönbrunn/Schweiz zwei Zen-Sesshins
25.-30. März	Dietfurt/Altmühltal Zen-Sesshin

Ein vergleichbares Pensum dürften nur ganz wenige Zen-Meister in der langjährigen Geschichte absolviert haben. Enomiya-Lassalle gönnte sich nie einen Erholungsurlaub, weil er sich ständig im Ferienzustand fühlte. Die manchmal über 30 Zen-Sesshins im Jahr mit jeweils 40-60 Teilnehmern erforderten sehr viel Kraft und Energie. Mit Ausnahme der täglichen Einzelgespräche (dokusan) saß Enomiya-Lassalle ständig mit seinen Schülern in der Zen-Halle zusammen - seine Anwesenheit im Schweigen war unverzichtbar.

Wenn ich ihn von einem langen Überseeflug am Flughafen abholte, sprach er niemals von den Strapazen der Reise (damals ging die Route von Japan aus noch über Alaska und den Nordpol, heute fliegt man nonstop), sondern fragte frisch und munter, was unmittelbar konkret zu arbeiten sei. Und auf meine Frage, wie es ihm gehe, sagte er sehr kurz und trocken: „*Es geht immer weiter* !“

Auf diversen Vortragsveranstaltungen habe ich ihn begleiten dürfen, und auf den Reisen hatten wir Gelegenheit zu längeren Gesprächen, was während eines Zen-Kurses nicht möglich war. Den Himmelfahrtstag 1986 verbrachten wir in Hamburg, meiner Heimat. In der Kapelle der Jesuiten „Am Schlump" zelebrierte Pater Lassalle um 18 Uhr für ein Dutzend Gäste die Eucharistiefeier. Ein Hochschulprofessor der Hamburger Universität war zugegen, der mir noch Jahre später immer wieder von diesem für ihn bedeutsamen Erlebnis berichtete. Am Abend dann sprach Enomiya-Lassalle vor über 800 Zuhörern im Auditorium Maximum über seine Gedanken zum „Leben im neuen Bewußtsein". Unter diesem Titel erschien nur wenige Monate später ein von mir herausgegebenes neues Buch, das in mehrere Sprachen übersetzt worden ist. Besonders in Erinnerung geblieben ist mir der gemeinsame Flug von Hamburg nach München. Wir bestiegen die Lufthansa Boeing 737 mit dem Namen „Landshut", jenes Flugzeug, das Jahre zuvor nach Mogadischu entführt worden war. Auf unserem Flug nach München haben wir lange über die diversen Krisenherde auf der Welt gesprochen.

Pater Lassalles letzte Reise war die Vorbereitung auf seinen Tod. Nach einem Oberschenkelhalsbruch und mehreren operativen Eingriffen starb er am 7. Juli 1990 im St. Franziskus-Hospital in Münster. Am 4. Juli hatte ich mich von ihm am Krankenbett verabschiedet. Seinen drängenden Wunsch, seine Gedanken vom Neuen Menschen weiterzutragen, habe ich auf meine Weise zu erfüllen versucht. Durch Pater Enomiya-Lassalle ist ein geistiges Netzwerk entstanden, das heute im Verborgenen wächst und blüht.

Am 12. Juli wurde in Münster für Pater Lassalle im Kreise von Freunden und Bekannten von Mitbruder Niklaus Brantschen die Totenmesse zelebriert - eine würdige Feier für eine bedeutende Geistespersönlichkeit.

Enomiya-Lassalle war ein Meister, wenngleich von vielen nicht in seiner wahren Bedeutung genug erkannt. Der Meister betont die Aufmerksamkeit in der Gegenwart, im Augenblick, und beseitigt die Projektionen von Vergangenheit und Zukunft. Das mangelnde Bewußtsein der Menschen für die Gegenwart Gottes macht die dringende Umkehr des Menschen und die Rückkehr in sein innerstes Zentrum, wo er sich selbst und Gott begegnet, notwendig.

Am 25. Mai 1988 hatte der Zen-Meister Enomiya-Lassalle in seinem 90. Lebensjahr auf dem internationalen Kongreß „Geist und Natur" in Hannover vor großem Publikum gesprochen. Im Anschluß an diesen denkwürdigen Vortrag sagte mir der bekannte Naturwissenschaftler und

Philosoph Carl Friedrich von Weizsäcker (geb. 1912 in Kiel), der mit Pater Lassalle viele Gespräche geführt und ihn auch in Japan besucht hatte: „*Wir alle müssen noch werden, Pater Lassalle ist bereits.*“

Und der heute in Japan lebende ehemalige Jesuit und Zen-Meister Professor Dr. Ruben L. F. Habito fügte dem wenige Monate später hinzu: „*Die Geschichte wird die Einzigartigkeit und Größe unseres geliebten Meisters und Pioniers aufzeigen und bestätigen*“.

2. Kapitel

Geburtswehen der neuen Zeit

„Wir sind wie elektrische Drähte, in denen die Impulse zwischen dem Erwigen und dem Jetzt hin- und herlaufen. Wir schwanken zwischen Gemeinsamkeit und wetteifernder Vereinzelung, es reißt uns hin und her zwischen dem Allgemeinen und dem Bosnderen. Nur sehr allmählich erwerben wir jene Toleranz und Nächstenliebe, die uns zu einiger Einsicht verhelfen in das Mysterium unserer menschlichen Lebensform und zu einem wachsenden Verständnis für die unnennbare Wahrheit, die uns umgibt, einhüllt und erwartet."

- Yehudi Menuhin -

Metanoia und Transformation

Pater Lassalle hat viele Tausende von Menschen in aller Welt auf dem Weg nach innen begleitet. Ich hatte das große Glück, ihm oft nahe sein zu können. Ich durfte nicht nur seine warmherzige Persönlichkeit näher kennen lernen, sein liebendes Energiefeld während vieler Meditationsstunden erfahren, sondern auch an seiner tiefgehenden Weisheit und seinem allumfassenden Wissen teilnehmen. Er war der erste, der mich in die Tiefen spirituellen Lebens geführt hat. Die Freundschaft mit Pater Bede Griffith und Raimon Tanikkor haben diese Erfahrungen noch vertieft. In den zwei folgenden Kapiteln möchte ich noch einige Einsichten und Erkenntnisse für die neue Zeit darlegen, die aus diesem Geist gewachsen sind.

Die Welt, in der wir leben, ist eine äußerst zwie-spältige, um nicht zu sagen viel-spältige: Grenzen teilen Kontinente und Länder, Generationskonflikte trennen Jung und Alt, egoistische Bedürfnisse ziehen Trennungsgräben um jeden einzelnen. Vieles weist darauf hin, daß die Klüfte immer größer werden. Der augenblickliche Globalisierungsprozeß der mächtigen Weltkonzerne wird die Trennung von Armen und Reichen vergrößern und für neuen sozialen Sprengstoff sorgen. Wir haben uns seit Jahrhunderten einer urteilenden Weltanschauung verschrieben - am auffälligsten wird dies an der Kernspaltung deutlich -, und viele Menschen spüren, wie sich ein Umbruch anbahnt.

Ob es allerdings die erwartete äußere Weltkatastrophe etwa in Form des allerorten gefürchteten Atomkrieges sein muß, bleibe dahingestellt. Die Möglichkeit eines inneren Umbruchs, einer Transformation, einer *metanoia*, wobei unser Weltbild von Grund auf erschüttert wird, ist ebenso gegeben und ist wahrscheinlicher, weil es dem großen Weltengesetz der Evolution und dem darin wirkenden göttlichen Geist mehr entspricht.

Die alte Weltsicht erscheint immer mehr Menschen als überlebt, und daraus entsteht jene Atmosphäre von Erwartung und Spannung, die sich einerseits in Schreckensvisionen vom Weltuntergang entlädt und andererseits vom alles versöhnenden Wassermannzeitalter träumt. Tatsächlich haben sich schon viele Generationen vor uns danach gesehnt, die eine, besondere, zu sein, die das ganz Neue erleben darf und immer wieder wurden Prophezeiungen über Neue Zeitalter und Jüngste Gerichte verkündet - und doch gibt es einige ernstzunehmende Hinweise, die gerade für unsere Zeit eine *ent-scheidende* Weichenstellung erwarten lassen: mit dem Alten unterzugehen oder mit dem Neuen aufzuerstehen.

Das überkommene, mechanistische Weltbild, das unseren Globus als berechenbaren Lebensraum für maschinenähnlich funktionierende Menschen sieht (hierfür habe ich den Begriff der Entwicklung vom *Homo Sapiens* zum *Homo „Siemens“* geprägt), verwickelt sich zunehmend in Widersprüche und kann die anstehenden Probleme nicht mehr lösen. Bemerkenswert ist, daß dieses Weltbild von den beharrenden Kräften mit Hinweis gerade auf jene Naturwissenschaften festgehalten wird, deren herausragende Vertreter sich, von den konservativen Kräften unbemerkt oder ignoriert, einer nach dem anderen sich in ein neues Weltbild hinübergedacht und geforscht haben.

Ob wir nun einer inneren Wende zutreiben oder einem äußeren Umbruch, ist heute kaum genau vorherzusagen. Sicher scheint nur, daß, einem tieferen Rhythmus, einem inneren Gesetz folgend, eine neue Phase im Wellenmuster des Weltgeschehens heranrollt. Tatsächlich wäre auch die große äußere Katastrophe ein Umkehrpunkt (die eskalierende Zahl und das gewaltige Ausmaß der Naturkatastrophen im ersten Halbjahr 1998 sollte zeichenhaft und bewußt wahrgenommen werden!);

nichts anderes bedeutet das griechische Wort *he katastrophé*. Wie aus dem äußeren Zusammenbruch eine neue Welt mit einem neuen Denken entstehen kann, so vermag auch ein innerer Umschwung in den Menschen ein neues Weltbild und ein neues Bewußtsein hervorzubringen, auf dem sich eine neue Welt aufbauen würde. So könnten wir von einem sehr übergeordneten Standpunkt (aus der Sicht Gottes) ganz beruhigt sein: Alles wird seinen richtigen Lauf nehmen.

Wir wären aber keine Menschen, würden wir nicht an unserer Welt hängen. Auf gleiche Weise identifizieren wir uns mit unserem Körper. In dieser Hinsicht wird uns die Einheit von Körper (Mikrokosmos) und Welt (Makrokosmos) sehr drastisch vor Augen geführt: Der Untergang der Welt bedeutet auch den Untergang unseres individuellen Körpers, und umgekehrt bedeutet auch unser körperlicher Tod das Ende unserer gewohnten Welt. Tatsächlich ist die Erde unser kollektiver Körper, unser gemeinsamer Lebenskörper, den wir uns, wie den individuellen, möglichst lange erhalten wollen; auch wenn unser individuelles und kollektives Verhalten in letzter Zeit eher auf beider Zerstörung hinausläuft. Das ist eines der Paradoxa unserer Zeit. Daß es so weit kommen mußte, liegt an einem nicht nur veralteten, sondern auch gefährlich unangemessenen Weltbild, das von einem ebenso unangemessenen Denken beherrscht wird.

Erkenntnis von Einheit

Gerade aber im Denken deutet sich jetzt ein Umbruch an, nähert sich doch die Naturwissenschaft, vor allem die Physik, einem neuen Weltbild, dem eine allumfassende Weltsicht statt der bisherigen trennenden und sezierenden zugrunde liegt.

Wir wollen uns aber nicht, wie viele Naturwissenschaftler in den vergangenen Jahrzehnten, von der Physik zur falsch verstandenen Esoterik tragen lassen, sondern, von Anfang an den zeitlosen Weisheitslehren folgend, erleben, wie die Physiker Stück für Stück dieses uralte Wissen bestätigen. Auch hier verbirgt sich eine Wellenbewegung, denn die Naturwissenschaftler waren es ja ursprünglich, welche die Weisheitslehren ins Abseits drängten, und nun liegt es wiederum an ihnen, sie auf einer tieferen oder auch höheren Ebene zu bestätigen. Man kann jetzt erleben, wie sich die Vorhut der Wissenschaft mit dem zeitlosen Wissen vereinigt. Es ist der Punkt, wo sich die Schlange in den Schwanz beißt, wo sich ältestes und neuestes Wissen vereinigen. Vereinigung führt zur Ganzheit.

Es geht vor allem um Ganzheit, um das Erkennen der Einheit von Mikrokosmos und Makrokosmos. Unser Ziel ist es nicht, etwas zu beweisen, der Wissenschaft ihre Arbeit abzunehmen, sondern vielmehr, auf den Grundsätzen der Weisheitslehren fußend, das moderne Wissen zu nutzen und dabei ein Gefühl für uns selbst und für unseren Platz im Kosmos zu bekommen. Von der uralten Basis der Weisheit aus wollen wir die Welt in unserer Zeit betrachten und dabei neu sehen lernen, ein Gefühl für die verschiedenen Ebenen der Wirklichkeit entwickeln, Analogien erkennen, die Spielregeln von Lila, dem kosmischen Spiel, entdecken, um dadurch mehr Freude am Spiel des Lebens zu finden. Denn natürlich macht ein Spiel mehr Spaß, wenn wir seine Regeln kennen und aktiver Mitspieler statt frustrierter Außenseiter sind. Die Kenntnis des Spielfeldes und des Musters aber, das dem Verlauf des großen Spiels zugrundeliegt und ihn bestimmt, macht erst das Erreichen unseres eigentlichen Ziels möglich: Die Einheit von Mikro- und Makrokosmos zu entschlüsseln.

Die Spielanalogie kann uns auch den wesentlichen Unterschied zwischen dem Denken der Wissenschaft und jenem geistigen Ur-Wissen verdeutlichen. Nehmen wir ein Fußballspiel: Gerade ist ein Pfiff ertönt, und sofort stürmt ein Spieler auf den Ball los und schießt ihn am Torwart vorbei ins Netz. Halten wir in Gedanken das Ganze in dem Moment an, wo der Spieler den Ball trifft. Ein Wissenschaftler würde bei dem Versuch, das Spiel zu durchschauen, mit der typischen Frage beginnen: *Warum* ist der Stürmer losgerannt? Und irgendwann würde er den Pfiff als Ursache herausfinden. Damit hätte er für einen klassischen Naturwissenschaftler alles Mögliche erforscht, denn eine Ursache muß bei diesem Denken immer vorher, also in der Vergangenheit, liegen, und das stimmt für den Pfiff. Ein Geisteswissenschaftler würde sich weniger um die Vergangenheit kümmern, denn er ist gewohnt, mit Absichten zu arbeiten und damit Gründe in der Zukunft zu suchen, und würde also das Ziel, ein Tor zu schießen, als Ursache für das Losrennen des Spielers ausmachen. Offensichtlich sind beide Ursachen richtig, und ein Alleinvertretungsanspruch einer Seite ist unangemessen. Und doch spiegelt ein „*Entweder-Oder*" unsere Wirklichkeit. Die klassische Philosophie der Griechen war hier bereits einige Schritte weiter, und so finden wir bei Aristoteles vier grundsätzliche Ursachen:

Erstens eine stoffliche Ursache (*causa materialis*), zweitens eine Wirk-Ursache (*causa efficiens*), drittens eine Zweck-Ursache (*causa finalis*) und viertens eine Form-Ursache (*causa formalis et exemplaris*). Unsere beiden schon zitierten Ursachen erkennen wir in der Wirk-Ursache (Pfiff) und der Zweck-Ursache (Torschuß). Die stoffliche Ursache wäre in diesem Fall das Vorhandensein eines Fußballfeldes und eines Balles. Mit der vierten Ursache, der *causa formalis et exemplaris*, kommen wir aber zu einer ganz entscheidenden weiteren Bedingung. Sie ist in unserem Fall das Muster, das dem Spiel zugrunde liegt, das energetische Feld, das aufgebaut wird, einmal durch die formalen Spielregeln, zum anderen durch die inneren Regeln, die den Bewegungsablauf des Spielers bestimmen, und durch die Gesamtheit aller Spiele und Torschüsse der Vergangenheit. Diese formgebende Ursache ist verantwortlich für das innere Bild des Spielers von einem Torschuß, und als solche ist sie eng verknüpft mit der Zweck-Ursache (Ball im Tor). Die Zweck-Ursache liefert sozusagen das letzte Bild für die Bilderserie *„formgebende und beispielhafte Ursache*“. Der englische Biochemiker und Philosoph Rupert Sheldrake hat mit seiner Theorie der morphogenetischen Felder erstmals ein modernes Äquivalent für die formgebende Ursache geliefert. Inspiriert durch die Anwesenheit von Bede Griffiths und durch die täglichen Gespräche mit dem Mystiker, Mönch und Weisen Bede Griffiths (1906-1993), hat Sheldrake während eines 18-monatigen Aufenthalts im Saccidananda Ashram Shantivanam 1978/79 diese Felder entdeckt. Er schrieb seine Erfahrungen und Entdeckungen in dem Bede Griffiths gewidmeten Buch: *„Das schöpferische Universum – die Theorie des morphogenetischen Feldes*“ nieder.

Setzen wir unser Fußballspiel in Analogie zu Lila, dem kosmischen Spiel, so haben wir ein schönes Bild unserer Wirklichkeit. Während die Naturwissenschaft die verschiedenen Frequenzen des Pfiffs erforscht und sich die Geisteswissenschaft um die Philosophie des Toreschießens kümmert, sieht der erleuchtete Weise das Muster hinter dem Spiel.

Um das Erkennen solcher Muster, ja eigentlich des einen großen Musters, geht es uns vor allem und auch darum, sich selbst als Teil des Großen Musters wahr-zu-nehmen. Wir werden uns daher weniger um das Analysieren von Einzelheiten bemühen, sondern vielmehr den Blick offenhalten für das Große Ganze. Diesem Ziel soll alles andere untergeordnet werden, auch Sprache und Logik.

Wie im Himmel, so auf Erden

Daß das Wellental, in dem die Weisheitslehren in unseren Breiten fast versunken schienen, dann doch nicht so tief war, zeigt ein Besuch im Dom von Siena/Italien. Dort findet sich der Vater der Hermetischen Philosophie, Hermes Trismegistos, überlebensgroß und als zentrale Figur den gesamten Domeingang beherrschend. Vor nicht einmal 1000 Jahren wurde also dieser große Hüter des kosmischen Gesetzes noch in Ehren gehalten. Die zugehörige lateinische Marmorinschrift läßt keinen Zweifel an seiner Bedeutung, die er damals besaß. Sie stellt ihn ausdrücklich an die Seite von Moses, dem anderen großen Gesetzeskünder. Während das Gesetz des Moses durch das Judentum und das Christentum weiter überliefert wurde, geriet das Gesetz des Dreimal-großen-Hermes praktisch in Vergessenheit.

In diesem Zusammenhang sei an das Gesetz des Moses, das im christlichen Umfeld kaum Beachtung fand und findet, erinnert:

„Du sollst dir kein Gottesbildnis machen, das irgend etwas darstellt am Himmel droben, auf der Erde unten oder im Wasser unter der Erde" (Deuteronomium 5,8). Bede Griffiths hat diese verbotene Bilderwelt als Form von Götzendienst bezeichnet und immer wieder betont, über Zeichen, Bilder und Rituale hinauszugehen. Die Zen-Meister führen die Schüler in die Leere, in die bilderlose Welt, wo sich der Raum für den göttlichen Urgrund manifestiert.

Das hermetische Gesetz läßt sich kurz zusammenfassen:

„Wie oben, so unten." Und wenn wir das *Vater unser* beten, bestätigen wir dieses Gesetz: *„Wie im Himmel, so auf Erden."*

Diese Gesetzmäßigkeit enthüllt uns das Muster des Weltgefüges, indem sie den Mikrokosmos zum Spiegel des Makrokosmos erklärt und umgekehrt. Nachdem diese Analogie der Wissennschaft einige Jahrhunderte lang dazu gedient hat, die Naivität der Weisheitslehren zu belegen, haben jetzt wiederum Physiker herausgefunden, daß die weitreichendsten Gesetze, die heute formuliert werden können, jene der Symmetrie sind. Mit anderen Worten: *Wie oben – so unten.*

In diesem Symmetriesatz erkennen wir einen anderen klassischen Satz der östlichen Weisheitslehren wieder: *„Tat tvam asi"* (das bist du), was besagen soll, daß der Betrachter sich in allem spiegelt und alles in ihm. Es ist dies *„erkenne dich selbst"* (Tempel des Apollon von Delphi); im Westen nennen wir es *pars pro toto*. Der Teil steht für das Ganze, enthält das Ganze - eine Erfahrung, die die Naturheilkunde zunehmend nachvollzieht, wenn sie etwa den ganzen Menschen in den Reflexzonen der Fußsohle oder den Akupunkturpunkten der Ohrmuschel wiederfindet. Die Physik belegt uns diesen Grundsatz mit dem Hologramm, wo jeder kleinste Bildabschnitt das ganze Bild enthält. Poetischer formuliert ist dasselbe Gesetz in dem Satz der indischen Yogini Ananda May: *„Der Tropfen mag bisweilen schon wissen, daß er im Meer ist, aber selten wohl weiß er, daß das Meer auch in ihm ist."*

Die göttliche Radioaktivität im Menschen, das Meister-Schüler-Verhältnis, bedingungslose Liebe u. v. m. beruhen auf einem Resonanz- oder Affinitätsgesetz. Beide Seiten müssen sich entsprechen, um miteinander in Resonanz zu schwingen, oder wie Goethe unübertroffen sagte: *„Wäre nicht das Auge sonnenhaft, die Sonne könnt es nie erblicken. Läg' nicht in uns des Gottes eigene Kraft, wie könnt uns Göttliches entzücken?"*

Und der Dominikaner und Mystiker des Hochmittelaters, Meister Eckart, schreibt: *„Das Auge, mit dem ich Gott anschaue, ist genau dasselbe, mit dem Gott mich anschaut."*

Die Welt ist in der Tat symmetrisch, bzw. die Symmetrie scheint die nächste Annäherung an die Wahrheit zu sein, die wir finden können. Die Wahrheit selbst ist in unserer polaren Welt nicht ausdrückbar, wiederum eine zeitlose, uralte Weisheit *und* eine neue Erkenntnis der Physik. Wir können uns die Wahrheit noch am ehesten als Schnittstelle vorstellen, an der die Spiegelung der Welten stattfindet. Wenn wir in einen Spiegel schauen, blickt uns unser seiten-verkehrtes Bild entgegen. Beide Bilder sind Gegenpole und bilden zusammen die eine Wahrheit. Irgendwo zwischen uns und unserem Spiegelbild liegt jene Ebene, um die gespiegelt wird, und die ist nicht wahrnehmbar. Schon geometrisch betrachtet hat eine Ebene oder Gerade keinerlei Dicke, wie ein Punkt, der keinerlei Ausdehnung im Raum hat.

Damit kommen wir zu einer weiteren Erfahrung mit Symmetrie. Blasen wir solch einen dimensionslosen Punkt mit Raum auf, bekommen wir eine Kugel oder in der Ebene einen Kreis, ein Mandala. Die Kugel oder das Mandala sind sozusagen die in den Raum gespiegelte Einheit. Alles, was wir in der Kugel oder im Mandala finden, muß folglich schon im Punkt gewesen sein, wenn auch in einer sehr dichten Form. Zum Punkt hin muß sich das Muster des Kreises immer mehr verdichten, denn der zur Verfügung stehende Raum wird ja immer kleiner.

Schließlich hört dann am Punkt der größten Dichte plötzlich alles auf zu existieren und fällt in sich zusammen - ins Nichts. Nun ist das Muster aber nicht verschwunden, sondern es hat lediglich die Ebene des Materiellen, Greifbaren, verlassen. Vorhanden muß es noch sein, denn wir können es ja aus dem Punkt wieder entwickeln, indem wir Raum hineingeben. Die subjektive Erfahrung des Ebenen-Wechsels aus der Polarität von Raum und Zeit in die Einheit des Mittel-Punktes ist auch das Ziel aller *Meditation.* Punkt und Kreis (Mandala) sind graphische Symbole dafür. Auf einer rationalen Ebene haben die Atomphysiker ähnliche Erfahrungen gemacht, als sie sich in die Mitte des Atoms wagten.

Die Mitte aller Dinge

In der Mitte aller Dinge liegt ihr Geheimnis, hier geschieht der Ebenen-Wechsel in eine neue Dimension, und das gilt nicht nur für das Atom, sondern auch für die Zelle und den ganzen Menschen, die Erde und letztlich wohl auch für das Universum.

Die klassische hermetische Analogie „*Mensch ist gleich Mikrokosmos*" - „*Welt ist gleich Makrokosmos*" wollen wir dahingehend erweitern, daß auch der Mensch Makrokosmos sein kann, nämlich für die Zelle, und dieses wiederum für das Atom. Desgleichen kann die Erde Mikrokosmos gegenüber dem Universum werden. Diese uns ferneren Analogie-Ebenen können uns vieles verdeutlichen, da wir aus der Frosch- bzw. Vogelperspektive manche Muster und Zusammenhänge klarer erkennen können. So werden wir erleben, wie sich all diese verschiedenen Ebenen entsprechen und einander widerspiegeln.

In der Mitte der Welt werden wir dem Absoluten, der Einheit, begegnen, wenn wir es auch nicht begreifen oder gar in Worte fassen werden. Die Unmöglichkeit des Be-greifens liegt in unserem Denken be-*gründet*, die Unmöglichkeit des In-Worte-*Fassens* liegt in der Natur der Worte. Denken und Sprache hängen äußerst eng zusammen und sind gleichermaßen ungeeignet, die Polarität zu überwinden. Die Einheit ließe sich nur von Mitte zu Mitte erleben. Dieses Erleben läßt sich aber nicht *fassen.* Es gibt da nichts zu be-*greifen.*

Unser Denken ist vollkommen in die Polarität integriert und von ihr abhängig, beruht es doch auf der Sinneswahrnehmung, die wiederum auf dem Vergleich beruht. All unsere fünf Sinne können immer nur etwas mit etwas anderem vergleichen. Sie bedürfen notwendig des

Gegenpols. Das Auge kann Hell gegen Dunkel abgrenzen (mit Hilfe der Stäbchen) und (mit Hilfe der Zapfen) eine Farbe gegen die andere. Das Ohr kann laut gegen leise, die Haut eine Empfindungsqualität wie starken Druck gegen schwächeren abgrenzen, die Geschmacksnerven eine Geschmacksqualität gegen die andere, und ebenso funktioniert unsere Geruchswahrnehmung. Erfahrungen, wie relativ dieses System ist, haben wir alle schon gemacht durch das Phänomen der Gewöhnung. Hat sich das Auge sehr lange an Dunkelheit angepaßt, kann es plötzlich Dinge wahrnehmen, die vorher gänzlich unsichtbar waren, bis hin zu einzelnen Photonen (kleinsten Lichtteilchen). Ist es andererseits stark geblendet worden, sieht es unter Umständen überhaupt nichts mehr. Nach einem scharfen Curry-Gericht kommt uns der normale Pfeffer plötzlich harmlos vor. Unsere Wahrnehmung ist also schon in dem geringeren Bereich, für den sie ausgelegt ist, sehr relativ und situationsabhängig und bei weitem nicht so objektiv, wie unser altes mechanistisches Weltbild uns gern unterstellt. Hinzu kommt noch, daß sie tatsächlich nur ein sehr kleines Spektrum umfaßt: Hunde z. B. hören viel besser und bis in ganz andere Frequenzbereiche hinein, während Fledermäuse mit Ultraschall arbeiten. Die Grenzen unserer Augen markieren die Worte *„infra-rot“* und *„ultra-violett“*. Das zeigt aber nicht nur die Grenzen unserer Wahrnehmung, sondern gleichzeitig, daß da noch etwas ist und dieses Etwas auch wirkt, wie wir am Beispiel eines Sonnenbrandes schmerzhaft spüren können. Doch auch das Spüren hört bald auf, und hätten wir nicht Maschinen, die unsere begrenzten Sinne erweiterten, wären UKW oder Mittelwelle für uns sinnlose Ausdrücke.

Auf unsere Wahrnehmung ist viel weniger Verlaß, als wir uns eingestehen. Auf lustige Weise demonstrieren uns dies Filme: Plötzlich drehen sich in irgendeinem alten Western die Wagenräder falsch herum. Überhaupt narrt jeder Film unsere Optik: Wo wir Bewegung sehen, sind garantiert lauter stillstehende Bilder, die einfach schnell aufeinander folgen. Wir müssen also zugeben, daß unsere Augen nicht nur relativ und in einem begrenzten Raum arbeiten, sie sind auch noch träge, sogar trügerisch, gaukeln sie uns doch, statt der in vielen einzelnen Sprüngen (den Einzelbildern) ablaufenden „Wirklichkeit“ einen gleichmäßigen, kontinuierlichen Strom von lebenden Bildern vor.

Und diese trügerischen Sinne liefern also die Grundlage unseres Denkens! Dazu kommen noch die mehr oder weniger mechanischen Erfahrungen körperlicher Art, die ebenfalls auf der Polarität beruhen. Die Worte *„be-greifen“*, *„er-fassen“*, *„ver-stehen“*, oder *„ein-sehen“* und selbst *„kapieren“* (von lat. caput = Kopf) zeigen uns den körperlichen

Bezug unseres Denkens. Andere Worte haben wir nicht, um den betreffenden Sachverhalt darzulegen. Während in *„ein-sehen"* wenigstens noch die Absicht mitschwingt, hineinzusehen, das Eine sogar wirklich zu sehen, zeigen uns *„er-fassen"* und *„be-greifen"* deutlich, wo wir mit unserem Denken stehen. Um zu er-fassen und zu be-greifen, bedarf es im ursprünglichen Sinne der Hand, und diese verdeutlicht uns wiederum sehr schön das polare Prinzip: Denn nur durch die Opposition des Daumens zu den übrigen Fingern ist *be-greifen* möglich.

Das *Be-schreiben* der wirklichen Mitte ist aufgrund der Struktur unseres Denkens und unserer Sprache so gut wie unmöglich. Beide sind und bleiben Kinder der Polarität. Eigentlich bedürfte es bei der Formulierung des neuen ganzheitlichen Weltbildes einer Sprache, die, auch wenn sie die Einheit nie in den *Griff* bekommt, doch statt der polarisierenden eine vereinigende, zusammenfassende Grundtendenz hätte. Der 1992 in London verstorbene Physiker und Einstein-Schüler David Bohm skizziert in seinem Buch *„Die implizite Ordnung"* solch eine Sprache in großen Zügen. Bohm war durch seine Gespräche mit Krishnamurti tiefer in das Mysterium der östlichen Weisheitslehren eingestiegen und hat sein physikalisches Weltbild hierdurch wesentlich erweitert. Mit David Bohm, dem meine Frau und ich zuletzt im September 1990 in Amsterdam persönlich begegnet waren, war für Oktober 1992 ein Treffen mit Bede Griffiths in London geplant. Dies mußte leider kurzfristig abgesagt werden, weil Bede Griffiths in keiner guten gesundheitlichen Verfassung war und in den ersten Oktobertagen von München über Rom nach Indien zurückflog. Dieser Dialog zwischen zwei großen Wissenden wäre sicherlich hochinteressant geworden. Bohm starb ein halbes Jahr vor Bede Griffiths und nahm sein wohl größtes Geheimnis mit ins Grab. Am 27. Oktober rief er seine Frau aus seinem Londoner Institut an, um ihr mitzuteilen, daß er soeben die wichtigste Erfahrung seines Lebens gemacht habe und sich sofort ein Taxi rufe. Der mystische Physiker David Bohm starb auf dem Weg nach Hause und konnte seiner Frau sein Erlebnis nicht mehr mitteilen.

Bohm verweist in seinem obengenannten Buch darauf, daß das klassische Hebräisch eine Sprache der Verben war und erst die moderne Sprachform die Verben substantivierte und das Gesamtmuster dem heutigen Deutsch und Englisch anglich. Möglicherweise sind unsere Subjekt-betonenden Sprachen synchroner Ausdruck unseres Subjekt-betonenden Denkens – Sprachen des Egos und des Patriarchats, welche die fließenden, Verb-betonten Sprachen früherer matriarchaler oder ganzheitlicher Kulturen verdrängt haben. Wendungen wie etwas *verbalisieren* oder sich *verbal* ausdrücken könnten in diese Richtung weisen, betonen sie doch die Verben in einer heute gar nicht mehr angemessenen Weise.

Auch das Grundmuster unser Grammatik - *Subjekt, Prädikat, Objekt* - verdeutlich die Trennung des Beobachters (Subjekt) von der Welt (Objekt) und betont die dominierende Stellung des Subjekts. Kein Satz darf zum Beispiel ohne deutlich abgetrenntes Subjekt sein, selbst wenn eigentlich gar keines erforderlich ist: Es stürmt, es regnet usw. Wer sollte denn dieses „*es*" sein?

Diese Trennung von Beobachter und Objekt, bislang eine unerläßliche Voraussetzung wissenschaftlicher Forschung, ist in letzter Zeit von der Quantenphysik als ein der Wirklichkeit ebenso unangemessenes wie unmögliches Vorgehen erkannt worden. Die Spaltung von Subjekt und Objekt ist das Hindernis, um zur Erleuchtungs-Erfahrung zu kommen. Die Verschmelzung in der Nicht-Dualität (Sanskrit: advaita) ist das Ziel unseres Lebens.

Sprache war niemals und kann niemals etwas vom vermittelten Inhalt Unabhängiges sein. Sie beeinflußt das Besprochene. Früher wurden Dinge noch im wahrsten magischen Sinne *be-sprochen* und natürlich dadurch *be-einflußt*. Es wurde den Menschen etwas *ein-geflößt*, ein Energiestrom in sie hineingeleitet. Auch die Buchstaben gaben ihr ursprüngliches Geheimnis noch bereitwillig preis; wurden die Buchenstäbe doch in der Frühzeit verwendet, um in divinatorischen Ritualen den Götterwillen zu lesen. So diente auch die Schrift anfangs nicht der Zerteilung der Welt, sondern vielmehr ihrem Zusammenschluß. In dem Ausdruck „*jemand sein Wort geben*" schwingt noch die ursprüngliche Bedeutung, die das Wort hatte, mit.

Unser Denken beruht neben dem Vergleichen zweier Pole vor allem auf deren Bewertung. Nun ist aber Wertung etwas der Mitte (Einheit) völlig Fremdes. In der Einheit kann es keine Wertung mehr geben. Schwarz und weiß, gut und böse sind hier eins. In der Wertung liegt allerdings auch ein hoffnungsvoller Same: Im antiken Griechenland bedeutete „*ratio*" nicht nur „*Vernunft*", sondern auch „*Verhältnis*" und „*Proportion*", was im deutschen Begriff „*Ration*" sich widerspiegelt. Das Denken der Antike zielte auf diese ratio, auf Vernunft *und* das rechte Maß. Pythagoras formulierte, der Mensch sei das Maß aller Dinge. Er meinte damit offensichtlich, daß das Maß nichts dem Menschen Äußerliches ist, sondern ganz *wesentlich* von ihm abhängt, ja aus ihm kommt. Für Pythagoras ging das rechte Maß über äußere Zahlenverhältnisse weit hinaus. Es galt ihm als Schlüssel für Harmonie im individuellen menschlichen Verhalten, auf gesellschaftlicher Ebene und im spirituellen Bereich. Es bestimmte die bildenden Künste im Griechenland der damaligen Zeit, der goldene Schnitt der Renaissance mag noch als Erinnerung daran gelten. Auch in der klassischen Musik ging es vor allem um rechte Verhältnisse. So war das Maß weit mehr als ein äußerer Maßstab, um äußere Dinge abzumessen. Es war ganz entscheidend mit dem inneren *Er-messen* der Menschen verbunden. Erst im Laufe der Zeiten kam es dann zu einer Verarmung des Begriffes, wodurch er immer unabhängiger vom menschlichen Ermessen und dafür „*objektiver*“ wurde, bis er schließlich zum Schlüsselwort für Wirtschaft und Wissenschaft geriet. Wenn wir den Begriff des „*Er-Messens*“ aus seinem modernen Gefängnis befreien, ihn wieder mehr in jene Richtung rücken, in der er als rechtes Maß ein Schlüsselbegriff der pythagoräischen Harmonik war, kann er uns zum wichtigen Hilfsmittel werden. Wir müssen nämlich auf dem vor uns liegenden Weg wieder lernen, nicht mehr nur äußere Abmessungen miteinander zu vergleichen, sondern die inneren, wesensmäßigen Übereinstimmungen zwischen Mikrokosmos und Makrokosmos zu ermessen. In seinem alten Sinn hat das Messen und Werten viel mehr mit Erkennen und Erfühlen zu tun. Es geht weniger um Quantität als um Qualität, und in diesem Sinne wird es für uns wesentlich - soll es doch bei unserem Werten mehr um einen inneren Wert, um Sinn und Symbol, als um äußeres Maß gehen.

In diesem Zusammernhang mag es auch einleuchten, daß das lateinische Wort für heilen, „*mederi*“, auf messen zurückgeht. Heilen hat viel mit messen gemein, weniger was äußere Werte (Laborwerte, Blutdruck etc.) angeht, als was das Ermessen der richtigen Verhältnisse, das Finden des rechten Maßes und damit der Mitte anbelangt. So ist auch *Med-itation* mit der Medizin über diese gemeinsame sprachliche Wurzel verbunden. Noch deutlicher wird die englische Sprache, die das Wort für Heilmittel (*remedy*), sogar mit Zurück-zur-Mitte ausdrückt, ebenso gilt das für das lateinische Wort „*re-medium*“. Eine meditative Haltung auf dem Weg zur Erkenntnis der Entsprechungen zwischen Mikro- und Makrokosmos ist die beste Begleitung auf unserem Weg.

Wenn sich unser drittes Auge, das Auge der Weisheit, öffnet, werden alle Sinneswahrnehmungen in eine neue Dimension verwandelt, die Trennung, Polarität, Dualität transzendiert.

3. Kapitel

Dynamik des Geistes: ewiges Leben

„Geburt und Tod, beides
des Lebens Spiel erhält –
wie beim Gehen der Fuß,
einmal erhoben, wieder fällt.“

- Rabindranath Tagore -

„Wer das nicht kennt,
dies stirb und werde
ist nur ein trüber Gast
auf dieser Erde!“

- Johann Wolfgang von Goethe -

„Gott und ich, wir sind eins.
Er wirkt, und ich werde.“

- Meister Eckhart -

Die Jenseits-Falle

Der Mensch befaßt sich ständig mit der Frage nach dem Jenseits und bedauerlicherweise zu wenig mit der Erfahrung dessen, was gerade im Augenblick geschieht. Viele intelligente Religionssysteme und Sektenorganisationen haben ein raffiniertes Heilsversprechen im Angebot, Erlösung und Befreiung werden auf eine jenseitige, paradiesische Welt projiziert und verlagert. Hier wird die Illusion des Jenseitigen zur Fluchtburg für göttliche Geborgenheit als letzte Wirklichkeit angepriesen. Die *fuga mundi*, die Weltflucht wird das *Leit*-motiv für ein *leid*-volles Lebensprogramm. Jeder ist bestrebt, das sogenannte andere Ufer zu erreichen. Durch Überqueren des Flusses gelange ich vom diesseitigen zum jenseitigen Ufer. Bin ich am jenseitigen Ufer angelangt, erfahre ich augenblicklich diesen Ort als diesseits, und das Ufer, von dem ich gerade gekommen bin, wird zum Jenseits. In diesem ständigen Wechselprozeß von diesseits und jenseits vollzieht sich das Leben.

In dem im Sommer 1998 im Adyar-Verlag erschienenen Buch einer der faszinierendsten Frauengestalten dieses Jahrhunderts, Alexandra David-Néel, „Die Geheimlehren des Tibetischen Buddhismus“, kann man nachlesen: *„Ein Reisender, dem ein Fluß den Weg versperrt, benutzt ein Floß, um an das jenseitige Ufer zu gelangen. Hat er es einmal erreicht, wird er das Floß nicht auf seinen Schultern mitschleppen. Er wird es zurücklassen, weil es nutzlos geworden ist. Dieses Floß repräsentiert die verschiedenen Methoden des intellektuellen Trainings und der Disziplin, die einem Suchenden zur Verfügung stehen, um die Befreiung, das andere Ufer, zu erreichen. Ist er aber einmal dort angekommen, haben sie keinen Wert mehr. Sie stehen in keinerlei Beziehung zu den dort am anderen Ufer existierenden Bedingungen und sind jetzt eine ebenso sinnlose Last wie das Floß in dem Gleichnis. Das Überqueren des Flusses, das Ankommen am anderen Ufer, sind nur Zwischenstationen. Stationen auf dem Weg zu welchem Ziel? Mystiker des Taoismus haben uns hierzu eine geheimnisvolle Erklärung überliefert, mit der die Meister der geheimen Lehren Tibets übereinstimmen, wenn sie mit etwas anderen Worten ihre Schüler vor folgendes Problem stellen: Das Land, das es nirgendwo gibt, ist die wahre Heimat des Selbst. Der Reisende würde das jenseitige Ufer in das diesseitige Ufer verwandeln, denn ‚hier‘ und ‚dort‘ gibt es ja nur in ihm, sie existieren nur als er. Außerhalb seines Geistes, der ‚hier‘ und ‚dort‘ denkt, gibt es kein ‚hier‘ und ‚dort‘“.*

Alexandra David-Néel (1868 - 1969), die intime Kennerin Asiens, die als erste Europäerin vom Dalai Lama empfangen wurde, bereitete noch an ihrem 101. Geburtstag einen Besuch der Sowjetunion vor und ließ vorsichtshalber ihren Paß verlängern. Die prallgefüllte Lebens-Erfahrung dieser beständig suchenden und bewundernswerten Frau gibt Veranlassung zur Ermutigung, das Leben jeden Tag neu zu gestalten und nicht nach Jenseitigem zu streben, um in eine andere Welt zu gelangen. In dem Augenblick, wo wir das Wechseln der Polarität übersteigen, transzendieren, erfahren wir das Leben in seiner unendlichen Fülle und Schönheit. Das Leben vollzieht sich naturgemäß in dem unaufhörlichen Wechselspiel von Geburt und Tod, wobei niemals die absolute Qualität des Lebens verlorengeht.

Transcendentia Oppositorum

Die Chinesen bezeichnen das immerwährende Leben mit *Tao*, der allumfassenden Einheit der Polarität von *Yin* und *Yang*. Eine Transzendenz-Erfahrung ist nicht ein Eintauchen in eine jenseitige Welt, sondern das Überschreiten der schmerzlichen Dualität von Geburt und Tod, von Diesseits und Jenseits, von raumzeitlicher Begrenztheit und raum-zeitloser Freiheit, hinein in die Wirklichkeit des *Hier* und *Jetzt*. Der aus tiefstem Herzen Gott oder die letzte Wirklichkeit, Brahman, den Urgrund, Suchende versucht die Weltüberwindung in der Erfahrung der absoluten Gegenwart. Kontemplation und Aktion sind nicht voneinander zu trennen und können, falls die göttliche Gegenwart wirksam werden soll, nicht separat praktiziert werden. Dieses in vielen religiösen Traditionen noch anzutreffende Lebensmodell muß dringend auf eine sinnvolle Weise verwandelt werden. Wir haben Hoffnung zu lange als Geschehen in der Zukunft mißverstanden. Hoffnung ist ein Geschenk der Gegenwart, des Augenblicks. Das berümte lateinische Sprichwort drückt dies so wundervoll klar aus:

dum spiro spero = so lange ich atme, hoffe ich.

Atmen ist ein Prozeß des Augenblicks und nicht der Zukunft. Man kann nicht auf Vorrat atmen; dieser großartige, lebensspendende Prozeß vollzieht sich ausschließlich im Hier und Jetzt. Und eng damit verknüpft ist der sich ständig im Augenblick ereignende Prozeß der Hoffnung. *Spirare (atmen)* und *sperare (hoffen)* unterscheiden sich in ihrer Schreibweise nur durch den Austausch der Vokale *„i“* und *„e“*. Atmen und hoffen sind aufs engste miteinander verknüpft. Darum ist in der Kontemplation die Achtsamkeit auf das Atmen die einzig allein wichtige Übung, und diese eher einfach anmutende Übung ist sehr schwer, weil wir unser Leben aus der Einfachheit in eine komplizierte, verstrikkte Projektions-Welt verwandelt haben, wo Illusion und Zeitverschiebungen zum Gegenstand erfahrbarer Wirklichkeit gemacht werden. Das Leben des Menschen vollzieht sich ganzheitlich und heilswirksam im ungeteilten Dasein. Man war sehr lange der Meinung und ist es noch, daß der von Nikolaus von Kues geprägte Begriff der „*coincidentia oppositorum*“ Wesensmerkmal einer mystischen Erfahrung sei. Aus meiner Sicht möchte ich einen neuen Begriff einführen: „*transcendentia oppo-*

sitorum". Der Erleuchtungszustand bedeutet für mich die Transzendenz, die Überschreitung von Gegensätzen, Polarität, Dualität, Trennung. So wird die Trennung von Intellekt und Intuition, von Hirn und Herz, überschritten und auf eine neue Qualitäts-Ebene transzendiert. Dann erscheint das vermeintlich Jenseitige, das Transparente (lat. transparere = jenseitig erscheinen) in einem Augenblick diesseitig und jenseitig zugleich. Christlich ausgedrückt, wäre dies die „*immerwährende Epiphanie*". In dieser paradiesischen Wahrnehmungs-Glückseligkeit (Sanskrit: ananda) fallen die Gegensätze nicht zusammen, das wäre coincidentia oppositorum, sondern bleiben in ihrer Polarität von Yin und Yang erhalten, werden aber in ihrer ständigen Transzendenz als *Tao*, als ewiges Leben, erfahren. In der Transzendenz von Körper und Seele erfahre ich den lebendigen Geist, der immer war, der immer ist, der immer sein wird. Der Kreislauf der Wiedergeburten gehört zum Dualitätsbereich von Körper und Seele. Der Geist unterliegt diesem Zyklus von *samsara* nicht. Wo der Geist lebendig ist, haben körperliche oder seelische Dysfunktionen keinerlei Auswirkung auf das Gefühl paradiesischen Glücks.

Buddha und Christus

Der deutsche Religionsphilosoph Romano Guardini schrieb:

„Einen einzigen gibt es, der den Gedanken eingeben könnte, ihn in die Nähe Jesu zu rücken: Buddha. Dieser Mann bildet ein großes Geheimnis. Er steht in einer erschreckenden, fast übermenschlichen Freiheit; zugleich hat er dabei eine Güte, mächtig wie eine Weltkraft. Vielleicht wird Buddha der Letzte sein, mit dem das Christentum sich auseinanderzusetzen hat."

Jesus war kein Asket und kein Wandermönchwie es Buddha gewesen ist. Wohl berichtet die Heilige Schrift, er sei in die Wüste gegangen, um zu fasten, aber das ist eine Episode, die nachträglich an den Beginn seines öffentlichen Lebens gesetzt wurde, um Erinnerungen an die Propheten des Alten Testaments zu wecken. Jesus führte zwar ein Wanderleben und setzte sich wie Buddha der Heimatlosigkeit aus, aber nirgends wird berichtet, daß seine Jünger betteln gingen. Das Besondere der Person Jesu liegt in seinen Worten und Taten. Wie er seine Botschaft verkündete, wie er mit seinen Schülern umging, dokumentiert, daß er eine charismatische Ausstrahlung besaß und, um einen buddhistischen

Begriff zu benutzen, ein Erleuchteter war. Ähnlich wie Buddha, der seine Kaste verließ, um sich als Klassenloser an Menschen aus allen sozialen Schichten zu wenden, findet man unter den Anhängern Jesu pro-römische Zöllner und anti-römische Zeloten, biedere Handwerker und „sündige“ Frauen, religiöse Fanatiker und skeptische Randgläubige. Jesus weist keinen zurück, der sich an ihn wendet. Er macht keinen Unterschied zwischen arm und reich, gläubig und ungläubig, Jude und Nicht-Jude, Landsmann und Ausländer. Niemand wird abgestempelt oder diskriminiert. Jesus zeigt sich uns als einer, der frei mit allen Menschen umgehen kann, ohne Vorurteile, ohne Berührungsängste, aber auch ohne Anbiederung und missionarischen Eifer. Der Kreis um ihn ist offen; Jesus kapselt sich mit seinen Anhängern nicht ab wie die fromme Gemeinde der Essener, er wendet sich nicht wie ein Rabbi ausschließlich an seine Schüler, sondern an alle Menschen.

Jesus ist fest verankert im jüdischen Glauben. Er läßt sich nicht auf haarspalterische Dispute über religiöse Fragen ein. Er will nicht zum Richter werden und auch nicht die ausgefeilte kasuistische Lehrmethode der rabbinischen Schulen übernehmen. Statt dessen zeigt er in seinem Verhalten und in seiner Lehrweise eine methodische Freiheit und Kreativität, die seine Zuhörer wie auch jeden von uns heute verblüfft. Wo es um abstrakte Probleme oder philosophische Spitzfindigkeiten geht, bringt er das Thema auf eine anschauliche Ebene. Er *zeigt* den Menschen, was der Weg ist, er *beschreibt* ihn nicht.

Auch Buddhas Predigten - wenngleich über die Jahrhunderte ergänzt und ausgeschmückt - sind im Kern konkret und anschaulich. Buddha will kein spekulatives Gedankengebäude errichten, keine metaphysischen Probleme klären, auch nicht die leidvolle Welt beklagen, sondern den direkten Weg weisen, Welt und Ego zu überwinden. Zu vielen Fragen schweigt Buddha. Sie stehen für ihn nicht zur Debatte. Ob es Gott gibt oder nicht, ob die Welt ewig ist oder nicht, was nach dem Tode kommt - all diese Probleme mögen zwar existieren, aber Buddha erklärt: „*Sie sind nichts als Theorien-Gestrüpp, Denksport und Ideenakrobatik. Sie machen den Menschen nicht frei vom Geborenwerden, Altern, Sterben, von Jammer, Schmerz und Verzweiflung*“.

Noch bis zum Anfang dieses Jahrhunderts hatte man geglaubt, das Leben Jesu in einem festen Schema, in einem chronologischen Ablauf darstellen zu können. Aber die Evangelisten liefern keine durchgehende Biographie dieses Jesus von Nazareth. Es sind eher Situationsschilderungen, Dialoge, Spruchsammlungen, Meditationen und Glaubensbekenntnisse. Die Evangelisten lassen vieles aus, was aus heutiger

Sicht wissenswert erscheint. Über Jesu Charakter erfährt der Bibelleser nichts, sein Aussehen wird nicht beschrieben, die Familienverhältnisse bleiben unklar. Ausgangspunkt der modernen exegetischen Arbeit am Neuen Testament ist deshalb die Frage, was von den Worten und der Lehre Jesu als historisch gesichert gelten darf. Das Bild, das sich mit wissenschaftlichen Methoden von dem Menschen Jesus gewinnen läßt, unterscheidet sich von dem traditionellen Christusbild des Glaubens, in dem dieser Jesus von Nazareth näher an die Wirklichkeit unseres eigenen Lebens und an die brennenden Fragen unserer Zeit herangerückt wird.

Die Bewahrung und Weitergabe einer Lehre folgt in allen Religionen bestimmten Regeln und Traditionen. Im Judentum waren zur Zeit Jesu die wichtigsten Positionen im Tempel, im Hohen Rat und in den Gemeinden mit Angehörigen des Priesteradels und mit Gelehrten besetzt. Wer Schriftgelehrter werden wollte, mußte vierzig Jahre alt sein, eine Ausbildung bei einem anerkannten Rabbi absolvieren, Prüfungen ablegen und durch Handauflegung geweiht werden. Jesus ist kein Schriftgelehrter, auch wenn er mitunter mit der Höflichkeitsformel „Rabbi" angeredet wird. Aber wie ein Rabbi versammelt er Schüler um sich und ruft Menschen in seine Nachfolge, was übrigens ganz wörtlich verstanden werden kann, weil es dem Brauch entsprach, daß die Schüler ihrem Lehrer im Gänsemarsch folgten.

Buddha steht in der hinduistischen Tradition der Brahmanen-Priester, wenn er Schüler versammelt und unterweist. In einer solchen Situation treffen wir ihn auf dem Geierberg bei Rajagaha an. Alles scheint wie an einem gewöhnlichen Tag zu sein. Der Meister setzt sich nieder, seine Schüler warten auf seine Lehrrede. Aber an diesem Tag sagt Buddha nichts, sondern pflückt eine Blume und hält sie den Schülern hin, als wolle er naiv fragen: „*Was haben wir denn hier?*" Einige Legenden berichten, es habe sich um eine kostbare Lotusblüte gehandelt, die Buddha von einem reichen Fürsten geschenkt worden sei. Ob Lotus oder Butterblume - die Schüler sind verwirrt. Was soll das, fragen sie sich, worauf will er hinaus? Nur Kashyapa lächelt. Und Buddha vertraut ihm die Weitergabe der Lehre an.

Nicht das Studium der Schriften, das Rezitieren von Sutren oder philosophische Gedanken führen den Menschen zur Erleuchtung, sondern die „Geist-zu-Geist" Übertragung vom Lehrer auf den Schüler. Das darf nicht so verstanden werden, als werde hier ein konkreter Inhalt weitergegeben, so wie man einem katholischen Schüler einen Katechismus in die Hand drückt. Wissen und Weisheit sind für Buddhisten kein Besitz, den man mit sich führen und wie einen Gegenstand weiterreichen kann, sondern eine dynamische Bewegung des Geistes, die sich als Ereignis zwischen Menschen offenbart und im Erleuchtungserlebnis erfahren wird.

Satori, samadhi, Erleuchtung sind zwar ein punktuelles und einmaliges Erlebnis, aber es enthebt den Erleuchteten nicht der Pflicht, weiter zu üben und sich um Erkenntnis zu bemühen. Es wäre falsch anzunehmen, Buddha habe nach seiner anfänglichen Erleuchtungserfahrung unter dem Feigenbaum keine neuen Gedanken und Ansichten mehr gehabt. Vielmehr entwickelte sich seine Lehre nach und nach aus dieser Schlüssel-Erfahrung, die gleichsam das Tor öffnete für eine neue Weltansicht.

Kommt und seht

Die Berufung der ersten Jünger Jesu vollzieht sich auf ungewöhnliche Weise. Jesus kommt an den See Gennesaret und macht einige Fischer zu Jüngern. Er trifft einen Zöllner in seinem Haus, und dieser läßt alles stehen und liegen und folgt ihm nach. Nirgends lesen wir, daß Jesus zuvor eine lange Rede gehalten hätte oder gar einen theologischen Vortrag. Es muß an der Art und Weise gelegen haben, wie er auf die Menschen zuging, wie er sie ansprach, sie anlächelte. *„Und die Menschen waren sehr betroffen von seiner Lehre, denn er lehrte sie wie einer, der (göttliche) Vollmacht hat, nicht wie die Schriftgelehrten*“ (Markus 1,22). Die Reaktion der Zuhörer ist verständlich. Da kommt einer, der nicht wie ein Prophet, wie ein Asket oder ein Bußpriester aussieht, und der dennoch jeden in seinen Bann zieht. „*Wer bist du, daß du so zu uns sprichst?* fragten sie Jesus nach einem apokryphen Text. Die Jünger des Johannes, denen Jesus am Jordanufer begegnet, sind ebenfalls irritiert, gehen ihm nach, wollen mehr über ihn wissen: „*Herr, wo wohnst du?* Jesus sagte nur drei Worte:

„Kommt und seht!“ Damit kann nicht gemeint sein: *„Kommt nach Nazareth und schaut euch an, wo ich wohne.“*

Es gibt unterschiedliche Arten des Sehens. Gewöhnlich beurteilen wir eine Situation „*nach dem Augenschein*“, wir schauen hin und nehmen Eindrücke auf, wir steuern Autos und Maschinen mit Hilfe unserer Augen, wir halten Ausschau, wir „*sehen fern*“. Dieses Sehen ist recht oberflächlich, genügt aber für den Alltag. Daneben gibt es ein Sehen, das unter die Oberfläche der Dinge blicken will, den Grund erkennen, *„einsehen“* möchte. Dieses Sehen ist keine Sache des Auges und seiner physikalischen Sehkraft.

Antoine de Saint Exupéry (1900-1944) schreibt so bezeichnend in seinem Märchen „Der kleine Prinz“: *„Die Menschen züchten fünftausend Rosen in ein und demselben Garten, und doch finden sie dort nicht, was sie suchen... Dabei kann man das, was sie suchen, in einer einzelnen Rose finden. Aber die Augen sind blind. Man muß mit dem Herzen suchen.“*

Buddhas Ausgangspunkt ist das „rechte Sehen“, wie es im Achtfachen Pfad als erste Bedingung zur Erkenntnis angeführt wird. Gemeint ist nicht die nüchterne Betrachtung der Wirklichkeit und der Daseinsfaktoren. Alle Dinge sind so, wie sie sind. Buddha schaut und durchschaut sie. Das ist seine Weltanschauung, das Weisheits-Auge, von dem er spricht. Sein Geist bleibt nicht an ihnen haften, vermutet in ihnen keine „höhere“ Wirklichkeit, keine Transzendenz. Man soll nichts in sie hineingeheimnissen, aber sie auch nicht als inhaltsleere Form geringschätzen.

„Was ist dieses Auge, das uns täuscht?“ fragt ein Mönch den Zen-Meister Hsiang-nien (925-992). Die Antwort: *„Der Winter naht“*. Das erscheint auf den ersten Blick, also mit unserem gewöhnlichen Auge betrachtet, unsinnig. Die Szene spielt jedoch in einem chinesischen Bergkloster, das inmitten großer Wälder liegt. Es ist Herbst, und die Bäume haben ihr Laub abgeworfen. Eiskalter Wind fegt durch die kahlen Zweige. Die Mönche in der Meditationshalle frieren, aber sie lassen nicht ab von der Übung. Niemand würde ernstlich behaupten, der Winter nahe nicht heran. Alle Zeichen der Natur sprechen dafür; nicht einmal ein Blinder könnte es leugnen. Nur der Mönch ist nicht zufrieden mit dieser ganz natürlichen Einsicht. *„Was bedeutet das im Letzten: der Winter naht?* fragt er erneut. Die Antwort des Meisters: *„Und dann kommt der warme Frühlingswind.“* Hier fehlt jede Anspielung auf metaphysische Begriffe; es geht um Erfahrungstatsachen, die jedermann zugänglich sind und die genau das bedeuten, was sie sinnenfällig sagen.

Jesus sagt: *„Sobald ihr im Westen Wolken aufsteigen seht, sagt ihr: Es gibt Regen. Und es kommt so. Und wenn der Südwind weht, dann sagt ihr: Es wird heiß. Und es trifft ein. Ihr Heuchler! Das Aussehen der Erde und des Himmels könnt ihr deuten. Warum könnt ihr dann die Zeichen dieser Zeit nicht deuten? Warum findet ihr nicht schon von selbst das rechte Urteil?“* (Lukas 12,54-57). Wissenschaftliches Denken neigt zur Zerstückelung. Der Untersuchungsgegenstand wird in seine Bestandteile zerlegt, analysiert und katalogisiert. Unser Geist dagegen nimmt die Welt ganz anders wahr: Wenn wir einen Baum betrachten, sehen wir zunächst den ganzen Baum und nicht die einzelnen Blätter, Blüten oder Äste. Und wenn ein Vogel fliegt, machen wir uns keine Gedanken über die Anordnung seiner Federn, das Zusammenspiel seiner Muskeln und Gelenke. Die ganzheitliche Sichtweise ist es, um die es Buddha wie auch Jesus geht. Ein Zen-Meister hat es einmal treffend so ausgedrückt: *„Wenn ihr versteht, sind die Dinge so,* wie *sie sind. Wenn ihr nicht versteht, sind die Dinge nur das,* was *sie sind."*

Und ein anderer Meister schreibt: *„Bevor ich dreißig Jahre Zen studierte, hielt ich Berge für Berge und Wasser für Wasser. Als ich tieferes Wissen erlangte, kam ich zu einem Punkt, wo Berge keine Berge und Wasser kein Wasser mehr war. Jetzt aber, wo sich mein inneres Auge geöffnet hat, habe ich Ruhe. Ich sehe Berge wieder wie Berge und Wasser wieder wie Wasser."*

Das ist genau der Prozeß, den wir auf dem geistigen Weg durchlaufen müssen, um die Welt richtig zu beurteilen. Die Unwissenheit muß aufgehoben , das rein wissenschaftlich orientierte Denken erweitert werden, um die Wirklichkeit ganzheitlich zu erfassen, um „mit dem Herzen" zu sehen. Dazu gehört nach Buddha auch, sich die Vergänglichkeit vor Augen zu führen, das Leidvolle in der menschlichen Existenz als oberstes und erstes Prinzip zu erkennen. Dieses Leid läßt sich nicht mit einer Blume verdecken oder schönen. Buddha ist kein Pessimist und kein Nihilist; er kommt auch nicht zum Schluß der griechischen Tragödiendichter, es sei für den Menschen besser, nicht geboren zu werden. Vielmehr: *„Da alles unbeständig und vergänglich ist, wird auch das Leidhafte vergehen, das Krankhafte erkranken, der Verfall verfallen, der Tod aussterben"*. Das heißt: Es läßt sich ein Weg der Befreiung finden.

In Jesus wird das Vertrauen eines Menschen in die Schöpfung sichtbar. Jesus weist auf die Blumen des Feldes hin, die heute prächtig blühen und morgen schon verdorrt sind. Wer das eine bejaht, kann das andere nicht ablehnen. Aber das bedeutet nicht, sich mit allem abzufinden. Jesus sieht auch die Machthaber und Ausbeuter, die falschen Propheten und Betrüger, die Not der kleinen Leute und das harte Los der Randgruppen. Die Welt wird nicht von selbst zum Paradies. Die Menschen sind zum sozialen Handeln aufgefordert, zum Heilen der Verwundeten, zum Aufrichten der Geknickten. Die Welt bedarf der Bewahrung und Erinnerung an den ursprünglichen Willen des Schöpfers. In der Bergpredigt zeigt sich Jesu unzerstörbare Zuversicht, daß Unrecht und

Gewalt, Friedlosigkeit und Haß nicht das letzte Wort behalten werden. Es geht nicht nur um das private Heil des einzelnen, um Ich-Du-Beziehungen oder caritative Nachbarschaftshilfe, sondern um gesellschaftliche Verantwortung, um soziale Veränderung.

„Meister, wo wohnst du?" fragen die Jünger. Jesus wohnte bei den Menschen. Er wohnte mitten in unserer Welt. Er bejahte das Leben, aber verneinte das Unrecht und jede Form fatalistischen Sich-Abfindens mit einer ungerechten und lieblosen Umwelt. *„Kommt und seht!"* heißt: *„Öffnet euer inneres Auge, betrachtet alles mit den Maßstäben der Liebe, der Menschlichkeit, der Gerechtigkeit. Dann werdet ihr sehen, was getan werden muß, und ich brauche euch nichts zu lehren."*

Wer die Welt in ihrer Erbärmlichkeit und Großartigkeit durchschaut, der kann nicht anders, als sie anzunehmen, wie sie ist und zu lieben wie ein Kind.

Wasser des ewigen Lebens

Jesus sprach zu Nikodemus: *„Wenn jemand nicht von neuem geboren wird, kann er das Reich Gottes nicht sehen.*

Und Nikodemus entgegnete ihm: „Wie kann ein Mensch, der schon alt ist, geboren werden? Er kann doch nicht in den Schoß seiner Mutter zurückehren und ein zweites Mal geboren werden."

Jesus antwortete: *„Wenn jemand nicht aus Wasser und Geist geboren wird, kann er nicht in das Reich Gottes kommen. Was aus dem Fleisch geboren ist, das ist Fleisch; was aber aus dem Geist geboren ist, das ist Geist. Wundere dich nicht, daß ich dir sagte: Ihr müßt von neuem geboren werden"* (Johannes 3, 3-7).

Diese Szene ist sehr bedeutungsvoll. Mitten in der Nacht kommt ein hochrangiger Verteter des offiziellen Judentums, der Pharisäer Nikodemus, zu Jesus, um mit ihm zu diskutieren. Der Evangelist Johannes verrät uns nicht, wer der Zeuge dieser nächtlichen Begegnung ist. Man darf also Zweifel anmelden, ob dieses Gespräch tatsächlich stattgefunden hat oder im nachhinein beweisen soll, daß angesehene Juden mit Jesus Kontakt pflegten.

Nikodemus scheint jedenfalls Probleme zu haben, Jesus in der Öffentlichkeit zu befragen. Die neue Lehre interessiert ihn, aber er will sich ganz unverbindlich und inkognito informierenn. Das Gespräch nimmt einen eigenartigen Verlauf. Nikodemus versucht offenbar herauszufinden, für wen Jesus sich selbst hält. Er sagt: *„Wir wissen, du bist ein Lehrer des Volkes, den Gott gesandt hat, denn ohne Gottes Hilfe könntest du keine Wunder wirken."* Jesus antwortet mit einem Satz, der überhaupt nicht auf Nikodemus einzugehen scheint: *„Wenn jemand nicht von neuem geboren wird, kann er das Reich Gottes nicht sehen."* Die meisten Bibelkommentare verstehen diesen berühmten Dialog zwischen Jesus und Nikodemus als einen Hinweis auf das Taufsakrament. Aber das Wort von der *„Neugeburt aus Wasser und Geist"* läßt eine weitergehende Deutung zu. Wasser ist in allen Kulturen von elementarer Bedeutung und Symbolkraft. Ohne Wasser kein Wachstum, kein Leben für Mensch und Tier und Pflanze. Es hat reinigende, heilende Wirkung. Es löst und verbindet, ist formlos und weich, aber stärker als Stein. Es gestaltet Landschaften und zerstört sie wieder, es schenkt Fruchtbarkeit und Leben, bringt Tod und Untergang.

Fast alle Schöpfungsmythen gehen davon aus, daß Wasser der Urstoff gewesen sei, aus dem die Welt entstand. Auch der biblische Schöpfungsbericht beginnt: *„Finsternis lag über der Urflut, und Gottes Geist schwebte über dem Wasser"* (Genesis 1,2).

Wortgewaltiger und anschaulicher ist die Übersetzung von Martin Buber: *„Finsternis über Urwirbels Antlitz, Braus Gottes schwingend über dem Antlitz der Wasser"*. Was in der Einheitsübersetzung der Bibel farblos „Urflut" genannt wird, ist nämlich kein still ruhender See, sondern ein gewaltiger, brausender Ozean, chaotisch und ungeordnet, ohne Gegensätze von oben und unten, hell und dunkel, Vergangenheit und Zukunft. Geist und Wasser bilden ein dynamisches Ganzes, aus dem „Welt" entsteht.

Auch die griechischen Philosophen sahen im Wasser den „Ursprung des Lebens" (Thales von Milet). Alexander der Große, so berichtet die Sage, sei bis an die lichtlosen, nebelerfüllten Randzonen der Welt vorgedrungen, um das „Wasser des Lebens" zu suchen - eine Quelle, in der unterzutauchen unsterblich machen sollte. Auch Jesus spricht vom „Wasser des Lebens" zu der Frau am Jakobsbrunnen, wenn er sagt: *„Wer von diesem Wasser trinkt, wird wieder Durst bekommen; wer aber von dem Wasser trinkt, das ich ihm geben werde, wird niemals mehr Durst haben; vielmehr wird das Wasser, das ich ihm gebe, in ihm zur sprudelnden Quelle werden, deren Wasser ewiges Leben schenkt"* (Joh. 4, 13-14).

Diesen Satz könnte Buddha gesagt haben. Lebensdurst und Unwissenheit sind nach seiner Lehre die Ursachen des Leidens auf Erden, mit dem sich jeder Mensch konfrontiert sieht. Auch der Gedanke des Wiedergeboren-Werdens, der Nikodemus in Erstaunen versetzt, war ihm nicht fremd. In der hindustischen Volksfrömmigkeit gab es die Vorstellung einer Seelenwanderung: Nach dem Tod verläßt die Seele des Menschen dessen Körper, um in neuer Gestalt in einem neuen Lebewesen reinkarniert zu werden. Abhängig von seinen guten oder schlechten Taten (das Sanskritwort *karma* bedeutet Tat), wird jeder Mensch im Pflanzen-, im Tier- oder im Menschenreich wiedergeboren. Die Seelenwanderung gab eine Antwort auf das schwierige Problem einer gerechten Vergeltung von Gut und Böse, über das die Menschheit immer wieder nachgedacht hat. Das Fatale der Wiedergeburts-Theorie ist jedoch, daß der Mensch aufgrund seiner Unwissenheit und seines natürlichen Lebensdurstes kaum in der Lage ist, sich so zu verhalten, daß eine Wiedergeburt in einer „höheren" Daseinsebene gesichert erscheint. Erst durch eine endlose Kette von Wiedergeburten kann er sich zum Götterhimmel emporarbeiten, wo ihn zwar ein angenehmes, aber auch kein ewiges Leben erwartet.

Buddha löst sich radikal von der Vorstellung des Hinduismus, jede Tat des Menschen habe gute oder schlechte Folgen. Wenn das richtig wäre, so folgerte er, müßte es genügen, nichts zu tun, um zur Vollendung zu gelangen. Jeder Mensch ist aber schon durch seine physische Existenz dazu verurteilt, etwas zu tun, zum Beispiel sich Nahrung zu verschaffen. Buddha betont deshalb, nur jene Taten erzeugten gutes oder schlechtes Karma, die der Mensch willentlich vollziehe. Buddhas Lehre weicht hier noch in einem zweiten Punkt von altvertrauten Vorstellungen ab. Für ihn existiert nichts, was über den Tod hinaus Bestand haben könnte, also auch keine ewige Seele, für die ja sonst eine Heilssphäre, etwa ein Paradies, vorhanden sein müßte. Natürlich fragten die Brahmanen, was denn wiedergeboren werde, wenn Buddha die Seele leugne. Der scheinbare Widerspruch löst sich, wenn man die einzelnen Existenzen des Menschen nicht durch das Band einer unsterblichen und unveränderlichen Seele verknüpft sieht, sondern als ein Bedingungsgefüge versteht. Man stelle sich Billardkugeln vor, die einander berühren und ihre Bewegungsenergie weitergeben; der Lauf der ersten Kugel bestimmt alle nachfolgenden Zusammenstöße auf dem Billardtisch, aber jede Kugel bleibt Einzelkugel und gibt nichts von ihrem „Wesen" an die nächste Kugel weiter. Oder nehmen wir Bauklötze, mit denen ein Kind einen Turm baut: Die unteren Klötze tragen die oberen, ihr Vorhandensein ist Bedingung dafür, daß immer neue Klötze aufgetürmt werden können. Wird ein Klotz entfernt, bricht das ganze Gebäude zusammen. Buddhas Lehre zielt auf nichts anderes hin, als diesen Turm zum Einsturz zu bringen.

In der Legende ist Buddhas Geburt bereits voller Symbolik, denn „Maya", der Name seiner Mutter, hat auch die Bedeutung von „Illusion" oder „Täuschung". In eine Welt der Täuschungen und des schönen Scheins hineingeboren, sucht Buddha nach der Wahrheit.

Und eine Legende spiegelt Buddhas unerschütterlichen Glauben, einen Ausweg aus der endlosen Kette der Wiedergeburten gefunden zu haben - durch eine einmalige und endgültige, letzte Wieder- und Neugeburt: *„Als der Buddha geboren wurde, stand er auf, tat sieben Schritte in jede Himmelsrichtung und sprach: Ich werde dem Alter, der Krankheit und dem Sterben ein Ende machen. Dies ist in Wahrheit meine letzte Geburt. Ich werde nicht wiedergeboren werden."*

Woher nahm Buddha diese Gewißheit? Zunächst kam er in seiner Erleuchtungserfahrung unter dem Bodhi-Baum zur Erkenntnis, daß Wiedergeburt keine undurchschaubare und unberechenbare Angelegenheit sei, sondern einem logischen Gesetz folge: *„Wenn dies ist, ist auch jenes. Wenn dieses entsteht, entsteht auch jenes. Wenn dies nicht ist, wird auch jenes nicht sein. Wenn dies vergeht, wird auch jenes vergehen."* Anders ausgedrückt: Alles, was entsteht, entsteht in Abhängigkeit von anderem und kann nicht isoliert betrachtet werden.

Auf den ersten Blick scheint der Mensch ein hilfloses Opfer des Karma-Wirkens zu sein. Aber Buddha erkannte in der Gesetzmäßigkeit auch die Chance zur Befreiung. Durch rechtes Denken, rechtes Tun, rechte Lebensweise, kurz: indem man dem achtfachen Pfad folgt, kann man den Lebensdurst, die Gier (Sanskrit: trishna) auslöschen, die Entstehung schlechten Karmas verhindern und die leidvolle Kette der Wiedergeburten durchbrechen.

Dem Judentum war die Vorstellung einer Wiedergeburt fremd. Deshalb wundert sich Nikodemus, daß Jesus von der Notwendigkeit spricht, neu geboren zu werden. Und in der Tat ist dies ein Gedanke, den wir so nur im Johannes-Evangelium finden, dessen Autor von griechischer Philosophie und gnostischen Vorstellungen beeinflußt ist. „Gnosis" bedeutet „Erkenntnis/Ur-Wissen". Die alten Menschheitsfragen: *„Wer bin ich, woher komme ich, wohin gehe ich?"* versucht die gnostische Erkenntnislehre, die in der Spätantike in Kleinasien und im ganzen Mittelmeerraum verbreitet war, durch ein mystisches Weltmodell zu beantworten: Der Kosmos ist eine menschenfeindliche Macht, deren Gesetze böse sind und den Menschen zu vernichten drohen. Gott dagegen ist wie ein jenseitiges, ewiges Licht. Um zu diesem Licht zu gelangen, muß die menschliche Seele einen mühevollen Weg durch verschiedene Sphären zurücklegen. Das wahre Selbst des Menschen, sein Wesenskern, seine Buddha-Natur, muß nach und nach von seinem Ego befreit werden, denn das Ego gaukelt dem Menschen nur die Schönheit der Welt vor, um ihn in der Diesseitigkeit gefangen zu halten. Jeder Mensch, so lehrt die Gnosis, trägt in sich einen Funken des ewigen Lichtes. Die Welt hat jedoch dieses Ur-Licht verdunkelt, so daß der Mensch nicht weiß, wo er hingehört. Da sendet das göttliche Licht von jenseits der Welt einen Retter aus, einen Rufer, der den schlafenden Lichtfunken aufweckt, so daß der Mensch sich selbst und seinen Ursprung erkennt. *„Wach auf, du Schläfer, und steh auf von den Toten, und Christus wird dein Licht sein“* (Epheser 5,14).

Ob die gnostische Lehre von indischen oder gar buddhistischen Vorstellungen beeinflußt ist, läßt sich nicht klären. Ähnlichkeiten und Berührungspunkte sind zweifellos vorhanden. Aber es wäre falsch, den Evangelisten Johannes als Gnostiker anzusehen, wenn er davon spricht, daß Jesus *„das Licht der Welt“*, oder daß *„das Licht in die Finsternis gekommen“* sei. Hier liegen eher archetypische Bilder zugrunde, die man in den verschiedensten Religionen findet.

„Wer nicht von oben her (im griechischen Originaltext steht „anothen“ = vom Ursprung her) *geboren wird, der wird das Reich Gottes nicht sehen!“* sagt Jesus zu Nikodemus. Im Evangelium steht das Wort: *sehen!* Es geht also nicht um eine körperliche Wiedergeburt, auch nicht um eine Seelenwanderung, sondern um eine *„Neugeburt vom Ursprung“* her, welche den Menschen völlig verwandelt, transformiert, so daß er die Welt in neuem Licht sieht.

Jeder von uns ist durch Herkunft, Geburt, körperliche Konditionierung, Erziehung, Erlebnisse usw. in ein Netz von Beziehungen und Abhängigkeiten eingebunden, aber niemand ist hilflos darin gefangen. Wir sind nicht einmal für alle Zeit festgelegt auf das, was wir hier und heute sind. Jeden Tag haben wir die Chance, unser Verhalten zu ändern, den Neuanfang zu wagen, neu geboren zu werden. Der Ursprung des Lebens, auf den der Evangelist verweist, ist das Wasser des Lebens, die Ur-Flut, die Tiefendimension des Menschen, das In-Gottes-Ur-Grund-Ruhen.

„Der Herr aber ist Geist, und wo der Geist des Herrn weht, da ist Freiheit. Wir alle spiegeln mit enthülltem Angesicht die Herrlichkeit des Herrn wider und werden so in sein eigenes Bild verwandelt, von Herrlichkeit zu Herrlichkeit durch den Geist des Herrn“ (2 Korinther 3,17–18).

Die wirkliche Neugeburt findet nicht nach dem Tod infolge karmischer Verstrickungen statt, sondern ist die Rückbesinnung des Menschen auf die Qualität seines Denkens und Handelns, ist eine radikale Umkehr in diesem Leben.

Heilspropheten, die den Menschen nach dem Munde reden, gab und gibt es genug; ebenso wie die Unheilspropheten, die geradezu heißhungrig waren nach einem furchterregenden Gottesgericht. Johannes fordert aber die Menschen auf, selbst ihren Beitrag zum kommenden Heil der Welt zu leisten, ihr bisheriges Leben zu überdenken. Das Himmelreich kommt nicht plötzlich. Es beginnt überall dort, wo Menschen aus ihrem Schlaf, ihrer Unbewußtheit und zurechtgemachten Endzeithoffnung aufwachen.

„Die Zeit ist erfüllt, das Reich Gottes ist nahe: Kehrt um!" (Mk. 1,15)

Wir brauchen im wahrsten Sinnes des Wortes *„connaissance"* (frz.: Wissen, Erkenntnis) und sollten die ursprüngliche Bedeutung dieses wunderbaren Begriffs wieder-erkennen. *„Connaissance"* heißt wörtlich übersetzt: „gemeinsame Geburt", „zusammen geboren werden". Der sich allerorts abzeichnende Transformationsprozeß wird gleichzeitig zu einer Neugeburt des Menschen, in dem alle zusammenwachsen, und durch den alle eins werden. Wenn die sinnlose Kollektion von Informationen in Wissen und Erkenntnis verwandelt ist, wenn die Überwindung der Dualität von Geburt und Tod zur gesicherten Erfahrung ewigen Lebens geworden ist, wenn man die leidvolle Trennung vom göttlichen Paradies nicht auf morgen, übermorgen oder noch später verschiebt, wird die gesamte Menschheit zu *„Connaisseurs"*, zu Wissenden, Erkennenden und in gemeinsamer Geburt mit dem ursprünglichen Wesensgrund vereint und versöhnt.

Von der Geburtsstunde des neuen Menschen hat Pater Lassalle immer wieder gesprochen. Mitzuhelfen, daß sie bald kommen möge, dafür hat er gelebt, gearbeitet, meditiert, gelitten und alle Kräfte eingesetzt. Die folgenden Kapitel aus seiner Feder sind gleichsam sein Vermächtnis für die neue Zeit.

4. Kapitel

Der neue Mensch

„Dann sah ich einen neuen Himmel und eine neue Erde;
denn der erste Himmel und die erste Erde sind vergangen,
auch das Meer ist nicht mehr. Ich sah die heilige Stadt,
das neue Jerusalem, von Gott her aus dem Himmel
herabkommen; sie war bereit wie eine Braut,
die sich für ihren Mann geschmückt hat. Da hörte ich
eine laute Stimme vom Thron her rufen: Seht, die Wohnung
Gottes unter den Menschen! Er wird in ihrer Mitte wohnen,
und sie werden sein Volk sein; und er, Gott, wird
bei ihnen sein. Er wird alle Tränen von ihren Augen
abwischen: Der Tod wird nicht mehr sein, keine Trauer,
keine Klage, keine Mühsal.
Denn, was früher war, ist vergangen."

– Offenbarung 21,1–8 –

Persönliche Freiheit

Der Ausdruck *„neuer Mensch"* bedeutet zunächst nur, daß es um ein neues Menschenbild geht, ein Menschenbild, das verschieden ist von dem, an das wir gewöhnt sind. Wenden wir uns also zunächst der Bezeichnung *„neuer Mensch"* zu, und versuchen wir näher zu beschreiben, was damit gemeint ist oder wenigstens sinnvoll darunter verstanden werden kann.

Es geht hier nicht um ein neues System, sondern um die Überwindung der Krise, in der der Mensch heute steht. Dafür gibt es überhaupt kein System. Es gibt viele Menschen, die sich über die Tatsache nicht im klaren sind und offenbar meinen, daß der Mensch oder die Menschheit durch eines der bestehenden Systeme, sei es Kommunismus, Kapitalismus, Demokratie oder auch eine noch zu findende Form vor dem drohenden Untergang bewahrt werden könnte. De facto geht es in der bestehenden Krise des Menschen nicht um Denkmodell oder Ideologie. Es liegt uns daher auch fern, in diesem Zusammenhang zu den verschiedenen Ideologien oder Systemen Stellung zu nehmen.

Es geht zwar um ein neues Menschenbild, das im Entstehen begriffen ist. Aber das ist nicht so zu verstehen, daß der Mensch dieses neue Bild selbst auszudenken und zu formen hätte. Sondern es ist wie beim Schmetterling, der aus der Puppe hervorgeht, nicht in einer von ihm selbst gewählten, sondern in der von der Natur vorherbestimmten Form. Mit anderen Worten: Es geht um einen Schritt, und zwar einen sehr bedeutungsvollen Schritt vorwärts in der Entwicklung des Menschen. Daß man in diesem Sinn vom Menschen sprechen kann, steht außer Diskussion. Die großen Etappen, die der Mensch bisher durchschritten hat, kann man sehr vereinfacht wohl als die des Urmenschen - was davor liegt, brauchen wir nicht zu berücksichtigen -, des Kulturmenschen und des wissenschaftlichen Menschen bezeichnen. Unsere Zeit ist ohne Zweifel besonders von der Technik und Wissenschaft gekennzeichnet. Kultur gab es schon lange vor uns. Gehen doch die alten Kulturen Jahrtausende vor unsere christliche Zeit zurück. Jetzt aber kommt ein neuer Mensch zum Zug - oder sollte es wenigstens. Das heißt natürlich nicht, daß dieser neue Mensch die Kräfte und Vorzüge wie Geisteskultur, Wissenschaft und Technik des vergangenen Menschen nicht mehr in sich trüge. Im Gegenteil, er ist mit dem Erbe seiner Vorfahren geladen, und zwar so sehr, daß er daran zu zerbrechen, daß er von dem ererbten materiellen Fortschritt aufgefressen zu werden droht. Doch geht es uns hier nicht um eine neue Ära der Wissenschaft und Technik, obwohl diese bereits angebrochen ist und man schon in diesem Sinn von einem Atomzeitalter spricht. Auch das Eindringen in den Weltraum ist ein Zeichen dieses Zeitalters.

Die neue Entwicklung des Menschen ist wohl in erster Linie gekennzeichnet durch vollkommenes Bewußtwerden des *Person-Seins.* Was den Westen betrifft, so ist schon einmal in der Vergangenheit, nämlich zur Zeit der Renaissance, in dieser Hinsicht eine neue Stufe zu verzeichnen: Der Mensch, der noch im Mittelalter viel mehr kollektiv dachte und fühlte, wurde damals zum Einzelmenschen. Er wurde allmählich als solcher mündig, wodurch viele Erscheinungen in der damaligen Zeit zu erklären sind. Auch die Reformation ist ein typisches Phänomen dieser Entwicklung. Sie war das Ergebnis von Spannungen, die sich nicht mehr ausgleichen ließen, ohne daß etwas Neues geschah, entweder innerhalb der traditionellen Kirche oder außerhalb. Dagegen blieb der östliche

Mensch noch lange Zeit in hohem Maß ein Gemeinschaftsmensch. Das ist auch heute noch viel mehr der Fall als im Westen. Trotzdem muß man sagen, daß in den letzten Jahrzehnten auch der östliche Mensch begonnen hat, die Umwandlung zum Bewußtwerden der individuellen Persönlichkeit mitzuvollziehen. Dieser Wandel ist am deutlichsten in Japan fühlbar, das ja auch sonst mehr vom Westen beeinflußt worden ist als irgendein anderes Land in Ostasien.

Diese Entwicklung zum stärkeren Bewußtsein der Persönlichkeit ist in sich durchaus positiv zu bewerten. Denn die Menschheit als Ganzes macht ebenso wie jeder Einzelmensch eine Entwicklung von der Kindheit bis zum vollen Erwachsenen durch, nur mit dem Unterschied, daß sich die Entwicklung des einzelnen innerhalb weniger Jahrzehnte vollzieht, während sie für die Menschheit als Ganzes Jahrtausende in Anspruch nimmt. Der Mensch als solcher ist nun eben gerade jetzt in das reife Alter eingetreten, womit natürlich nicht gesagt werden soll, daß er nicht noch weiter reifen kann. Seiner Kindheit ist er jedenfalls ein für allemal entwachsen. Viele Erscheinungen unserer Zeit, die gewiß nicht angenehm sind und Besorgnis erregen, sind als die Geburtswehen des neuen Menschen anzusehen. Die Menschheit leidet unter dieser Geburt ebenso wie jede Mutter, die ein Kind zur Welt bringt. Den Menschen, die aus einer früheren Zeit stammen, mag manches widersinnig vorkommen. Sie glauben und hoffen vielleicht, daß all das eine vorübergehende Krise ist und der Mensch über kurz oder lang zum Alten zurückfindet und alle diese Dinge einmal wieder überwunden sind wie eine langwierige Krankheit, die aber schließlich doch geheilt wird.

Tiefer sehende Menschen dagegen wissen, daß es kein Zurück zum Alten gibt und daß es daher sinnlos ist zu versuchen, das Rad der Entwicklung zurückzudrehen. Sie wissen, daß es nun einzig und allein darauf ankommt, daß dieser neue Mensch gesund und lebenskräftig zur Welt kommt. Wie viele nähere und nächste Ursachen man auch für diese Entwicklung angeben mag, letzten Endes sind das alles nur akzidentielle Ursachen. Die eigentliche Ursache ist die Natur des Menschen, die so angelegt ist, daß die Geburtsstunde des neuen Menschen früher oder später kommen muß. Denn die wahre Persönlichkeit, das Person-Sein, ist der tiefste Kern des Menschen: Je mehr er sich daher dessen bewußt wird, desto mehr ist er Mensch.

Das aber impliziert das Verlangen nach und den Anspruch auf größere persönliche Freiheit. Dieser Anspruch ist heute bei der jüngeren Generation unverkennbar. Wenn man diese Zusammenhänge kennt, so weiß man, daß ein solches Verlangen nicht leichthin als Unbotmäßigkeit und Ungehorsam abgetan werden darf oder kann. Der neue Mensch kann einfach nicht darauf verzichten, in vielen Dingen gefragt zu werden und in irgendeiner Weise bei Entscheidungen mitzubestimmen, die seine Person angehen. Wenn einer das ohne Schwierigkeiten täte, so würde er damit zeigen, daß er die neueste Entwicklung der Menschheit nicht mitvollzogen hätte. Andererseits besteht gerade da die Gefahr, daß berechtigte Ansprüche in einer Weise geltend gemacht werden, daß sie die gleichen Rechte des Mitmenschen mißachten. Damit aber würden sie sich selbst widersprechen.

Glauben an sich selbst

Auch im Religiösen wirkt sich diese Entwicklung aus. Traditioneller Glaube kommt bei vielen Menschen nicht mehr an und wird immer schwächer. Auch die Beweise, die sich im Religiösen wenigstens bis zu einem gewissen Grad anführen lassen, kommen nicht mehr recht an, obwohl sie vielleicht logisch stichhaltig sind oder doch zu sein scheinen. Der Mensch verlangt nach der eigenen Glaubenserfahrung und kommt in vielen Fällen nur dadurch zur Ruhe. Es wäre Unrecht, ihm dieses Verhalten als Mangel religiösen Verständnisses auszulegen. Es geht bei ihm nämlich gar nicht um ein Nicht-Wollen, sondern um ein Nicht-Können, was aber doch wieder nicht als ein Mangel anzusprechen ist. Denn es entspricht dem neuen Menschen, daß er zu einem Glauben kommt, der nicht vom Glauben seiner Umgebung abhängig ist, sondern in ihm selbst so tief verwurzelt ist, daß er durch den Unglauben seiner Umgebung nicht erschüttert werden kann. Gerade von dieser Seite her ist es einsichtig, daß dieser neue Mensch als Mensch weiter fortgeschritten ist als sein Vorgänger. Denn offenbar ist ein Glaube, der auch in einer ungläubigen Gesellschaft feststeht, höher zu werten als ein Glaube, der weitgehend auf dem Glauben seiner Umgebung beruht. Der echte Glaube ist zweifellos der erstere.

Entweder kommt der neue Mensch durch all seine Geburtswehen hindurch und schreitet fort in voller Gesundheit und Kraft, so wie es gerade ihm als dem neuen Menschen entspricht, oder es gibt eine Fehlgeburt, ein Krüppeldasein, einen geistig ungesunden Menschen. Im ersten Fall ist der neue Mensch ein großer Fortschritt für die Menschheit, der zu ihrem wahren Glück sehr viel beitragen kann. Im letzteren Fall wird die ganze Menschheit unglücklicher sein, als sie vorher war. Und zwar gerade deswegen, weil dem neuen Menschen viel größere Möglichkeiten offenstehen als dem der Vergangenheit.

Zu all dem kommt noch ein anderes Problem, das irgendwie mit dem besprochenen zusammenhängt. Wir haben es schon angedeutet. Es zeigt sich, daß der moderne Mensch der Technik und allem, was damit zusammenhängt, auf die Dauer mit seinen Nerven nicht mehr gewachsen ist. Jeder weiß, daß die Zahl der Nervenkranken beständig wächst und daß mit der Weiterentwicklung der Technisierung und so vieler anderer der Gesundheit schädlicher Dinge die Menschheit an sich selbst zugrundezugehen droht. Der neue Mensch muß daher so beschaffen sein, daß er diese Entwicklung überleben kann, und zwar so, daß sie ihm zu einem größeren Glück verhelfen kann. Denn das, was der Mensch geschaffen hat, ist nicht etwas in sich Schlechtes, sondern auch im Sinn der materiellen Kultur ein Fortschritt, welcher der menschlichen Natur entspricht und sogar die Aufgabe des Menschen ist. Man darf doch wohl sagen: Was der Mensch leisten kann, das soll er auch leisten.

Weiterhin sollte der Mensch imstande sein, die Dinge so zu sehen, wie sie sind, und, was eng damit zusammenhängt, aufrichtig sein. Zum Verständnis dieser Forderung müssen wir einiges hinzufügen. Zwei Dinge sind in der Gegenwart besonders deutlich, welche die Beziehung von Mensch zu Mensch ständig bedrohen und überwunden werden müssen, bevor man von irgendeinem System eine Besserung dieser Beziehung erhoffen kann. Das erste ist, daß wir in unserem Denken fast immer von Vorurteilen geblendet sind. Es gibt kaum Menschen, die vorurteilslos denken können. Das zweite ist, daß es kaum Menschen gibt, die wirklich aufrichtig sind und - wir müssen hinzufügen - die überhaupt imstande sind, aufrichtig zu sein, obwohl sie es sein möchten und vielleicht auch meinen, daß sie es sind. Die einzige Ausnahme bilden die Kinder, soweit nicht auch sie schon von den Erwachsenen angesteckt sind. Wer das nicht glaubt, sollte sich, nachdem er etwas gesagt oder getan hat, immer wieder fragen, was eigentlich die Gründe waren, aus denen er etwas so und nicht anders gesagt oder getan hat. Dann wird er oft feststellen, daß es nicht die nackte Wahrheit war, sondern eine gefärbte. Die Folge davon ist, daß man kaum einem anderen traut und immer in Sorge ist, hintergangen zu werden. Solange die Lage so bleibt, ist ein Vertrauen, wie es für ein glückliches Miteinandersein unter Menschen erforderlich ist, nicht möglich. So kann auch unter den Menschen keine wahre Liebe bestehen, die doch das kostbarste Geschenk des Himmels ist und ohne die kein System die Menschheit glücklich machen kann, denn *„Furcht ist nicht in der Liebe“* (1. Joh. 4-17).

Mystisches Denken und Erkennen

Man muß diesen Tatsachen klar ins Auge sehen. Wenn der neue Mensch wirklich ein Fortschritt gegenüber dem alten sein soll, - und darum geht es, denn sonst ist es nichts Neues -, dann muß dieser Mensch imstande sein, vorurteilslos zu denken und aufrichtig zu sein. Jeder Mensch tritt schon mit einer bestimmten Erbmasse in die Welt ein; aber dazu kommen noch die ganze Erziehung und so vieles andere, das ihn allmählich formt zu diesem ganz bestimmten, einmaligen Menschen. Vieles von dem, was er in sich aufnimmt, ist gut; aber alles wirkt sich unabwendbar dahin aus, daß er sich bestimmte Auffassungen aneignet und Gewohnheiten annimmt. Besonders tragen dazu auch seine üblen Erfahrungen und Enttäuschungen bei. Das alles zusammengenommen wirkt wie eine gefärbte Brille, die mehr oder weniger alles in einer bestimmten Farbe erscheinen läßt. Und so kommt der Mensch im Lauf der Jahre zu vielen Vorurteilen, die bewußt oder unbewußt sein Urteil beeinflussen. Das aber läßt ein neues Denken, wie es der neue Mensch vollziehen sollte, nicht zum Zug kommen. Unsere Zeit drängt wohl mehr denn je auf ein neues Denken hin. Es ist ein gewaltiger Umbruch, der vieles bisher selbstverständlich Erscheinende in Frage stellt. Und doch ist in diesem Drängen ein Verlangen nach Wahrheit und Wirklichkeit am Werk. Aber sowohl jene, die vom alten Schlag sind, wie jene, die sich für neu und fortgeschritten halten, sind von vielen Vorurteilen beeinflußt. Daher ist es so schwer, zu einer Einigung zu kommen. Es müßte gelernt werden, über die eigenen Vorurteile hinauszukommen, um die Dinge zu sehen, wie sie sind. Das neue Denken muß ein „mystisches Denken" sein, d. h. ein Denken, das von allen ungeordneten Haftungen frei ist und erst durch einen langen Läuterungsprozeß ermöglicht wird.

Nun wird man vielleicht sagen: Wenn der Mensch heranwächst, lernt, Erfahrungen macht und auf diese Weise sich seine Auffassungen bildet und nach diesen sowohl gewissenhaft als auch opferbereit vorangeht: ist das nicht der Weg dieses und gerade dieses Menschen? Was sollte er auch anderes tun? Das ist die bisher wenigstens im Westen gültige Auffassung. Im Osten war und ist es nicht ganz so. Der Osten hat bis heute nicht vergessen, daß es außer der Sinnes- und Verstandeserkenntnis auch noch eine dritte Erkenntniskraft gibt, die Carl Albrecht das

„mystische Erkennen" nennen würde. Von diesem Autor stammt auch die bereits erwähnte Formulierung *„mystisches Denken"*. Im Westen ist dieses Bewußtsein - von Einzelfällen abgesehen - abhanden gekommen. Eine Ausnahme bilden die Mystiker. Tauler spricht sich klar darüber aus, wenn er sagt, daß der Mensch, der einmal zu dieser Erkenntnis gekommen ist, *„augenblicklich weiß, was er tun, worum er bitten oder worüber er predigen soll"*. Steinbüchel sagt von Meister Eckhart: *„Vom Augenblick spricht der Mystiker in seinem ganz konkreten, bei Welt und Menschen bleibenden Ethos, vom ‚Augenblick' – es erinnert an Kierkegaard –, da Gott als Fordernder vor die Seele tritt. Im Augenblick, jetzt ‚Gottes zu warten und ihm allein zu folgen in dem Licht, in dem er dich anweisen möchte zum Tun und Lassen, so frei und neu zu sein in jedem Augenblick, als ob du nichts anderes hättest, wolltest und könntest, als was in diesem Augenblick dir gegeben und von dir verlangt ist – das ist die Frucht der Gottesgeburt'*. Wer ist nicht überrascht, daß er bei einem Mystiker, von dem man Verzückung erwartet, solche Situationsnähe, solche Freiheit allen vorgenommenen Übungen gegenüber findet? Mit der Prinzipienethik der Scholastik, die er kennt und bejaht, verbindet Meister Eckhart, der Mystiker, die konkrete Situationsethik. Wie eng ist er uns damit verbunden." Es wird einsichtig, daß das mystische Erkennen, das man vielleicht als unklar und unsicher anzusehen gewohnt ist, tatsächlich zuverlässiger ist als das schlußfolgernde.

Die Frage ist nun, ob nicht vielleicht mit dem neuen Menschen das, was bisher Ausnahme war, zur Regel werden könnte und sollte. Ist nicht gerade das mystische Denken, das vorurteilslos ist, notwendig, um das wahre Wesen der Dinge zu erkennen? Es ist zum mindesten wahr, daß mit einem vorurteilslosen Denken mehr Aussicht besteht, die Wahrheit in ihrer Reinheit zu erfassen. Sollte die Entwicklung in diese Richtung gehen, so wäre damit auch die notwendige Voraussetzung geschaffen, daß der Mensch aufrichtig sein könnte und aufrichtig wäre.

Dieser Zusammenhang wird besonders dann klar, wenn man weiß, auf welchem Weg man zu diesem Denken kommt. Um nämlich von allen Vorurteilen frei zu werden, muß der Geist einer Reinigung unterzogen werden. Je mehr aber die Reinigung fortschreitet, desto mehr wird der Mensch innerlich frei und gelöst. Das aber hat wiederum die Wirkung, daß die Furcht und alle anderen ungeordneten Motive beseitigt werden, die den Menschen zur Unaufrichtigkeit verleiten können: Es besteht dann kein Grund mehr, die Unwahrheit zu sagen. „Nemo gratis mendax" - niemand lügt ohne Grund. Wer wirklich innerlich frei ist, kann nicht mehr lügen. Die einzige Ausnahme könnte sein, daß man einem Mitmenschen dadurch helfen oder ihn vor Unglück bewahren möchte.

Fassen wir das Gesagte zusammen, so ergibt sich: Der neue Mensch ist gekennzeichnet durch einen weiteren Schritt in der Entwicklung der Persönlichkeit. Daher hat er berechtigten Anspruch auf größere Freiheit als Person. Diese Freiheit nimmt konkrete Form an in seinem Verhältnis zum Mitmenschen. Sie kann aber nur dann echt sein, wenn zunächst die innere Freiheit erlangt ist. Das neue Denken, das diesen Menschen kennzeichnet, muß ein vorurteilsloses Denken sein, das man als „mystisches Denken" bezeichnen kann und das gewissermaßen existentiell richtig ist und im Handeln unmittelbar das Rechte findet. Der religiöse Glaube muß im Seelengrund durch die Gotteserfahrung gefestigt sein. Wenn diese Bedingungen erfüllt sind, wird ihm die Überwindung der Gefahr, an der Technisierung des modernen Lebens zu zerschellen, ohne weiteres als Frucht zufallen. In seiner Beziehung zum Mitmenschen wird er als Folge des neuen Denkens aufrichtig sein und dadurch zur Herstellung des Vertrauens von Mensch zu Mensch beständig beitragen und der aufrichtigen Menschenliebe den Weg bereiten.

Die Erneuerung des Menschen selbst als Mensch muß jedem Bemühen, eine bessere Gesellschaft ins Leben zu rufen, vorausgehen oder wenigstens dieses Bemühen beständig begleiten. Denn ohne Aufrichtigkeit, Vertrauen und echte Liebe ist ein glückliches Zusammenleben auf dieser Erde nicht möglich, auch wenn uns der ganze Weltraum zur Verfügung steht. Auch die Religionen müssen das Neue im Menschen und in seinem Denken verstehen und bejahen. Wenn ihnen das gelingt, werden viele Menschen zu ihnen zurückfinden. Denn alles, was sie im Lauf der Jahrhunderte an Werten den gläubigen Menschen geboten haben, Liturgie und Kunst und sonstiges Brauchtum, ist auch für den neuen Menschen von höchstem Wert, wenn nur dieser Mensch in seinem Wesen dabei zum Zug kommt. Der Mensch, der zum wahren Selbst und zur Gotteserfahrung kommt, stolpert nicht mehr über Menschlichkeiten, die es überall gibt, wo es Menschen gibt. Er nimmt das Religiöse, soweit es echt ist, ohne Mühe auf in die Harmonie seines Seelengrundes und wird dadurch bereichert.

Bewußtseinsveränderung

Man spricht heute viel von Bewußtseinsveränderung oder Mutation der Menschheit. Wir möchten nun unser Thema unter dem Gesichtswinkel der Bewußtseinsstrukturen beleuchten und ergänzen. Dabei sollen vor allem die Gedanken des Kulturphänomenologen *Jean Gebser*, Autor des Buches *„Ursprung und Gegenwart"*, berücksichtigt werden.*

Eine Darstellung der Bewußtseinsstrukturen scheint zunächst ein aussichtsloses Bemühen zu sein. Denn wir müssen zu diesem Zweck auf viele Millionen Jahre in die Vergangenheit zurückgehen. Ganz abgesehen davon gibt es aus jener Zeit natürlich keinerlei Dokumentationen. Hinzu kommt noch etwas anderes: Wenn man auf alle Einzelheiten in diesem höchst komplizierten Prozeß eingehen würde, müßte die Beschreibung Bücher füllen, und das um so mehr, als man sich oft mit Vermutungen zufriedengeben muß. Trotz allem gibt es in dieser Verworrenheit einige Marksteine, die aus dem Dunkel unübersehbar herausragen. Sie sind jeweils das Ergebnis eines langen und komplizierten Prozesses. Doch kann man nach diesen Marksteinen das Ganze mit hoher Wahrscheinlichkeit ordnen und vier Stufen unterscheiden und dementsprechend von einem archaischen, magischen, mythischen und mentalen Bewußtsein sprechen. Im letzteren befinden wir uns jetzt noch.

Diese Stufen sind nicht vollkommen voneinander getrennt, sondern gehen ineinander über, aber doch so, daß jede Stufe etwas wesentlich Neues bringt. Dieses Neue ist nicht Ergebnis einer allmählichen Entwicklung, sondern ein Sprung. Trotzdem ist es in der Anlage immer schon da, war aber noch nicht aktiviert. Es schlief, bis es erwachte.

Archaisches Bewußtsein

Dieses Bewußtsein ist uns am wenigsten bekannt. Es geht auf den Augenblick zurück, wo zum erstenmal das Wesen da war, das man spä-

----

* Eine Biographie von Jean Gebser ist im Verlag ViaNova erschienen: Gerhard Wehr, Jean Gebser, Individuelle Transformation vor dem Horizont eines neuen Bewußtseins, Petersberg 1996.

ter im Gegensatz zum Tier „Mensch“ nannte. Lecomte de Nouy meint, es sei der Augenblick gewesen, in dem das Tier oder das Wesen, das Mensch werden sollte, sich einer gewissen inneren Freiheit bewußt wurde, die es bisher nicht besaß, da es einzig durch den Instinkt oder besser durch das, was wir heute Instinkt nennen, geleitet wurde. Dieses Geschehen können wir uns nicht vorstellen. Und doch bedeutet es für dieses Wesen eine ganz neue Welt. Allgemein muß davor gewarnt werden, sich den Menschen einer früheren Bewußtseinsstruktur, sei sie archaisch, magisch oder mythisch, irgendwie mit unseren Begriffen vorzustellen. So natürlich das von unserem gegenwärtigen Bewußtsein her erscheinen mag, werden wir dem Menschen einer früheren Bewußtseinsstruktur damit nicht gerecht. Wir sehen ihn dann nicht selbst, sondern nur in der von uns gemachten Vorstellung. Er war nicht „primitiv“ in einem abwertenden Sinn.

Was den Zustand dieser Stufe betrifft, so ist es wohl kaum möglich, ihn uns mit den uns zur Verfügung stehenden Begriffen vorzustellen. Es war die Zeit der Nichtunterschiedenheit von Mensch und All. Der Mensch war sich noch nicht als verschieden von seiner Umwelt bewußt. Heute spricht man viel von östlichen Meditationen, unter anderem von Zen und Zenerleuchtung. Wer das Zen kennt, weiß, wie schwer es für den heutigen Menschen ist, zur Erfahrung dieser Ganzheit zu kommen, wie sie in der Erleuchtung gemacht wird. Für den archaischen Menschen war das selbstverständlich. Er war in diesem Sinn ein Erleuchteter. Ein chinesischer Autor, *Dshuang Dai*, 350 v. Chr., nennt ihn daher den *„wahrhaften Menschen“*, und doch ist es etwas ganz anderes, wenn der heutige Mensch zu dieser Erfahrung kommt. Hier gilt: Wenn ihr nicht werdet wie die Kinder, könnt ihr in das Himmelreich nicht eingehen, wozu auffälligerweise auch die Zenmeister ihre Schüler immer wieder ermahnen. Da der Mensch noch eins war mit seiner Umgebung, gab es selbstverständlich für ihn kein Gegenüber. Desgleichen gab es für diesen Menschen keinerlei Dualismus, der in seiner extremen Form uns heute so schädlich ist und uns immer mehr in die Sackgasse treibt. So wie der Mensch raumlos war, so war er auch zeitlos und ichlos. Wir müssen gestehen, daß wir dafür keine Termini haben. Das fühlen wir instinktiv. Der Versuch, das zu ignorieren, kann nur verschoben oder verschroben ausgehen. Eher ist es möglich, in etwa den ersten Schimmer der Welt- und Menschwerdung hindurchschauend wahrzunehmen. Jedenfalls ergibt sich, daß das Wesen dieser Stufe Identität oder Ganzheit ist. Sie hatte deswegen auch noch keine „Dimension“ wie die späteren Strukturen. Der archaische Mensch war sozusagen nulldimensional.

Magisches Bewußtsein

Zunächst muß davor gewarnt werden, daß wir uns bei dieser Bewußtseinsstruktur das vorstellen, was man heute im allgemeinen mit Magie bezeichnet, wenn man von schwarzer und weißer Magie spricht, mit der man anderen schaden oder nützen kann. Diese Art von Magie ist eine Degeneration dessen, was in Verbindung mit der Bewußtseinsstufe mit magisch gemeint ist. Der Mensch wird aus der Identität mit dem Ganzen herausgelöst; ein erstes Bewußtsein setzt ein, das jedoch noch schlafhaft ist. Der Mensch ist nicht mehr nur in der Welt; es beginnt ein erstes, schemenhaftes Gegenüber und damit auch allmählich die Notwendigkeit, die Welt haben zu müssen. Ferner fühlt er die Notwendigkeit, sich gegen die Naturkräfte zu schützen.

Charakteristisch ist auch für den magischen Menschen noch die Ichlosigkeit. Er hatte sein Ich noch nicht entdeckt. Aus der Identität des archaischen Menschen tritt er in die eindimensionale Unität hinaus. Es ist eine punkthafte, unitäre Welt, die raum- und zeitlos ist. Für sein Bewußtsein ist daher der Punkt symbolisch, eine für uns unvorstellbare Situation. Ein anderes Charakteristikum ist für ihn das Eingeflochtensein in die Natur, ganz anders als der heutige Mensch, welcher der Natur weitgehend entfremdet ist. Daher kommt auch die magische Reaktion auf das Verflochtensein. Auch heute spricht man von allem magischen Geschehen als der naturhaft-vitalen, ichlosen, raum-zeitlosen Sphäre. Es gibt nämlich auch für den heutigen Menschen zeitweilige Ichlosigkeit, z. B. in der Vermassung, wo der Mensch, durch Schlagwörter und Massenmedien aller Art bearbeitet, schließlich sein Ichbewußtsein verliert. Das ist für den Menschen unserer Zeit entwürdigend, weil er damit die Fähigkeit verliert, die ihn als Mensch des mentalen Bewußtseins auszeichnet. Für den magischen Menschen war das naturgemäß. Trotzdem gibt es auch für den modernen Menschen eine berechtigte magische Ichlosigkeit, z. B. wenn er tief in der Meditation sich des eigenen Ichs nicht mehr bewußt ist. Oder ein anderes Beispiel, das manchem vielleicht leichter verständlich ist: Wenn er ein schönes Musikstück anhört und davon so ergriffen wird, daß er sich seines Ichs nicht mehr bewußt ist. Zum besseren Verständnis sei schon hier darauf hingewiesen, daß die uns vorausgehenden Bewußtseinsstrukturen nicht einfach auf null reduziert sein sollten. Bis zu einem gewissen Grad gehören sie auch heute noch alle zum Menschen.

Vieles ist dem Menschen durch die so lange überbetonte begriffliche Denkweise verlorengegangen, das eigentlich zu ihm gehört. Auch das ist eine Bestätigung dafür, daß die Bezeichnung „primitiv“ für den früheren Menschen nicht berechtigt ist. In diesem Zusammenhang sei noch hingewiesen auf eine andere Seite des magischen Menschen, nämlich daß er in hohem Maß telepathisch war und Geschehnisse unmittelbar wahrnehmen konnte, die sich in weiter Ferne abspielten. Das sind Dinge, die man vom rationalen Standpunkt aus vor nicht langer Zeit noch als Fabel und Märchen abgetan hätte. Sie kommen heute wieder in den Blick. Man kann sie auch heute noch, wenn auch mit großer Mühe, erlernen. Zu diesem Zweck muß dann das rationale Denken ausgeschaltet werden. Im übrigen ersetzen wir diese verlorengegangenen Fähigkeiten durch die weit fortgeschrittene Technik, die uns mit Radio und Fernsehen versorgt. Von daher dürfte auch die heute nicht seltene Flucht nach rückwärts in magische Vitalität und Unität verständlich sein. Sie ist eine Reaktion auf die Furcht vor dem, was auf uns zukommt.

In der magischen Struktur sind die Ausdrucksformen des Religiösen: Götzen, Idol und Ritual. Dabei müssen wir im Auge behalten, daß diese Ausdrucksformen für den magischen Menschen die einzig möglichen waren. Was wir uns heute unter dem Begriff „Götze“ vorstellen, ist etwas ganz anderes als das, was es für den magischen Menschen war. Es war einfach das „ganz andere“. Es gab auch ein religiöses Tun für diesen Menschen, das man als Ritual bezeichnen kann und oft in völligem Schweigen mit großem Ernst vollzogen wurde. Das Schweigen entspricht dem magischen Menschen auch mehr als das Reden. Es ist bezeichnend, daß er auf Bildern und Skulpturen wohl mit einer Aura, aber ohne Mund dargestellt wird. Der magische Mensch war ganz zu Hause in seiner Struktur. Mehr konnte er nicht sein und tun. So wenigstens war es eine Zeitlang, wie lange, das läßt sich wohl niemals feststellen. Aber dann trat eine Dekadenz ein, wie es auch bei den noch zu beschreibenden Bewußtseinsstrukturen der Fall war. Typisch dafür war die Zauberei. Das ist auch heute noch so: Wenn das Magische entartet, geht es auf Macht aus. Das ist auch wohl der Grund dafür, daß man heute mit dem Wort Magie unwillkürlich Macht und Machtgelüste verbindet und man ihr nach Möglichkeit aus dem Weg geht. Andererseits kann die Magie nichts schaden, wenn man sich nicht darauf einläßt. Auffälligerweise spricht man neuerdings wieder viel von Magie und läßt sich auch darauf ein, während man sich doch bislang mit aller Kraft dagegen wehrte. Das war die Haltung sowohl von seiten der Wissenschaft als auch der Hochreligionen, wenn auch aus verschiedenen Motiven. Es ist natürlich nicht die entartete Magie oder Zauberei, die wir in das neue Bewußtsein integrieren sollen.

Daß die Haltung gegenüber der Magie sich in letzter Zeit geändert hat, beruht wohl auf zwei Gründen. Erstens glaubt man nicht mehr, daß eine materialistische Wissenschaft den Menschen zu wahrem Fortschritt und echtem Glück verhelfen kann. In diesem Sinn ist man von der Wissenschaft trotz aller Errungenschaften enttäuscht. Der zweite Grund ist wohl das Heraufkommen eines neuen Bewußtseins, das jenseits des rationalen Denkens liegt. Das Ergebnis ist leider allzuoft ein Zurückfallen in das Irrationale, das, sei es echt oder unecht, auf die Dauer keine Lösung bringt.

Mythisches Bewußtsein

Auch der Mensch dieses Bewußtseins war zu seiner Zeit in seiner Struktur zu Hause, obwohl das, was dieses Bewußtsein zu geben hat, von einer materialistischen Wissenschaft abgelehnt wird. Was immer das Mythische betrifft, es ist durchaus menschenwürdig, und es steht dem Menschen unserer Zeit nicht zu, darauf mit Verachtung herabzusehen. Die Mythen sind kein Aberglaube oder sonstwie für den modernen Menschen wertlose Phänomene. Sie sind auf ihre Weise genauso wahr wie unser rationales Denken. Ohne die Mythen könnten wir keine Geschichte des menschlichen Bewußtseins schreiben.

Wir sind, einseitig befangen von den Errungenschaften der letzten 2000 Jahre, die uns durch das rationale Denken möglich wurden, in einer gewissen Überheblichkeit dahin gekommen, die Mythen in Bausch und Bogen als unwirklich und Aberglauben abzulehnen. Auch vom religiösen Standpunkt, das Christentum eingeschlossen, hat man sich bemüht, sie auszurotten. Aber in einer späteren Periode ging man von nichtreligiöser Seite noch einen Schritt weiter und erklärte die Religionen selbst als Mythen und Aberglaube und bekämpfte sie, wenn auch nicht mit Feuer und Schwert, sondern durch Philosophie und Wissenschaft. Man erachtete sie als rückständiges Denken, das über kurz oder lang von selbst verschwinden würde. Auch heute gibt es noch viele Menschen, die so denken. Trotzdem sind in letzter Zeit viele hellhörig geworden und bisweilen sogar ohne jede Diskretion gläubig, wobei sie dann in das defizient Mythische zurückfallen.

War das Charakteristikum der magischen Struktur die Bewußtwerdung der Natur - so kann man es kurz ausdrücken -, so ist das Charakteristikum der mythischen Struktur die Bewußtwerdung der Seele. Im magischen Menschen schlief die Seele noch. Der Mensch war sich ihrer noch nicht bewußt. Mehr allgemein verständlich ausgedrückt: Der Mensch hatte noch kein Ich-Bewußtsein. Das also erwachte mit dem Eintritt in das mythische Bewußtsein. Der magische Mensch hatte ein starkes Gespür im Sinn von Telepathie und Fernwissen. Das wurde mit der neuen Struktur anders. In alten Darstellungen der mythischen Struktur tritt anstelle der Aura des magischen Menschen der Mund. In der magischen Zeit gibt es noch keine Mythen. Es bestand ja noch eine nahtlose Einheit mit der Natur. War die archaische Struktur der Ausdruck der nulldimensionalen Identität und ursprünglichen Ganzheit und die magische der Ausdruck der eindimensionalen Einheit, so ist die mythische Struktur Ausdruck der zweidimensionalen Polarität.

Die Mythen sind sozusagen die Kollektivträume der Völker. Wenn sie richtig gedeutet werden, können sie uns bedeutsame Einblicke über die Menschen einer Zeit vermitteln, wo es noch keine Geschichtsschreibung gab. Sie können uns über den Bewußtwerdungsprozeß des Menschen als solchen Aufschluß geben. Wie sollten wir überhaupt sonst etwas davon erfahren? Daß Träume, richtig gedeutet, wichtige Einblicke in die geistigen Zustände des einzelnen geben können, hat in neuester Zeit auch die Tiefenpsychologie bestätigt. Beispiele für Kollektivträume gibt es in allen Völkern. In vielen Mythen ist bekanntlich von Meerfahrten die Rede. Sie versinnbildlichen das Suchen nach der Seele. So besingt Homer die Meerfahrt der Griechen nach Troja, die unternommen wurde, um die von Paris geraubte Helena zurückzuholen. Bei den Germanen findet Gunther die Brunhilde, Tristan die Isolde. Jede Meerfahrt ist ein Sich-Erfahren. Auch in Ostasien gibt es Mythen, die dasselbe besagen. Ein immer sich wiederholender Zug in diesem Suchen und Finden ist, daß es stets mit großem Leiden verbunden ist. Dasselbe gilt für den Wechsel von einer Bewußtseinstruktur zur anderen, z. B. von der magischen zur mythischen. Meist ist der Wechsel überdies mit unerhörten Grausamkeiten verbunden.

Den Parallelfall haben wir übrigens in der Mystik aller Religionen, wo sich eine Bewußtseinsveränderung des einzelnen vollzieht. Für die christliche Mystik brauchen wir nur an die „dunkle Nacht" des heiligen Johannes vom Kreuz zu erinnern. Wenn sich daher der Mensch gegenwärtig im Prozeß einer Bewußtseinsveränderung befindet, ist es nicht zu verwundern, daß er viel leidet und vielleicht noch Schlimmeres erleiden muß, bis die Bewußtseinsveränderung vollzogen ist. Bei ihm kommt noch hinzu, daß er einseitig dem aktivierenden und dynamischen Prinzip verhaftet ist, was ihm das passive Erleiden noch schwerer macht, als es an sich schon für den Menschen ist.

Das mythische Element ist heute kaum noch im Bewußtsein des westlichen Menschen lebendig. Es führt wohl noch ein kümmerliches Dasein in den Märchen. Diese galten bis vor einigen Jahrzehnten als ausschließlich für die Kleinkinder bestimmt. Neuerdings werden sie bisweilen von Erwachsenen neu entdeckt. In sehr beschränktem Maß ist das Mythische noch in den Religionen zu finden. Wenn wir bedenken, daß dieses Element eng mit der Phantasie und dem Gemüt verbunden ist, können wir ermessen, was wir durch die einseitige Betonung der mentalen Komponente verloren haben. Gerade daran krankt der Mensch heute. Viele können sich kaum noch im besten Sinn des Wortes freuen und suchen Ersatz in den Genußmitteln, die ihnen nicht ersetzen können, was sie verloren haben. Dazu kommt die Entfremdung der Natur. Die durch den Mythos geprägte Struktur erlitt eben auch wie die magische nach einer gewissen Zeit eine Dekadenz. Der Götter und Dämonen wurden schließlich so viele, daß der mythische Mensch sich ihrer nicht mehr erwehren konnte. Ohne den Einbruch der mentalen Struktur wäre er zugrundegegangen.

Mentales Bewußtsein

In dieser Phase lebt der Mensch heute noch. Allerdings sind wir, wie es scheint, ihrem Ende nahe. Wir dürfen daher nicht nur die gegenwärtige Situation allein ins Auge fassen; denn sie könnte zu einseitigem Pessimismus verleiten. Wir müssen auch hier zwischen einer effizienten und einer defizienten Periode unterscheiden. Es soll versucht werden, diesen Niedergang einigermaßen verständlich zu machen. Wenn man in Betracht zieht, daß dem vollen Durchbruch einer neuen Struktur jeweils eine schwere Zeit vorausgeht, ist es verständlich, daß der Mensch dann zunächst einmal aufatmet und eine Ruhepause eintritt. Da besteht dann die Gefahr, sorglos weiterzuleben, ohne daran zu denken, daß auch die neue Struktur wieder entarten könnte, und entsprechend auf der Hut zu sein, damit das nicht geschieht. Diese Gefahr war im Fall der mentalen Struktur größer als bei den früheren, weil dem Menschen mit dieser Mutation ein Feld unbegrenzter Möglichkeiten erschlossen wurde.

Der Übergang vom mythischen zum mentalen Menschen ist ein *„außerordentliches Geschehen, das buchstäblich die Welt erschütterte. Mit dem Ereignis wird der bewahrende Kreis der Seele, die Eingeordnetheit des Menschen in die seelische Natur und kosmisch zeithafte polare Welt der Umschlossenheit gesprengt: Der Ring zerreißt, der Mensch tritt aus der Fläche in den Raum, ihn wird er mit seinem Denken zu bewältigen versuchen. Etwas bisher Unerhörtes ist geschehen, etwas, das die Welt grundlegend verändert.“* (Jean Gebser in: *Ursprung und Gegenwart*).

Im griechischen Mythos wird dieser Vorgang durch die Geburt der Athene dargestellt. Zeus vermählte sich mit der Metis. Er verschlang die schon schwangere Mutter, weil er fürchtete, sie könnte einen Sohn gebären, der mächtiger sei als er selbst. Aber dann geschah das Unglaubliche: Die Tochter Athene wird aus dem Haupt des Zeus geboren. Zu diesem Zweck spaltet Prometheus oder Hermes mit einem Beil das Haupt des Zeus. Athene ist die Personifikation der Vernunft und der Intelligenz und wird deshalb mit einer treffsicheren Lanze dargestellt.

Mit dem Übergang zur mentalen Bewußtseinsstruktur wurde die Welt eine Welt des Menschen. Der Mensch wird das *„Maß aller Dinge“*. Es ist eine materielle Welt, die ihm gegenübersteht. An die Stelle der Mythen treten allmählich die abstrakten Begriffe, die zu Götzen werden können. Sie verlieren in unserer Zeit jedoch mehr und mehr die Kraft und Anziehung, die sie noch vor einigen Generationen besaßen. In einem merkwürdigen Gegensatz dazu kann man neuerdings ein Gespür für Strahlung feststellen. Früher hörte man kaum davon. Vielleicht ist es sogar diese Strahlung, die den westlichen Menschen anzieht bei den echten Meistern, die aus Asien zu uns kommen, ein Hinweis dafür, daß sich im westlichen Menschen etwas zu ändern begonnen hat.

Obwohl die Mutationen durch die ganze Menschheit gehend auftreten, dringen sie nicht auf der ganzen Erde in allen Teilen gleichzeitig durch. Die mentale Struktur verwirklichte sich offenbar in Griechenland am frühesten und klarsten. Daher hat auch das griechische Denken einen so weitgehenden Einfluß auf die ganze westliche Kultur ausgeübt. Das ist wohl auch der Grund dafür, daß die Schrift, die ursprünglich von rechts nach links ging, in Europa schon sehr lange in der entgegengesetzten Richtung verläuft, während sie in China und Japan meist noch von rechts nach links vollzogen wird. Die linke Seite gilt als das Unbewußte, die rechte versinnbildlicht das Wachbewußte. Es ist erstaunlich, daß Thales von Milet schon im sechsten Jahrhunderts v. Chr. das berühmte *„Erkenne dich selbst“* am Tempel des Apollo in Delphi in der Richtung von links nach rechts anbringen konnte.

Mit dem Beginn der mentalen Mutation wurde das Matriarchat vom Patriarchat endgültig abgelöst. Wir müssen allerdings hinzufügen, daß inzwischen in der Vater-Herrschaft schon ein Wandel eingetreten ist. Heute wird der Mensch stattdessen weitgehend von der Maschine beherrscht, die er selbst erfunden hat. Und das geschieht mit solcher Übermacht, daß er keinen Ausweg aus diesem Dilemma findet. Die Monarchie, die auch ein Ausdruck der Vaterschaft war, ist, abgesehen von wenigen symbolischen Fällen, abgeschafft. Eine absolute Monarchie gibt es nirgendwo. Auch auf religiösem Gebiet beginnt sich dieser Wandel zu vollziehen. Die Vorstellung Gottes als Vater ist heute schon für nicht wenige Menschen ein Hindernis für den Gottesglauben überhaupt. Oft liegen dabei auch Konflikte zwischen Vater und Sohn oder Tochter in früher Jugend zugrunde, die für unsere Zeit bezeichnend sind. Es ist nicht zu verhindern, daß sich diese bewußtseinsmäßige Schwierigkeit verstärkt. Auch hier gilt, daß die Ausdrucksweise der Wirklichkeit mit der jeweiligen Bewußtseinsstruktur verbunden ist.

War die Ausdrucksweise der mythischen Struktur der Mythos, so ist die der mentalen Struktur besonders die Philosophie. Hatte der Mythos allgemeine Gültigkeit, so hat die Philosophie nur individuelle Gültigkeit, im selben Maß wie die philosophischen Systeme zunehmen, verschwinden die Mythen. Plato und Aristoteles standen den Mythen noch näher als wir heute. Die mentale Struktur ist gerichtet und hat damit eine Fixiertheit, die ihr Festigkeit verleiht. Darin unterscheidet sie sich von der mythischen, der die Polarität eignet. Die Gerichtetheit der mentalen Struktur stärkt das Bewußtseinsmäßige. Das aber geht auf Kosten des Unbewußten, das dem heutigen Menschen eine nicht mehr übersehbare Wirklichkeit geworden ist. Wegen ihrer Gerichtetheit negiert die mentale Struktur zum Teil das Vergangene, insofern nämlich, als es nicht „meßbar" ist. Aus der Gerichtetheit der mentalen Struktur resultiert die Dualität, die auch ein Merkmal dieser Phase ist. Es erhellt aus alledem, daß mit der mentalen Struktur die Gefahr der Quantifizierung gegeben ist, die auch ein Element unserer Zivilisation, und zwar ein verhängnisvolles, darstellt.

Wenn die magische Struktur den Punkt als Signatur hat, der eindimensional und raum-zeitlos ist, und die mythische Struktur dem Kreis zugeordnet ist, der Polarität und Flächenhaftigkeit, und damit auch ein Moment des Zeithaften enthält, so ist folgerichtig der dreidimensionalen Struktur das Dreieck als Signatur zuzuordnen. Dabei steht die Basis des

Dreiecks mit ihren beiden gegensätzlichen Punkten für das duale Gegensatzpaar, das in der Spitze geeint ist.

Während für die magische Struktur die Emotionalität bezeichnend ist und für die mythische die Imagination, entspricht der mentalen die Abstraktion. Das messende Denken reißt den Menschen fort von der Triebwelt, vom Emotionalen, von der Bilderwelt und von der Imagination, um an ihre Stelle die gedachte Welt zu setzen, die immer zu einer Abstraktion führt. Daraus ergibt sich, daß das mentale Denken nicht imstande ist, den Dualismus zu überwinden; denn er betont immer mehr die Abstraktion und die Quantifizierung, bis nur noch das Meßbare Geltung hat. Inzwischen wurde der Computer erfunden. Er wird beständig vervollkommnet, so daß das meßbare Denken kaum noch vom Menschen vollzogen zu werden braucht. Es ist bezeichnend für unsere Zivilisation, daß der Computer unentbehrlich geworden ist. Man darf dabei nicht übersehen, daß er nur das meßbare Denken ersetzen kann.

Gleichzeitig ist die Erfindung des Computers auch eine Warnung. Wenn es nämlich dahin käme, daß wir nur noch fähig sind, die Art des Denkens zu betätigen, die durch den Computer vollzogen werden kann, so würde dies das Ende unserer Kultur und im weiteren Verlauf des Menschen überhaupt bedeuten. Vielleicht sind wir schon auf dem Weg dazu, ohne es zu ahnen.

Die wichtigste Äußerung der mentalen Struktur ist ohne Zweifel die Philosophie. Sie wurde durch die Befreiung aus der psychisch-mythischen Befangenheit erst möglich. Wir müssen darauf verzichten, auch nur einen beschränkten Überblick über das zu geben, was in den letzten 2000 Jahren auf diesem Gebiet geschehen ist. Wünschenswert wäre es gerade deswegen, weil die Philosophie, wie wir sie gewöhnlich verstehen, allem Anschein nach an ihrem Ende ist. Wir beschränken uns daher auf einige wichtige Momente in der geistigen Entwicklung während dieser langen Periode.

Jede Religion, auch die christliche, hatte auch in dieser Zeit eine archaisch-magisch-mythische Komponente, die durch ein rein abstraktes Denken nicht ersetzt werden kann. Damit wäre Religion nicht mehr Religion. Trotzdem drang das rationale Denken in seinem Siegeslauf weiter vor und durchdrang schließlich die ganze westliche Zivilisation. So entstand der für unsere Kultur typische Gegensatz zwischen Glauben und Wissen. Interessanterweise hat dieser Gegensatz in Ostasien niemals in seiner krassen Form bestanden. Wer lange dort gelebt hat, wird diese Tatsache nicht bestreiten. Im übrigen hat sich dieser scharfe Gegensatz in den letzten Jahrzehnten auch im Westen merklich gemindert. Es sei nur auf die neuartige Schrifterklärung hingewiesen, in der auch der Wissenschaft ein Recht auf Anerkennung zugebilligt wird.

In diesem Überblick sollte wenigstens kurz der heilige Augustinus erwähnt werden, der wie kein anderer auf unsere westliche Kultur Einfluß hatte. Er hat alle Bewußtseinsansätze der Vergangenheit aufgefangen, zusammengeschmolzen und sie dann an die kommenden Geschlechter weitergegeben. In ihm laufen die großen Komponenten, die unsere Zivilisation möglich machten, die griechische, jüdische und lateinische, zusammen. Augustinus war keineswegs einseitig rational orientiert, sondern im Anschluß an Plato auch intuitiv-kontemplativ, wenn er auch bisweilen eine harte Dialektik hat, so hart, daß es kaum noch verständlich ist. Nach ihm entwickelte sich eine andere Linie, die mehr logisch rational war, im Anschluß an Aristoteles. Sie erreichte ihren Höhepunkt in Thomas von Aquin, der die christliche Philosophie und Theologie in seiner *„Summa Theologica"* zusammenfaßte. Es darf jedoch nicht außer acht gelassen werden, daß auch er eine mystische Schau erfahren hat. Es wird sogar erzählt, daß er nach dieser Erfahrung alle seine Schriften am liebsten verbrannt hätte. Seine Summa war bis in die neueste Zeit maßgebend in der scholastischen Philosophie und Theologie. Übrigens war auch Meister Eckhart Schüler des Aquinaten. In jüngster Zeit ist jedoch auch auf diesem Sektor eine Tendenz zu einem über das Rationale hinausgehenden Denken spürbar, während das große Werk des heiligen Thomas mehr und mehr in den Hintergrund tritt, auch innerhalb der katholischen Theologie.

In der Renaissance erreichte das einseitig rationale Denken wohl seinen Höhepunkt. Man spricht in Anlehnung an die damalige Architektur von einem perspektivischen Denken, das zum kompromißlosen Dualismus führte. Dieser Dualismus hat auf politischem Gebiet in Europa zu den beiden Weltkriegen geführt. Gegenwärtig wirkt er sich in vielen kleineren Ländern aus, die ihre Konflikte nicht friedlich zu lösen vermögen.

Im weiteren Verlauf wurde das abstrakte Denken immer stärker, bis es schließlich fast alles andere verdrängte. Selbst die Religionen haben sich in diesem Sinn gewandelt. Das galt mehr für das Christentum, insofern es Teil der westlichen Kultur ist, als für die östlichen Religionen. Es ist durchaus berechtigt, daß sich auch die Religionen von der rationalen Seite her zu verstehen suchen, vorausgesetzt, daß sie sich bewußt bleiben, daß das Rationale niemals das Letzte sein kann. Die tiefsten Erfahrungen in den Religionen, sei es im Westen oder im Osten, können rational allein nicht erklärt werden. Sie müssen erfahren werden. Aber auch der, welcher sie erfährt, kann sie niemals so durch Worte und Begriffe darstellen, daß jemand, der sie nicht selbst gehabt hat, vollkommen verstehen kann; denn sie liegen im Bereich des „Arationalen“, das weder irrational noch rational ist, sondern über das Rationale hinausgeht. Das Irrationale kann den Menschen der rationalen Struktur auf die Dauer nicht die Hilfe geben, die er braucht. In das Irrationale auszuweichen wäre Flucht nach rückwärts. Andererseits ist das Angebot von Irrationalem in den verschiedensten Formen heute sehr breit. Dahin auszuweichen ist viel leichter, als das Rationale zu überwinden und darüber hinauszugehen.

Dazu kommt die Technisierung, die zur Zeit der ersten Erfindungen eine Hilfe war, jetzt aber immer mehr den Menschen sich selbst entfremdet und nicht mehr zur Ruhe kommen läßt. Gegenwärtig ist sie immer noch auf dem Vormarsch und droht eher noch schlimmere negative Folgen zu haben als die bisherigen. Wenn es sich nur um irgendwelche Theorien, gesundheitliche oder materielle Probleme handelte, so bestände allenfalls die Aussicht, durch weiteren Fortschritt in der Wissenschaft eine Lösung zu finden. Aber in diesem Fall ist die Situation mit einem Großfeuer zu vergleichen, das man nicht löschen kann und das erst zu Ende ist, wenn alles Brennbare in Asche gelegt ist. Und das wäre eben die Menschheit selbst. Sollte noch etwas übrigbleiben, so wäre es nur ein Weitervegetieren, ohne jemals zu genesen und wieder zu Kräften zu kommen.

Es gibt deshalb nur eine Lösung: eine weitere Bewußtseinsstruktur. Nur so kann das Übel an der Wurzel geheilt werden. Daß der Mensch erkennt und versteht, was diese Struktur ist und wie sie verwirklicht werden kann, und vor allem, was er selbst dazu tun kann, damit sie zum Durchbruch kommt, das ist das Gebot dieser Weltstunde.

Integrales Bewußtsein

Die besprochenen Bewußtseinsstrukturen waren Sprünge, die das private und soziale Leben des Menschen von Grund auf veränderten und ihn aus seiner Not und Bedrängnis befreiten. Das ist besonders deutlich beim Übergang vom mythischen zum mentalen Bewußtsein. Es besteht kein Grund dafür, daß so etwas nicht auch in unserer Zeit geschehen könnte. Allerdings steht es nicht in der Macht des Menschen, eine weitere Bewußtseinsmutation herbeizuführen, ebensowenig wie es von ihm abhing, daß er Mensch wurde. Wo immer man die Grenze zwischen Tier und Mensch zieht, in einem gewissen Moment ereignete sich die erste Menschwerdung. Aber auch nachdem der erste Mensch eine Wirklichkeit geworden war, hing es nicht von seinem Eingreifen ab, ob er zu dem wurde, was wir den magischen Menschen nennen. Das Gleiche gilt für den mythischen und mentalen Menschen. Es war immer etwas wesentlich Neues, das hinzukam. Wohl hing es von ihm ab, wie er damit umging. Das galt ganz besonders für den mentalen Menschen. Erst bei ihm kann man im eigentlichen Sinn von Verantwortung sprechen, wenn er versagte. Denn erst er konnte sein Schicksal selbst in die Hand nehmen, was er auch tat. Es wäre jedoch falsch zu meinen, der Mensch hätte niemals das Danaergeschenk des Denkens annehmen sollen; denn es war seine einzige Rettung. Die mythische Mutation war defizient geworden, genau wie die mentale Mutation jetzt defizient geworden ist. Was die neue Mutation betrifft, die uns retten kann, so hängt es nicht von uns ab, daß sie überhaupt kommen kann, wohl aber in etwa, ob sie bald zustandekommt.

Man könnte die Frage stellen, was denn eigentlich die integrale Struktur sei. Eine begriffliche klare Darstellung ist natürlich in dieser Materie nicht möglich. Wenn wir das in den Termini der mentalen Struktur tun könnten, wäre das ein Beweis dafür, daß es keine wirklich neue Bewußtseinsstruktur ist. Es wäre dasselbe, wie wenn der mythische Mensch erklären könnte, worin das schlußfolgernde Denken bestünde, was offenbar über seine Grenzen ginge. Denn die mentale Struktur ist perspektivisch und dreidimensional, wogegen die integrale Struktur aperspektivisch und vierdimensional ist. Die dritte Dimension kann man ohne Schwierigkeit darstellen; die vierte entzieht sich jeder Darstellung.

Wohl kann man das Thema von verschiedenen Seiten angehen und auf diesem Weg einen Gesamteindruck gewinnen, der es unserem Verständnis näherbringt. Das wollen wir auch trotz aller Schwierigkeiten versuchen. Von der integralen Bewußtseinsstruktur läßt sich zunächst sagen, daß sie alle bisherigen Dimensionen integriert hat. Wenn das integrale Bewußtsein aperspektivisch ist, so ist das perspektivische Denken im Sinn des rationalen Denkens deswegen nicht radikal ausgeschlossen, ebenso wie die vorhergehenden Strukturen. Nur wenn die Strukturen maßlos werden, gereichen sie zum Schaden und können schließlich zur Vernichtung führen. Der Ausdruck „Dimension“ ist für die vierte Dimension eigentlich nicht am Platz und sogar irreführend. Sie ist zu verstehen als Integrierung im Sinn des Vollzugs einer „Gänzlichung“, d.h. Wiederherstellung des unverletzten ursprünglichen Zustandes unter bereicherndem Einbezug all dessen, was die Strukturen bisher geleistet haben. Das bedeutet nicht nur, daß dem Menschen der neuen Struktur die verschiedenen Strukturen, die ihn konstituieren, durchsichtig und bewußt werden, sondern auch, daß er ihre Auswirkungen auf sein eigenes Leben und Schicksal gewahr und der defizient wirkenden Komponenten durch eigene Einsicht Herr wird. Das ist aber erst möglich, wenn die vorhergehenden Strukturen integriert sind.

Daraus ergeben sich zwei Folgerungen. Erstens: Die rationale Schärfe ist nicht mit dem Bewußtsein identisch. Zweitens: Beim Vollzug der Integration kann es sich niemals um eine Bewußtseinserweiterung, von der die heutige Tiefenpsychologie spricht, handeln, sondern nur um eine Bewußtseinsintensivierung.

Raum und Zeit

Die Tatsache, daß es in jeder Struktur zwei Phasen gibt, die qualitativ-maßvolle, die effizient ist, und die quantitativ-maßlose, die defizient ist, könnte zu dem Schluß verleiten, daß auch hier wie anderswo das Neue nach einiger Zeit degeneriert und untergeht. Diese Beobachtung hat man auch bei vielen Religionen gemacht. Der Stifter war ein Heiliger oder Berufener. Er bekam viele Anhänger. Dann wurde die Religion organisiert. Aber der Geist starb, und nur die Form blieb noch und wurde von denen, die durch sie lebten, mit Mühe aufrechterhalten, bis ein Sturm alles hinwegfegte.

Doch ist es mit den Bewußtseinsstrukturen bei genauerem Zusehen ganz anders. Das Defizientwerden einer Struktur ist zwar Verarmung und Erschöpfung, aber gleichzeitig auch die Gewähr einer neuen Mutation. Jede Mutation ist in diesem Sinne eine Vervollkommnung des Menschen als solchem, ein Fortschritt im besten Sinn. Aber gleichzeitig besteht doch die Gefahr, daß sie sich ins Maßlose verstärkt. An diesem Punkt befinden wir uns gerade jetzt. Die Lösung ist weder ein weiterer Fortschritt auf dem Gebiet der Wissenschaft, der eine weitere Quantifizierung bedeuten würde, noch das Zurückfallen ins Esoterische im Sinn von Geheimwissenschaften. Auch die Technik hat ihre Grenzen. Man braucht nur an die Kraftwagen zu denken, die zwar immer vollkommener und zahlreicher werden, aber sich auch immer mehr gegenseitig hindern, weil der Raum beschränkt ist, abgesehen davon, daß der

Brennstoff nicht unerschöpflich ist. Wir sind auch hier in eine Sackgasse geraten.

In der gegenwärtigen Krise sollten wir nicht vergessen, daß in der Vergangenheit der Niedergang einer Bewußtseinsstruktur immer auch ein Zeichen und sogar eine verborgene Garantie für eine heraufkommende neue Struktur war. Daher ist es heute so wichtig, daß die vierte Dimension integriert wird. Wenn der moderne Mensch auch nur von ferne eine Ahnung hätte von dem, was mit der neuen Dimension gemeint ist, könnte er aufatmen. Er würde neue Kraft verspüren, weil ihm Möglichkeiten aufleuchten könnten, an die er bisher nicht gedacht hat. Andererseits ist jede einseitige Lösung von vornherein zum Scheitern verurteilt; sie ist keine Lösung, sondern im günstigsten Fall nur ein Hinausschieben. Denn sie ist zeitbedingt und mental, gleichgültig, ob sie auf das Nur-Meßbare oder auf das Unmeßbare eingestellt ist. Es handelt sich weder um Aufstieg noch um Abstieg, sondern um eine Umlagerung, eine mutierende Entfaltung. Das Ergebnis dieser Umlagerung ist das Sichtbarwerden des Ursprungs, die Transparenz, das Durchscheinende im Menschen und durch ihn hindurch Sichtbar-Werdende. Es ist der Ausweis einer neuen Mutation, durch welche die vorhergehenden raumzeitlichen Entfaltungen, wie sie sich in der zunehmenden Dimensionierung des Bewußtseins darstellen, integriert und sinnvoll werden.

Durch die Durchsichtigkeit wird auch der Widerspruch zwischen Glauben und Wissen, zwischen Mythos und Wissenschaft überwunden. Dieser Dualismus wird, wohlbemerkt, ohne Vernunftgründe aufgehoben. Das ist von der mentalen Struktur her unverständlich. Doch die Diaphanität, wie sie hier gemeint ist, steht mit dem Rationalen nicht im Widerspruch, sondern geht darüber hinaus.

Die bei der Beschreibung der einzelnen Bewußtseinsstrukturen bereits angesprochenen Beziehungen zu Raum und Zeit sollen nun im Verhältnis zueinander noch verdeutlicht werden. Der magische Mensch war sich weder der Zeit noch des Raumes bewußt, eine Situation, die wir uns heute nicht mehr vorstellen können, umso weniger, als wir von der Bewußtheit des Raumes und der Zeit geradezu besessen sind. Der magische Mensch erlebte die Erde noch nicht als etwas von ihm selbst Verschiedenes, weil er sein Ich noch nicht entdeckt hatte. Für ihn gab es noch kein Gegenüber. Er war Teil des Ganzen. Das Kleinkind erlebt seine Umwelt noch nicht als etwas Fremdes, weil es individuell noch nicht genügend entwickelt ist. Wohl gibt es auch für uns Augenblicke, wo das Ich-Bewußtsein sozusagen verschwunden ist. Das kann gewollt oder ungewollt auf verschiedene Weise geschehen. Das Gegenüber ist dann nicht mehr da wie sonst. Und doch ist dieser Zustand nicht der des magischen Menschen. Der magische Mensch hatte sein Ich noch nicht entdeckt. Wir müssen unterscheiden zwischen Ich-Losigkeit und Ich-Freiheit. Jene gehört dem magischen Menschen, diese dem Menschen des integralen Bewußtseins.

Versuchen wir nun zu verstehen, was zeitlos ist, so wie es bei der magischen Struktur gemeint ist. So etwas wie Zeit, die wir uns heute meistens vorstellen, gibt es nicht als Wirklichkeit. Es ist nur ein Begriff, den wir brauchen, um über die Dinge zu reden oder auch, um sie zu ordnen. Der magische Mensch hatte noch keine Begriffe. Er wußte wohl, ob es Tag oder Nacht, Morgen oder Abend war. Natürlich waren auch das für ihn keine Begriffe, wohl aber Wirklichkeiten. Durch die Mondphasen konnte er überdies die Wirklichkeit längerer Zeiträume erfahren, die er durch die Sonne nicht erfahren konnte. Daher kommt es, daß wir auch heute noch das Jahr in Monate einteilen und man in manchen Ländern - auch Japan gehört dazu - auf dem Land außer dem auf der ganzen Welt gefeierten Jahresanfang auch beim ersten Vollmond noch Neujahrsfeiern hält. Das geschieht dann natürlich bei Nacht, wobei alte Gebräuche in Zeremonien, Musik und Tanz vollzogen werden. Jedenfalls war der magische Mensch zeitlos, so wie er raumlos war.

Es gibt außer der quantitativen Zeit auch Zeit im qualitativen Sinn, z. B. vergehen unserem Gefühl nach die Jahre in der Jugend langsamer als im Alter. Oder ein anderes Beispiel: Eine Minute großen Schmerzes erscheint uns länger als eine Stunde großer Freude. Sehen wir nun, was mit der qualitativen Zeit des mythischen Bewußtseins gemeint ist. Was den Raum betrifft, so blieb auch der Mensch der mythischen Struktur noch *„raumlos“*, wenn auch nicht in dem radikalen Sinn wie der magische Mensch. Aber es änderte sich etwas bezüglich der Zeit. Für diese Struktur ist die Polarität typisch, wohl zu unterscheiden von der Dualität, die es hier noch nicht gibt. Mit der Polarität entsteht das Sich-Ergänzende: Tag und Nacht, Hell und Dunkel. Die Zeit im Sinn der Zeithaftigkeit mußte wahrgenommen werden, bevor der Raum bewußt werden konnte, was am Ende der mythischen bzw. zu Anfang der mentalen Struktur geschah. Die Zeithaftigkeit der mythischen Struktur gründet nämlich in der Bewegung. Sie ist noch nicht an den Raum gebunden und daher noch nicht quantitativ. Sie ist aus der im magischen Menschen punkthaften Bewußtseinsform durch die Bewegung entstanden, durch die der Punkt zur Linie wurde. Die Linie war jedoch ein in sich geschlossener Kreis, in dem der Mensch der mythischen Struktur noch geborgen war. Daher ist auch die Signatur der mythischen Periode der Kreis. Die

Zeithaftigkeit der mythischen Struktur läuft parallel dem Seelischen, das in dieser Periode entdeckt wurde. Die Bewegung ist beiden gemeinsam.

In der magischen Struktur fanden wir die Raum-Zeit-Losigkeit, in der mythischen die Zeithaftigkeit, aber noch kein Raumbewußtsein. Dem begegnen wir erst in der mentalen Struktur. Die mythische Zeithaftigkeit kennt noch keine Zeitphasen wie Vergangenheit, Gegenwart und Zukunft. Das wird anders mit dem mentalen Bewußtsein. Erst dann gibt es eine begriffliche Zeit, die quantitativ ist und auch „Uhr-Zeit" genannt wird. Dann erst unterscheidet man scharf zwischen Vergangenheit, Gegenwart und Zukunft. Zeit in diesem Sinn mißt und teilt, im Gegensatz zur Zeithaftigkeit, die verbindet. Jene zerschneidet schließlich das mythische Weltbild. Die Zeitnot, die uns heute bedrängt, gab es zu Beginn des mentalen Bewußtseins noch nicht in dem Maß wie heute. Dazu kam es erst im Lauf der Jahrhunderte.

Es gibt eine Geschichte des Bewußtseins in dem Sinn, daß man von klar unterscheidbaren Stufen der Bewußtseinsstrukturen bis zur mentalen sprechen kann. Die brennende Frage für uns ist, ob die neue Struktur in weiter Ferne liegt oder schon nahe bevorsteht. Um diese Frage zu beantworten, ist zunächst darauf zu achten, daß wir nicht einfach unsere Begriffe von den Dingen nehmen und die Untersuchung damit anstellen. Denn die neue Bewußtseinsstruktur liegt jenseits des begrifflichen Denkens. Wenn wir das nicht beachten, bewegen wir uns im Kreis und kommen schließlich wieder dahin, von wo wir ausgegangen sind. Ferner müssen wir wissen, welche Anzeichen dafür sprechen, daß ein Phänomen als Zeichen der neuen Struktur gewertet werden kann. Um die Anzeichen richtig zu erkennen, ist unter anderem festzuhalten, daß es sich dabei um seelisch-geistige Phänomene und nicht um physische oder allgemein psychische handelt; denn in dieser, nämlich der geistigen, Richtung liegt die neue Bewußtseinsstruktur.

Daher sei auch zu dieser Art Phänomen ein Wort der Erklärung beigefügt. Die Geschichte der seelisch-geistigen Phänomene beginnt mit der Entdeckung der Seele. Diese Phänomene legen daher den Seelenbegriff zugrunde. Daraus entwickeln sich zunächst die vielen Götter. Erst später kam es zum Glauben an den einen Gott, der wohl zum erstenmal in seiner ganzen Wucht durch Mose, den Führer des israelitischen Volkes, zum Ausdruck gebracht wurde, während die den Israeliten benachbarten Völker im Glauben an die vielen Götter beharrten. Im übrigen ist bei der Beurteilung dieser Phänomene im Auge zu behalten, daß das Bewußtsein auf die verschiedenen Abläufe der Wirklichkeit stets entsprechend der jeweils vorliegenden Dimensionalität reagiert, d. h. je nachdem der

Mensch auf der magischen, mythischen oder mentalen und erst recht auf der integralen Bewußtseinsstufe steht.

So erklärt sich, daß heute noch viele Menschen von einem neuen Denken oder gar einem neuen Bewußtsein nichts wissen wollen. Sie sind immer noch überzeugt, daß das rationale Denken eine unerschütterliche Denkform ist, mit der man die Wirklichkeit in vollkommener Sicherheit erfassen kann. Es dürfte durch die obigen Ausführungen ersichtlich geworden sein, daß das rationale Denken nicht für immer - und für viele Menschen schon jetzt nicht mehr - zuverlässig ist, wenigstens nicht auf allen Gebieten. Das hängt eng mit den verschiedenen Bewußtseinsstrukturen zusammen. Wie es eine Geschichte des Bewußtseins gibt, so gibt es auch eine Geschichte des Denkens.

Wir wollen versuchen, einiges darüber zu sagen. Vielleicht kann uns dies für ein neues Denken öffnen. Selbstverständlich kann sich das nur auf die mentale Struktur beziehen; denn in der magischen und mythischen Struktur kann man überhaupt nicht von Denken im eigentlichen Sinn reden. Es gab für den magischen Menschen nur ein Erleben. Da er noch ganz mit der Welt eins war, erlebte er sich selbst, indem er die Welt erlebte. Anders ist es mit der Erfahrung, die eine mythische Realisationsform und daher ambivalent ist. Sie ist nur eine Vorform des mentalen Verstehens. Das mentale Denken entstand durch Platons Ideen. Durch sie konnte eine Feststellung geschehen, konnte die Polarität überwunden werden. Mit dem „rationalen" Denken ist die extreme Art des mentalen Denkens gemeint, die sich im Lauf der Zeit entwickelte und weder eine gemäßigte Polarität noch eine über sie hinausgehende Intuition gelten lassen will. Sie herrscht heute noch vor, obwohl sich schon ein neues Denken anbahnt. Das Denken im Sinn Platos hat man im Gegensatz zum perspektivischen und rationalen Denken *„Pyramidendenken"* genannt. Das Pyramidendenken ist die effiziente Form der mentalen Struktur, das rationale dagegen seine defiziente Form.

Erwähnt sei nur kurz das paradoxe Denken, das auch zum Menschen gehört und unter anderem im religiösen Bereich zur Geltung kommt. Es enthält sowohl rationale als auch irrationale Elemente und ist ein Versuch, die Gegensätze zu vereinigen, was natürlich niemals völlig gelingt. Erst in der integralen Bewußtseinsstruktur werden die Gegensätze endgültig überwunden durch die Transparenz.

Die aperspektivische Welt

So wie das integrale Bewußtsein schließt auch die aperspektivische Welt alle bisherigen Strukturen mit ein. Es wäre aber ein Irrtum zu meinen, daß die aperspektivische Welt eine Synthese aller bisherigen Strukturen sei. In diesem Fall brächte sie tatsächlich nichts Neues. Sie wäre nur eine harmonische Vereinigung der Strukturen. Vielmehr enthält sie etwas, das geradeso neu, ungeahnt und unvorstellbar ist, wie es das rationale Denken für den mythischen Menschen war. Die integrale Struktur wird erst wahrnehmbar, nachdem die vierte Dimension in das Bewußtsein integriert ist. Die aperspektivische Welt ist nämlich überrational oder arational. Daher gehört auch das eigentlich Geistige, das ebenfalls arational ist, der aperspektivischen Welt an. Alle Strukturen bilden also ein Ganzes. Erst wenn diese Ganzheit bewußt wird, ist jene Durchsichtigkeit möglich, die das integrale Bewußtsein auszeichnet.

Wie gesagt, war der Mensch zunächst zeitlos. Darauf folgte die Zeithaftigkeit. Mit der mentalen Struktur wurde die Zeit zwar bewußt, aber unter dem Einfluß des rationalen Denkens fast ausschließlich auf die begriffliche Zeit reduziert. Die Tatsache, daß diese Art von Zeit uns zum Problem geworden ist, bedeutet schon in sich eine prominente Manifestation des neuen Bewußtseins. Außer den verschiedenen Arten der Zeit, die bereits erwähnt wurden, gibt es auch „Zeit", die mit der vierten Dimension identisch ist. Diese Art von Zeit brach zuerst mit der Formulierung des vierdimensionalen Raum-Zeit-Kontinuums durch Einstein in unser Bewußtsein ein. Typisch ist auch, daß die Zeit durch die neuen Kommunikationsmedien fast auf einen Nullpunkt reduziert ist. Auch diese Tatsache zeigt, daß es nicht nur eine Zeit im quantitativen Sinn oder einer Uhr-Zeit gibt.

Eine andere Manifestation des neuen Bewußtseins ist das schon erwähnte Bewußtwerden des Ganzen. Der Mensch ist eine Ganzheit seiner Mutationen. Die genannte Ganzheit ist jedoch keine Zusammenfassung vieler Teile. Echte Ganzheiten, die es auch sonst gibt, konstituieren sich nur dort, wo wir räumlichen und zeitlichen Elementen in der ihnen gemäßen Art zum gemeinsamen Wirkungsbereich verhelfen. Eine ganzheitliche Betrachtungsweise dieser Art wird wohl in einigen wissenschaftlichen Disziplinen vertreten, konnte sich aber bisher nicht durchsetzen. Man kann überhaupt bezweifeln, ob eine derartige Ganzheit im großen Stil möglich ist, solange man noch der perspektivischen Denkweise verhaftet ist. Denn sie führt immer wieder zur Teilung und schließlich zur Zerstörung, wie wir das in Europa in den zwei Weltkriegen erlebt haben. Der Nationalismus, der schließlich dieses Unheil angerichtet hat, ist eine typische Erscheinung des perspektivischen Denkens. Heute müssen wir die Nationen als dynamische Einzelentfaltungen eines großen Kulturkreises betrachten. Bestrebungen in dieser Richtung sind seit Ende des letzten Weltkrieges in Gang gekommen. Dies Bemühen darf man wohl auch als Symptom einer neuen Weltsicht ansprechen.

In der Wissenschaft finden wir heute verstärkt die Neigung zur ganzheitlichen Betrachtung im Sinn der Überwindung des Dualismus. So war es möglich, alte Gegensätze, wie zwischen anorganisch und organisch, als nicht bestehend anzuerkennen. Dieselbe Annäherung gilt bezüglich Physik und Biologie, Körper und Seele und anderer Gegensatzpaare. Damit wird offenbar die Alleingültigkeit des rationalen Denkens überwunden. Ebenso gilt es, über die bloße Begriffsbildung hinauszukommen, ohne deshalb in die psychische Bilderwelt oder in das magische Erlebnis abzusinken.

Die Hauptkriterien für die neue Mutation sind: Ursprung, Gegenwart und die aperspektivische Welt. Mit Ursprung ist hier nicht einfachhin Anfang gemeint, sondern etwas, das nicht raum- und zeitgebunden ist. Ebenso bedeutet Gegenwart nicht einen Augenblick, der immer zwischen Vergangenheit und Zukunft liegt, sondern die ungeteilte Präsenz von Gestern, Heute und Morgen, die in einer bewußt vollzogenen Aktivierung zu jener „Gegenwärtigung“ führen kann, die den Ursprung einschließt. Hier wird Ursprung Gegenwart. Wie aus dem Gesagten hervorgehen dürfte, integriert die aperspektivische Welt die vorperspektivische, die unperspektivische und perspektivische Welt und wird eben dadurch von der ausschließlichen Gültigkeit dieser mitkonstituierenden Welten befreit.

Für die Feststellung, ob gewisse Phänomene der neuen Mutation angehören, seien noch einige Hinweise gegeben; z. B. daß ein Phänomen weder zur magischen noch zur mythischen noch auch zur mentalen Struktur gehört. Wenn wir das dagegen auf Grund allgemeiner Gesichtspunkte, z. B. ob etwas negativer oder positiver Art ist, bewerten, dann fixieren wir etwas und bleiben der mentalen Struktur verhaftet. Ein anderes Merkmal für die neue Mutation ist, daß in seltenen Augenblicken wirklicher, also wirkender Mutationen die bisherigen Kriterien hinfällig werden. Hier könnte man an das vorher angeführte Zitat von Steinbüchel denken, wo er von Eckhart spricht. Andererseits dürfen wir uns nicht durch Unruhen und Störungen beirren lassen, die zu Zeiten der Mutation häufig auftreten. Sie können allerdings die richtigen Entscheidungen nicht wenig erschweren. Hinzu kommt, daß die positiven Versuche, die Menschheit zu retten, wenn sie innerhalb der mentalen Struktur gemacht werden, nicht aussichtsreicher sind als die Zerstörungen selbst, die zur Zeit der Mutation auftreten. Es geht um die Zukunft, die schon in uns ist, nun aber sichtbar gemacht werden muß. Die Art von Zeit, der wir jetzt noch verhaftet sind, die uns bedrängt und nicht zur Ruhe kommen läßt, gibt es im neuen Bewußtsein nicht mehr als ausschließlich gültiges Element, wohl aber wie alle anderen Arten von Zeit im rechten Maß wirksam. Das ist gemeint mit „Zeitfreiheit", die ebenso wie die Durchsichtigkeit das Bewußtwerden des Ganzen voraussetzt.

Ein anderer Umstand, den wir in dieser Zeit des Übergangs im Auge behalten sollten, ist folgender: In der Vergangenheit traten zur Zeit einer Mutation bedeutende Persönlichkeiten auf, wie Sokrates und Plato zu Beginn der mentalen Struktur. In der Gegenwart aber dürfen wir nicht auf eine große Persönlichkeit warten, welche die neue Mutation durchführt. Es gibt heute freilich Menschen, die Massen, besonders die Jugend, begeistern und hinreißen. Aber auch diese Männer oder Frauen können trotz allen guten Willens keine Bewußtseinsmutation hervorbringen. Das ist schon deswegen nicht möglich, weil eine Mutation ein schöpferisches Geschehen ist, ähnlich wie das Entstehen des Universums. Wohl aber muß sich jeder einzelne für das neue Bewußtsein öffnen. Freilich können diejenigen, die verstanden haben, worum es geht, sich bemühen, andere aufzuklären. Es kann eigentlich gegenwärtig nichts Wichtigeres geben als gerade das. Denn es geht um Sein und Nichtsein der Menschheit. Nur das klare Wissen darum, daß der sich vorbereitenden Welt nicht mehr der Begriff Zeit, sondern die Zeitfreiheit das Gepräge gibt, kann uns vor einer vollständigen Verkennung der Gegebenheiten bewahren. Das Geistige kann nur dann evident (durchscheinend) werden, wenn das dreidimensionale Koordinatensystem überwunden ist, in dem nur Sichtbarkeiten Gültigkeit haben. Wir müssen versuchen, die vierdimensionale Ganzheit wahrzunehmen, die raum- und zeitfrei ist.

Das Dilemma der heutigen Erde und Menschheit läßt sich durch keinerlei menschliche Machenschaften lösen, solange sie innerhalb der Grenzen des mentalen Bewußtseins liegen. Die einzige Möglichkeit ist eine Mutation, die jedoch das magische, mythische und mentale Element mit einschließt. Das gilt auch dann, wenn die großen Probleme wie Überbevölkerung, Rohstoffmangel und Umweltverschmutzung auf anderem Weg bewältigt werden sollten.

Typisch für die Ausdrucksweise der aperspektivischen Welt sind drei Hauptkriterien. Erstens: Versuche der Konkretion der Zeit im Sinn der Zeitfreiheit, d. h. das Bemühen, die begriffliche Zeit zu überwinden. Zweitens: Durchsichtigkeit, die nicht auf Grund rationaler Schlußfolgerungen, sondern durch Begriffe und Worte hindurch zum Wesen der Dinge vordringt. Drittens: das ganzheitliche Wahrnehmen, d. h. ein Wahrnehmen, das immer auch das Ganze mit wahrnimmt und auf diese Weise den extremen Dualismus überwindet. Durch diese Fähigkeit integriert der Mensch nicht nur selbst die neue Struktur, sondern wirkt durch seine bloße Gegenwart auf seine Umgebung in derselben Richtung. Die Wahrnehmung des Ganzen hängt ohne Zweifel eng mit der Durchsichtigkeit zusammen. Man kann sich diese Fähigkeiten freilich weder durch Willensanstrengung noch durch Imagination aneignen. Um sie sich anzueignen, muß man darauf bedacht sein, auf vorgefaßte Meinungen, vorausträumende Wünsche und blind waltende Forderungen zu verzichten. Nur wo Egoismus überwunden ist, kann allmählich das Gleichgewicht aller in uns veranlagten Komponenten und Bewußtseinsstrukturen erreicht und der Mensch zur Durchsichtigkeit und zum ganzheitlichen Wahrnehmen befähigt werden.

Den Grund unserer gegenwärtigen Not dürfen wir nicht nur in den Bedrängnissen aller Art suchen, die uns zu schaffen machen. Denn diese Bedrängnisse sind Symptome, nicht aber Ursache unserer Not. Sie sind Symptome der sich anbahnenden Mutation. Viele der bisherigen Versuche, der Menschheit zu helfen, sind dieser Versuchung erlegen und beschränken sich darauf, den Bedrängnissen entgegenzuarbeiten. Das ist selbstverständlich gut, ja unbedingt notwendig. Aber es ist nicht die endgültige Lösung. Anders ist es mit den Versuchen, in das Bewußtsein hineinzuwachsen. Hier könnte Pondicherry in Indien genannt werden, wo Sri Aurobindo einen großen Ashram gründete und in Verbindung damit eine neue Stadt, Auroville, ins Auge gefaßt hat, in der für diesen Zweck ideale Bedingungen geschaffen werden sollen. Wir kommen später darauf zurück. Auch im Westen hört man bisweilen von solchen Versuchen.

Das Warum unserer Weltstunde läßt sich also nicht allein in äußeren Gründen und Umständen finden. Die Antwort ist wesentlich die Bewußtseinsveränderung, die sich immer deutlicher anmeldet. Die mentale Bewußtseinsstruktur war um das Jahr 1500 konsolidiert. Trotz aller wertvollen Erzeugnisse des Renaissance, die darauf folgten, begann gleichzeitig die Dekadenz dieser Struktur. Der Mensch hatte versäumt, sich auf das Kommende vorzubereiten. Er fühlte sich allzu sicher in seinem Besitz. Die Kunstwerke der Renaissance bringen das durch die kraftvolle Darstellung des Menschen zum Ausdruck. Diese Kunst gehört bereits der Vergangenheit an. Heute ist es so weit gekommen, daß die Kunst kaum noch den Mut hat, den Menschen darzustellen. Das ist bezeichnend, wenn auch die abstrakte Kunst noch andere Hintergründe hat. Und doch hat der heutige Mensch, von einigen Ausnahmen abgesehen, die Zusammenhänge mit dem kommenden Bewußtsein noch nicht durchschaut.

Es wurde wiederholt erwähnt, daß die Zeit in der gegenwärtigen Bewußtseinsveränderung die Hauptrolle spielt. Zeit ist in diesem Sinn natürlich nicht die begriffliche Zeit, sondern Zeit als Intensität oder ein intenses Element, das die Welt konstituiert, steht den extensen Raum-Materie-Gegebenheiten der mentalen Struktur dual gegenüber. Die Zeit als Intensität, das Hauptthema der neuen Mutation, ist das einzige Thema, das bisher nicht in den Mutationen auftauchte. Es ergibt sich also, daß die Durchsichtigkeit und nicht die bloße mentale Wachheit jene neue Kraft des Geistes ist, welche uns die Wahrnehmung der neuen Wirklichkeit ermöglichen könnte. Keines der bisherigen Systeme reicht aus, um sie wahrnehmbar zu machen. Wenn wir die Systeme mit ihren kategorischen Fixierungen nicht als unzureichend abzustreifen vermögen, werden wir uns der neuen Wirklichkeit nicht nahen können. Mit anderen Worten, das ist die Voraussetzung für die Integration des neuen Bewußtseins. Was Zeitcharakter im Sinn von Intensität ist, ist räumlich nicht fixierbar. Es müssen neue Aussageformen gefunden werden, die integrierender und nicht trennender Art sind. Aussageform ist jedoch nicht dasselbe wie Darstellungsform. Würde man eine neue Darstellungsform suchen, so könnte das Ergebnis allenfalls eine neue Philosophie sein. Das aber hieße, in das mentale Bewußtsein zurückfallen. Die Aussageform muß solcher Art sein, daß sie die Frage nach Sein/Nichtsein überwindet, d. h. darüber hinausgeht.

Die Aufgabe, welche die neue Mutation uns stellt, ist nur lösbar, wenn wir die rein mentale Raumwelt des systematischen Denkens überwinden; denn die neue Mutation ist vierdimensional. Das tun wir, wenn wir die Gültigkeit der „Systase" anerkennen, welche die Wirksamkeit der nicht-kategorialen Elemente in den Bereich der Wahrnehmbarkeit rückt. Sie ist Hilfsmittel, dem konsolidierten Bewußtsein das integrale Bewußtsein des Ganzen zu erschließen. Die Systase ist ebenso wie das

System ein Ordnungsschema, arbeitet aber nicht mit rationalen, die akategorialen Elementen. Daher ist es ihr möglich, die akategorialen Elemente wahrnehmbar zu machen. Dieses integrierende Bewußtsein befähigt uns auch zur Wahrnehmung und Gegenwärtigung des Ganzen. Aus diesem Sachverhalt ergibt sich auch, daß Systase und Systeme nicht gegensätzliche Ordnungsschemata sind und auch nicht im Kausalzusammenhang stehen. Raum und Zeit sind nur bedingte Realitäten. Erst die Anerkennung der akategorialen Werte ermöglicht die integrale Weltsicht. Ohne sie bleibt die Welt ein nur materiell-raumverhaftetes System ohne Diaphanität. Die neue Aussageform ist ein Ausdrucksmittel und eine Realisationsform, welche den Inhalt und das Thema der neuen Mutation wahrnehmbar macht und zugleich bewußt ihre Wahrnehmung vollzieht.

Es wurde schon angedeutet, daß eine Mutation der Menschheit, wie sie sich jetzt zu vollziehen scheint, schöpferischen Charakter hat. Das soll durch folgende Überlegung verdeutlicht werden. Im Schöpferischen ist Ursprung zugleich Gegenwart. Es ist nicht an Raum und Zeit gebunden. Seine echteste Auswirkung ist die Mutation, die nicht kontinuierlich verläuft, sondern spontan, akausal, sprunghaft ist. Es ist ein sichtbar werdender Impuls des Ursprungs, der seinerseits nicht mit Zeit zu tun hat, ein arationaler Vorgang der Gänzlichung, die, einmal realisiert, unverlierbar ist. Das kann sich auch an ganzen Nationen vollziehen, vorausgesetzt, daß sie bereit sind. So war seit der Renaissance das Bewußtsein des abendländischen Menschen zu neuen schöpferischen Leistungen disponiert. In der sich vorbereitenden und vollziehenden Mutation wirkt das Schöpferische allerdings verwirrend, umgestaltend und lösend, wie wir das eben jetzt am eigenen Leib erfahren. Was den Osten betrifft, so könnte auf das „I Ging“, das Buch der Wandlungen, hingewiesen werden. Damals, 1000 Jahre v. Chr., begann der Mensch zum Tagesbewußtsein zu erwachen; er entschied sich für das richtige Handeln; er erlitt nicht mehr einfach sein Schicksal wie bisher; er wurde sein Mitgestalter. In dem Maße, wie die neue Mutation zum Durchbruch kommt, ändert sich die Quelle der schöpferischen Kraft im Menschen. Sie verlegt sich nämlich aus der mentalen in die entstehende integrale Bewußtseinsstruktur. In diesem Zusammenhang ist ein Zitat aus Aldous Huxleys *„Zeit muß enden“* aufschlußreich: *„Das Leben des Geistes ist ausschließlich ein Leben in der Gegenwart, nie in der Vergangenheit oder Zukunft: das Leben hier und jetzt ..., ein Leben außerhalb der Zeit, das Leben in seiner Wesenheit und in seinem ewigen Prinzip. Und darum behaupten sie alle – alle Menschen, die die beste Eignung haben, es zu* *wissen –, daß das Gedächtnis überlebt werden und zuletzt absterben muß. Wenn es einem gelungen ist, das Gedächtnis abzutöten, sagt Johannes vom Kreuz, ist man in einem Zustand, der nur um einen einzigen Grad weniger vollkommen und nutzbringend ist als der Zustand des Einsseins mit Gott. Das ist eine Behauptung, die ich beim ersten Lesen unverständlich fand. Aber nur, weil ich mich damals vor allem mit dem Leben der Poesie befaßte, nicht mit dem Leben des Geistes. Heute weiß ich durch demütige Erfahrung, was alles das Gedächtnis tun kann, um die Erkenntnis des ewigen Grundes zu verdunkeln und zu verhindern.“*

Es gibt zwei Ansätze des neuen Bewußtseins, nämlich den geistigen und den physischen. Der geistige betrifft hauptsächlich seine Einstellung zum Zeitphänomen, zur Erinnerung. Anstelle des Hineintauchens ins Zeitlose und des Herausschöpfens in unsere meßbare Zeit tritt der Versuch, in Klarheit, Durchsichtigkeit und geistiger Bewußtheit voranzugehen. Der physische oder körperliche Ansatz besteht in der Darstellungsweise durch Bild oder Skulptur. So wird z. B. der magische, mythische und mentale Mensch in verschiedener Weise dargestellt. Es dürfte jedoch viel schwerer sein, den Menschen des integralen Bewußtseins bildlich darzustellen.

Die vierte Dimension

Im folgenden soll die wiederholt erwähnte vierte Dimension zum besseren Verständnis im Zusammenhang näher erklärt werden. Die echte vierte Dimension ist nicht im eigentlichen Sinn Dimension wie die ersten drei, sondern im Sinn der Zeitfreiheit als akategoriales Element, A-mension. Sie bewirkt zugleich Auflösung und Integrierung der drei Raumdimensionen. Sie löst die Meßbarkeiten auf und mißt gewissermaßen hindurch. Der Ausdruck „vierte Dimension“, der von Einstein stammt, wird heute auch oft auf anderen Gebieten als der Physik gebraucht. Man muß daher gut zuhören, was gemeint ist, wenn irgendwo von vierter Dimension gesprochen wird. In unserer Darstellung verstehen wir darunter die Mutation des Bewußtseins, die wie alle bisherigen Mutationen als latent in uns veranlagt zu betrachten ist und zum Durchbruch kommen muß und sich dann ihrer umgestaltenden Kraft gemäß manifestiert. Jede Realisation einer vierten Dimension kann nur dann weltbildend sein, wenn sie nicht als eine zusätzliche Dimension betrachtet wird, sondern als integrierende. Andernfalls ergibt sich nur eine nochmalige Raumerweiterung, die auf die Dauer nur weltzerstörend wirken kann.

Es versteht sich, daß mit der vierten Dimension in der Physik noch nicht das geschehen ist, was mit der vierten Dimension im Sinn einer Mutation gemeint ist. Denn diese ist in allen Lebens- und Denkbereichen konkret wirksam. Durch die Einführung der bloßen „Zeit" im Sinn von Zeithaftigkeit in die bisherige Raumvorstellung ist diese nur zum Teil überwunden. Es muß aber eine Überwindung erreicht werden, die einer Befreiung gleichkommt und nicht nur eine Raumerweiterung bewirkt. Andererseits darf dabei der dreidimensionale Raum ebensowenig zerstört werden, wie die zweidimensionale Fläche durch den dreidimensionalen Raum zerstört wurde. Denn die Befreiung von einer jeweils um eine Dimension geringeren Welt ist vornehmlich eine Befreiung von der ausschließlichen Gültigkeit der weniger-dimensionalen Struktur. Um nochmals auf die Einsteinsche vierte Dimension zurückzukommen, so ist zu bemerken, daß sie durchaus Hinweise auf allgemeine Gültigkeit enthält, z. B. Unanschaulichkeit, nicht zu verwechseln mit Abstraktion. Denn auch sie ist mit der bloßen mentalen Vorstellung nicht darstellbar.

Auch die Zeitfreiheit, ein anderer Aspekt der vierten Dimension, läßt sich ihrer Natur nach nicht definieren. Wir können sie vielleicht durch die Beantwortung dreier Fragen einigermaßen verständlich machen. Die erste Frage lautet: Was ist Zeitfreiheit? – Es ist die bewußt gewordene Form des archaischen, ursprünglichen Vorzeithaften. Jener archaische Mensch hatte noch keine Ahnung von Zeit oder Zeithaftigkeit. Für ihn gab es daher auch keinen Mangel an Zeit, während wir heute davon ständig bedrängt werden und durch den damit verbundenen Streß nicht mehr zur Ruhe kommen. Das heißt jedoch nicht, daß jener archaische Mensch zeitfrei im Sinn der Zeitfreiheit war. Sondern er war zeitlos. Damit aber fehlte ihm etwas, das zum voll entwickelten Menschen gehört. Wenn wir heutigen Menschen uns dieser vollkommenen Unberührtheit von jeglicher Art von Zeit bewußt werden und uns doch aller Zeitformen bewußt bleiben, dann genießen wir alle Arten von Zeit, ohne daß sie uns irgendwie bedrängen. Die Zeitfreiheit ist also weder Zeitlosigkeit noch Zeitverhaftetsein und doch Zeit.

Die zweite Frage lautet: Inwiefern ist die Zeitfreiheit realisierbar? Das geschieht, wenn wir die einzelnen Zeitformen realisieren, indem wir der magischen Zeitlosigkeit, der mythischen Zeithaftigkeit und der mentalen Begriffszeit ihren ganzheitlichen Wirkcharakter zuerkennen und sie ihrer Bewußtseinsgrade gemäß leben. Diese Konkretion der Zeit erschließt uns die vorbewußte Quintessenz aller bisherigen Zeitformen.

Ihre Bewußtwerdung ist zugleich die Befreiung von allen drei Formen. Alles wird Gegenwart und damit integrierbare Gegenwart. Das aber heißt: Vorbewußter Ursprung wird Gegenwart. Damit nehmen wir die Welt in ihren Grundlagen wahr und sind nicht mehr ausschließlich gebunden an die Erlebnis-, Erfahrungs- und Vorstellungsformen der Welt. Wir sehen diese Welt nicht mehr perspektivisch fixiert, sondern aperspektivisch und infixiert. Wer die drei bisher grundlegenden Zeitformen, d. h. die magische Zeitlosigkeit, die mythische Zeithaftigkeit und die mentale begriffliche Zeit zu realisieren und damit zu konkretisieren vermochte, steht bewußt in der Vierdimensionalität.

Die dritte Frage lautet: Warum ist die Zeitfreiheit die vierte Dimension? Weil sie die vierte Dimension konstituiert und erschließt. Durch die Zeitfreiheit werden nämlich die Fundamente durchsichtig bis hin zu der ursprünglichen und vorbewußten Vorzeithaftigkeit. Die bewußte Form der Vorzeitigkeit, die Zeitfreiheit, ist daher die vierte Dimension. Es sei nochmals daran erinnert, daß man die vierte Dimension und alles, was damit zusammenhängt, nicht im eigentlichen Sinn darstellen kann. Daher wird auch die obige Erklärung, die sich auf Jean Gebsers „Ursprung und Gegenwart“ stützt, manchen nicht befriedigen. Sie ist eben doch nur ein Versuch und kann wenigstens einer Annährung zum Verständnis dienen. Erst wer die vierte Dimension integriert hat, weiß, was sie ist, und für ihn ist sie eine Selbstverständlichkeit.

Hier stellt sich die Frage: Was können und sollen wir tun, damit das neue Bewußtsein zum Durchbruch kommt? Dazu sollen an dieser Stelle nur einige allgemeine Hinweise gegeben werden. Konkrete und ausführliche Anweisungen folgen später.

Zunächst und vor allem müssen wir uns bemühen, die Alleingültigkeit des rationalen Denkens zu überwinden. Mit anderen Worten, es geht darum, sich dem Systemzwang des Dreidimensionalen zu entziehen, durch das alles fixiert und ein unausweichliches Dilemma entstanden ist, in dem sich der Mensch sozusagen totgelaufen hat. Wo das gelingt, verwandelt sich das Mental-Rationale aus einer Hauptkomponente in eine Komponente neben und mit dem Magischen und Mythischen, die zusammen in der Diaphanität integriert werden. Eine mögliche Hilfe kann das erwähnte Konzept der akategorialen Elemente sein, die als Systasen den bloßen Begriff Zeit überwinden und auch alle anderen Aspekte der Zeit wahrnehmbar machen und auf diese Weise ahnen lassen, daß Zeit eine immerwährende Fülle geistiger Art ist.

Weiterhin ist zu bedenken, daß wir in einer Periode des Übergangs leben. Wenn wir uns aus der Bedrängnis, in die wir durch die Alleingültigkeit der sogenannten Uhr-Zeit gekommen sind, befreien wollen, müssen wir die Zeit aus ihrer rationalen Vergewaltigung lösen. Man spricht in diesem Sinn auch von einer Rehabilitation der Zeit. Das zu vollziehen ist freilich keine leichte Sache. Denn es besagt, daß wir das logische Denken transzendieren, das uns wenigstens im Westen seit zweitausend Jahren das Höchste zu sein schien und für lange Zeit auch war. Gerade deswegen scheint es vielen ein Ding der Unmöglichkeit zu sein, sich aus dieser Verstrickung zu lösen. Trotzdem ist es eine Tatsache, daß schon lange, wenn auch vielleicht unbewußt, um diese Befreiung gekämpft und gelitten wurde. Bis vor einigen Jahrzehnten gab es für viele Menschen immer noch die Möglichkeit, durch religiöse Bindungen das ganze uns heute bedrängende Problem in etwa der mental bewußten Sphäre zu entziehen. Schöpferische Allmacht, Ewigkeit und Unendlichkeit waren für viele Menschen fraglose Postulate des Glaubens, der hinter den einzelnen Gläubigen stand. Das ist heute nicht mehr so, wenigstens bei uns im Westen nicht. Es ist bekannt, daß das religiöse Fundament durch den Rationalismus schwer erschüttert wurde. Es kam schließlich zur Totsagung Gottes.

Trotzdem gibt es auch heute gewiß noch Menschen, die sich durch einen tiefen Glauben sozusagen über Wasser halten, wenn auch die eben geschilderte allgemeine Notlage dadurch nicht behoben oder auch nur gemildert wird. Die Zahl derer, die das noch können, nimmt im Gegenteil beständig ab. Denn die begriffliche Darstellung der religiösen Wahrheiten reicht oft auch aufrichtigen Christen nicht mehr aus. Daher suchen viele von ihnen nicht mehr in der Theologie, sondern in der Glaubens- und Gotteserfahrung auf verschiedenen Wegen ihr Heil. Das ist eine typische Erscheinung unserer Zeit und sollte nicht als Verlust angesehen werden; denn es ist in Wirklichkeit ein Fortschritt. Dazu kommt, daß das Mentale nicht einmal ausreicht, um das Mythische, geschweige denn das Magische zu begreifen. Mit dieser Einschränkung auf das Mentale bejahen wir vielleicht nur ein Drittel der Weltwirklichkeit, wie das aus den früheren Ausführungen über die Bewußtseinsstrukturen ersichtlich sein dürfte.

Die neue Struktur soll alles integrieren. Da sich das aber nicht systematisch erfassen läßt, entsteht bei vielen Menschen, die im Rationalen verhaftet sind, Mißtrauen und Angst. Andererseits muß gegenüber solchen Bedenken auch wieder zugegeben werden, daß all das, was über das neue Bewußtsein gesagt wurde und vielleicht gesagt werden könnte, nicht als unumstößlich aufgefaßt werden darf. Es sind nur vorsichtige, wenn auch nicht unbegründete Vermutungen. Sicherheit können wir darüber erst haben, wenn die neue Struktur integriert ist. Es ist ähnlich wie bei früheren Übergängen von einer zur nächsten Struktur. Noch viel weniger können wir uns konkret in allen Einzelheiten vorstellen, wie dann das Leben in der Welt aussehen wird. Eines können wir auf jeden Fall tun, nämlich versuchen, erste Manifestationen der neuen Mutation festzustellen.

In dieser Untersuchung geht es weder um eine philosophische Interpretation noch um eine Synthese, sondern darum, aufzuzeigen, was dank eines intensiveren Bewußtseins wahrnehmbar wird. Jedoch ist das im folgenden vorgelegte Material nur ein Bruchteil dessen, was bereits da ist. Es versteht sich von selbst, daß durch eine Berufung auf die Fachterminologie allein dieses Vorgehen nicht wegdisputiert werden kann, wenn diese voraussetzt, daß keine Mutation im Anzug oder gar schon im Entstehen begriffen ist.

Mathematik und Physik

An erster Stelle soll von der Mathematik die Rede sein. Es war nicht mehr die euklidische Geometrie, die fast 2000 Jahre Gültigkeit hatte, sondern die nach-euklidischen Geometrien, aus denen jene vierte Dimension erwuchs, die Einstein als „Zeit" in die Physik einführte. Auf diesen Grundlagen ist die heutige Technik überhaupt erst möglich. Die Wahrscheinlichkeitsrechnung setzt sich immer mehr durch gegen das von Gesetzen beherrschte Weltbild, das bis vor kurzem gültig war. Nichts hat wohl die Ansichten unseres Jahrhunderts - wenigstens bis zur Hälfte - so stark beeinflußt und grundlegend verändert bis ins tägliche Leben, wie gerade gewisse von der Physik erarbeiteten Konzepte durch Einstein und Max Planck. Das ist um so erstaunlicher, als die heutige Physik ihre Ergebnisse nicht in Abstrakta ausdrückt, sondern im Unanschaulichen. Vor allem auch dadurch gelang es, die bloße Dreidimensionalität zu überwinden. Carl Friedrich von Weizsäcker bemerkt dazu: *„Das mechanische Weltbild der klassischen Physik, das bis zum Jahr 1900 Gültigkeit hatte, ist zerstört, gründlicher, als man es hätte erraten können. Das ist kein Unglück, sondern eine heilsame Lehre ... Die neue Physik ist das erste geschlossene, mit mathematischer Exaktheit faßbare System einer Naturerkenntnis jenseits der Grenzen des mechanischen Weltbildes."*

Das Zeitthema beherrscht auch die Physik. Durch Einstein wurde die Zeit aus der bloßen Abstraktion befreit, sie wurde zu einem relativen Element innerhalb des „Weltbildes“, das nicht nur eine bloß statische Welt vorstellte, sondern sie in Fluß brachte und sie in das neu konzipierte Raum-Zeit-Kontinuum verwandelte. Der entscheidende Schritt geschah durch die Quantentheorie Plancks. Er wies nach, daß die Natur doch Sprünge macht. Das „*natura non facit saltus*“ zerbrach. Unsere Welt baut sich daher nicht kontinuierlich, sondern diskontinuierlich sprunghaft auf, nicht voraussehbar. Die Zeit ist demnach keine lineare, stetige, kausal bestimmte Größe, sondern eine Intensität eigener Art. Das bedeutet, daß uns die physikalische Erkenntnis die Komplexität dessen erschließt, was sich „hinter“ dem bloßen Begriff „Zeit“ verborgen hatte. Die Relativitätstheorie lehrt, daß wir zu einer allgemein gültigen Einsicht nur kommen, wenn wir die Ereignisse nicht in Raum und meßbare Zeit zerlegt betrachten. – Die neue Physik enthält einen weiteren Hinweis auf eine durchaus neue Zeitauffassung, indem sie vertritt, daß die Welt endlich ist, aber unbegrenzt.

Das Gegensatzpaar Raum-Zeit ist schon zur Raum-Zeit-Einheit zusammengeschmolzen. Ebenso sind Energie und Materie keine Gegensatzpaare mehr. Die Welt ist vom beobachtenden Subjekt nicht mehr trennbar und somit nicht objektivierbar. Das heißt aber, daß das objektivierende Denken das Objekt nicht in seinem Wesen erfaßt. Das alte Gegensatzpaar Welt-Mensch bzw. Objekt-Subjekt und damit die mentale Perspektivität sind, physikalisch gesehen, hinfällig geworden. Das rein rationale Denkschema ist nicht mehr ausreichend, es hat zum mindesten keine Alleingültigkeit mehr. Zwischenlösungen können höchstens ein zeitweiliges Dasein führen. Das Konzept These-Antithese-Synthese kann sich nicht mehr halten. Die angeführten Einsichten aus der Physik dürfen als Manifestationen des neuen Bewußtseins angesprochen werden.

Die Unanschaulichkeit des heutigen physikalischen Weltbildes ist eine Tatsache. Alle Versuche, die atomaren Strukturen und Vorgänge anschaulich zu machen, sind heute als gescheitert zu betrachten. Sogar das Kausalitätsprinzip mußte preisgegeben werden. Wir wissen heute, daß die grundlegenden Abläufe akausal, unstetig, undeterminiert verlaufen. Zum mindesten in der Physik sind diese Grundgesetze des begrifflichen Denkens weitgehend illusorisch geworden. In der Physik ist die frühere Sicherheit bloße Wahrscheinlichkeit geworden.

Die neuen bahnbrechenden Entdeckungen sind kein Zufall. Sie wurden und konnten überhaupt nur gemacht werden, insofern sie die

Realisierung einer Disponiertheit für eine intensivere Bewußtseinsstruktur waren. Die Gesamtheit aller möglichen Ereignisse bildet eine vierdimensionale Welt. Sie ist unvorstellbar. Die Unvorstellbarkeit hat arationales Gepräge. Doch wird sie schließlich in Durchsichtigkeit umgesetzt, welche hinwiederum eine typische Eigenschaft der vierdimensionalen Struktur ist.

Biologie

Die neue Biologie strebt einer neuen Bewußtseinhaltung zu. Die Zeit wird als Qualität berücksichtigt. Das Zeitthema tritt zu Beginn unseres Jahrhunderts in den Vordergrund. Die Auffassung des nichts als rhythmischen und evolutiven Ablaufs im biologischen Geschehen wird verunsichert. Die Tatsache diskontinuierlicher, spontaner schöpferischer Akte konnte nicht mehr übersehen werden. Die Quantität Zeit nimmt Qualitätscharakter an. Sie verwandelt sich aus einer extensiven Größe meßbarer Art in ein intensives Element nicht vorherbestimmbarer Wirksamkeit.

Es wurde auch der Beweis für die zweckfreie Organbildung erbracht, eine Tatsache, die sich in keinem System unterbringen läßt. Das ist ein Symptom vom Ende des allein gültigen rationalen Denkens und des Heraufkommens einer vierten Dimension, die über das rationale Denken hinausgeht. Der Dualismus organisch-anorganisch, Körper-Seele, Materie und Geist ist überwunden. Überwindung ist jedoch nicht dasselbe wie Abschaffung. Es darf sich niemals darum handeln, diese Basisvorstellung des Mentalen abschaffen zu wollen, sondern lediglich darum, ihren Ausschließlichkeitscharakter zu überwinden, daß die Polarität an seine Stelle tritt, sondern indem an seine Stelle das Integrationsprinzip tritt. Das aber ist die Zeitfreiheit.

Sowohl Physik als auch Biologie haben also die Alleingültigkeit des Mentalen verlassen. Beide haben magische und mythische Konzepte integriert. Erst dieser vital-mythisch-mentale Dreiklang ermöglicht den Absprung in die vierte Dimension, die für die neue Bewußtseinsstruktur charakteristisch ist. Diese Raum-Zeit-Freiheit ist jedoch weder magisch-vital noch mythisch-psychisch, noch mental-rational, sondern geistig. In diesem Sinn ist die vierte Dimension in ihrer Fülle der erste Ausdruck einer Konkretion des Geistigen. Sie ist deswegen auch nicht systematisch faßbar, aber wohl in ihrer Wirksamkeit wahrnehmbar.

Psychologie

Die Erforschung des Unbewußten wird zum Generalthema. Sie ist der Beginn der Psychologie als Wissenschaft: Die Suche nach den unbewußten Gründen des Lebens. Sie ist gleichzeitig der Beginn weiterer fünf Wissenschaften, die dasselbe suchen: Archäologie, Geologie, Mythologie, Okkultismus und Psychologie. Das Unbekannte, die früher als verhext bezeichneten Phänomene, werden untersucht. Die Psychologie befaßt sich mit den nicht räumlichen Gegebenheiten der Seele. Im Jahre 1900, als Planck seine Quantentheorie aufstellte, veröffentlichte Freud seine „Traumdeutung". 1906 veröffentlichte Einstein die erste Relativitätstheorie und Freud die „Vorlesungen zur Einführung in die Psychologie", die uns hier interessiert; denn psychologisch ist das „Unbewußte" ein anderer Aspekt der vierten Dimension.

Das Zeitthema kommt in der neuen Tiefenpsychologie sowohl generell als auch aspektmäßig zur Sprache, generell insofern, als die Psyche oder das Unbewußte nicht räumlich faßbar sind. Aspektmäßig insofern, als das Phänomen Zeit seines Begriffscharakters entkleidet und in einer neuen Aspektierung und Manifestationsart erkennbar ist. Der Mut Sigmund Freuds, den Traum ernst zu nehmen, hat das ermöglicht. Im Traum ist der Ablauf des Geschehens intensiver und schneller als im Wachbewußtsein. Die Traumzeit ist eine andere als die Uhr-Zeit oder als die Begriffszeit.

In der „komplexen Psychologie" von C. G. Jung gibt es ein deutliches Bemühen um die Überwindung des Dualismus, das sich von zwei Hauptthesen Jungs ablesen läßt. Die eine ist die „Individuationslehre", die andere seine „Quaternitätslehre". Jung zielte nicht auf Wahrnehmung des Geistigen. Trotzdem enthält sein früheres Konzept der Archetypen arationales Gepräge. Die Unterscheidung zwischen psychologischem Geschehen und dem rein Geistigen ist durchaus berechtigt und wichtig in der Beurteilung gewisser Phänomene, die irgendwie den mystischen Erfahrungen zugerechnet werden können. Aber man muß davor warnen, beim Vergleich zwischen christlichen und nicht-christlichen Erfahrungen dieser Art zu leicht die Erfahrungen der letzteren dem „psychologischen" Bereich zuzurechnen, während man die der christlichen Mystik ohne weiteres dem rein Geistigen zuschreibt.

Die Archetypen sind jedenfalls etwas, das immer schon da war und immer da ist. Sie sind Urbilder, die der Psyche inhärieren und in Träumen, Phantasien, Mythen, Märchen, Dichtungen und anderen psychisch bedingten Manifestationen nachweisbar sind. Sie selbst sind sozusagen von „ewiger Präsenz“; das aber besagt, daß sie zeitfrei sind. Sie sind von der Art, daß sie, ohne selber eine materielle Existenz zu besitzen, doch das Psychische präformieren; sie liegen der Psyche achromatisch und amateriell zugrunde; sie sind zudem für den Intellekt unbekannt und undefinierbar. Damit ist die bloße Rationalität und bloße Irrationalität überdeterminiert worden. Also auch von der psychologischen Forschung aus wird die Zeitfreiheit wahrnehmbar.

Philosophie

Die Philosophie begann mit dem griechischen Denken. In ihr wurde die Mutation aus dem mythischen Bewußtsein vollzogen. Sie ist bei aller Anerkennung des Großen, das sie geleistet hat, in den zweieinhalbtausend Jahren ihres Bestehens, im bisherigen Sinn zu Ende. Das Zeitelement wird vordergründig seit der Wende des 18. zum 19. Jahrhundert auch in der Philosophie. In dem Moment, da Descartes die analytische, immer noch quantitative Methode einführt, entwirft Pascal seine Philosophie des Herzens. Hegel spricht das Thema der Zeit mit seiner „Phänomenologie des Geistes“ in der gleichen Richtung an. Auch Kierkegaard tut das in seiner Schrift *„Zeit und Freiheit“*, in der er den Augenblick in Beziehung zur Ewigkeit setzt und den Begriff „Zeitlichkeit“ einführt. Ihm folgt Bergson in seinem Werk *„Zeit und Freiheit“*, in dem er die Zeitanalyse aufnimmt. Er sagt: *„Zeit ist Zeugung*, oder sie ist schlechthin nichts.“ Damit wird sie vom Raum gelöst, also raumfrei, und erhält jene Eigenständigkeit, die ihr durch bloße logistische Deduktion niemals zusprechbar gewesen wäre.

Später, 1927, erscheint Heideggers *„Sein und Zeit“*. Auch hier wird dieses Thema behandelt. Gleichzeitig wurden die Werke von Nicolai Hartmann, Gabriel Marcel und Alfred North-Whitehead veröffentlicht, die das Zeitproblem ontologisch, existentiell und metaphysisch untersuchen. Die Philosophie ist auf dem Sprung aus der räumlich gegebenen Vorstellungswelt dreidimensionaler Art in die vierdimensionale Wahrnehmungswelt der aperspektivischen Raum-Zeit-Freiheit.

Soziologie

Auch auf dem Gebiet der Soziologie macht sich das Bestreben nach Überwindung des Dualismus bemerkbar. Einen Markstein hat die Französische Revolution gesetzt. Die Menschheit als ganze ist in den seither verflossenen 200 Jahren im Sinn der echten Überwindung des sozialen Dualismus gewiß ein gutes Stück weitergekommen. Das gilt nicht nur in der Beziehung von Mensch zu Mensch allgemein, sondern es ist auch ganz besonders seit den beiden Weltkriegen noch etwas anderes vordergründig geworden: die Überwindung des Nationalismus und die Erkenntnis, daß die ganze Menschheit eins werden muß. Daher die unermüdlichen Bemühungen um einen dauernden Weltfrieden. Wer den Ersten und Zweiten Weltkrieg miterlebt hat, kann ermessen, was das heißt. Wenn diese schrecklichen Kriege notwendig waren, damit sich diese Umwandlung vollziehen konnte, so haben sie wenigstens die Menschheit auf diesem Gebiert ein großes Stück weitergebracht. Das bleibt wahr, obwohl wir trotz aller Bemühungen mit einer noch größeren Weltkatastrophe rechnen müssen. Es scheint, daß der Mensch des mentalen Bewußtseins nicht imstande ist, den Traum eines ewigen Weltfriedens zu verwirklichen. Hier könnte man an ein Wort von Lecomte du Noüy denken: „Der Mensch und sein heutiges Gehirn stellen nicht das Ende der Entfaltung dar, sondern nur eine Zwischenstufe der Vergangenheit, welche schwer belastet ist mit der Erinnerung an das Tier und der Zukunft, welche reich ist an hoher Verheißung. Derart ist die Bestimmung des Menschen." Das ist heute noch wahr, und daher ist es notwendig, daß der Mensch den Schritt in das neue Bewußtsein vollzieht, durch das wir instandgesetzt werden, das Tier in uns zu überwinden, denn dieses Bewußtsein ist vom Geistigen geprägt.

Die Künste

Mehr noch als die Wissenschaften sind die Künste offen für die jeweils neue Bewußtseinsstruktur, da sie vorwiegend Ausdruck des Prärationalen sind und daher dem Magisch-Mythischen eher als dem Rationalen angehören. Die Kunst ist oft Voraussage für ein neues Bewußtsein. Andrerseits besteht aber auch gerade hier die Gefahr, das Falsche mit dem Echten zu verwechseln. Das gilt zum Beispiel für die neue *Musik.* Um die rechte Unterscheidung zu finden, ist nicht immer ausschlaggebend, ob sie im herkömmlichen Sinn schön ist oder nicht. Sie kann in ihren Ansätzen für viele Menschen, die für die klassische Musik begeistert sind, unausstehlich sein und trotzdem echt im Sinne einer Voraussage für die Zukunft. Das kann gerade deswegen so sein, weil sie in einer bestimmten Richtung von den Regeln der klassischen Musik abweicht.

Die temporischen Bemühungen klingen uns aus allen Werken der neuen Musik entgegen. Nach Strawinsky beruht die musikalische Schöpfung vor allem auf einer spezifisch musikalischen Auseinandersetzung mit der Zeit, dem Chronos, als dessen folgerichtige Verwirklichung das musikalische Kunstwerk anzusehen ist. Die neue Musik ist im Begriff, die einstigen Zeitformen aufzuheben, zu überwinden. Sie scheint sich damit ausdrucksmäßig der zeitlosen Musik zu nähern, macht sie jedoch zu einer zeitfreien. Dabei bedeutet Zeitfreiheit auch hier wieder bewußt gewordene und überwundene Zeitlosigkeit. Die neuere Musik weicht in einer bestimmten Richtung von den Regeln der klassischen Musik ab, etwa von der herrschenden Tonalität, dem Dur-Moll-System oder von den Gegensätzen Konsonanz-Dissonanz oder dem Klangraum der Oktave oder dem Dreiklang oder der Fixierung auf den Grundton. Die atonale Musik ist abweichend von allem Zwang. Sie ist offen. In ihr äußert sich der Trieb zum Ursprünglichen im Gegensatz zum Mental-Rationalen. In der Überwindung des Dur-Moll-Dualismus spiegelt sich die Überwindung von Energie-Materie.

Die moderne Musik sucht die Arationalität zu realisieren. Sie ist ein Versuch, der im Menschen erwachten Aperspektivität eine Ausdrucksform zu geben. Igor Strawinsky sagt: „*Der integrale Mensch allein ist der hohen Spekulation fähig, mit der wir uns beschäftigen wollen.*“

Ähnliches läßt sich von der modernen *Architektur* sagen. Auch hier besteht die Tendenz zur Offenheit. Innen und Außen fließen ineinander über. Sie ist aperspektivisch und löst sich von dem veralteten System der Proportion und bringt Stilfreiheit zum Ausdruck.

Die obigen Angaben sind typisch dafür, daß die Kunst schon immer das Neue, das kommen soll, im voraus in ihrer Weise sichtbar macht. Das gilt besonders für die *Malerei.* Vor etwa 2500 Jahren, wenn nicht schon früher, tauchten die ersten perspektivischen Bilder auf. In unserer Zeit ist es die vierte Dimension, die man irgendwie darzustellen versucht. An sich ist sie nicht darstellbar. Dieser Umstand verbürgt die Echtheit und Notwendigkeit der durch den Einbruch der Zeit erfolgten Umstrukturierung unserer Weltsicht; denn die Fähigkeit eines neuen Sehens, das mit dem alten Sehen bricht und neue Zusammenhänge und Durchsichten wahrzunehmen ermöglicht, tritt plötzlich in Erscheinung, ist gleichsam ein Sprung, eine Mutation aus der drei- in die vierdimensionale Welt.

Für die Überwindung des Dualismus ist auch die Anwendung der Komplementärfarben typisch. Sie ist ein Übergang von den Kontrastwirkungen zu polaren Bindungen. Die Struktur hat sich grundlegend gewandelt. Auf Grund der Hereinnahme der Zeit sind die Grenzen zwischen dem Raum des Betrachters und dem des Kunstwerks aufgehoben. Das ist jedoch nicht mystisch oder psychisch zu verstehen. Es handelt sich weder um ein mythisch-magisches Absinken in die Raumlosigkeit, noch um eine bloß psychologisch erklärbare Identifikation. Hier ist Verlust der Mitte nicht Verlust, sondern Gewinn des Ganzen. Die Arationalität der neuen Malerei ist wie anderswo die Konsequenz oder besser die Haltung, die effizient wird in dem Moment, wo der Einbruch der Zeit zur Wirkung kommt. Sie bringt jeweils die Überwindung des rationalen Dualismus und der perspektivischen Fixierung mit sich; sie öffnet in der Malerei in gleicher Weise den geschlossenen Raum, wie sie das geschlossene Denken in offenes Denken verwandelt oder die bloßen Systeme und Strukturen überdeterminiert.

Hier bahnt sich zudem die Gewinnung der offenen „Welt ohne Gegenüber“ an. Damit ist jedoch nicht eine negative, Du-lose, beziehungsleere Weltsicht gemeint, sondern eine entschränkte, entgrenzte Welt, die unserer Wahrnehmung die Fülle und den Beziehungsreichtum des universalen Ganzen erschließt. Die Aufgabe des Gegenüber ist Gewinn des Miteinander. In diesem Miteinander wird das Du - sei es ein Partner, die Welt oder Gott oder das Göttliche - nicht mehr als uns gegenüberstehend begriffen. Subjekt und Objekt, die einander stets dualistisch bekämpfen, verlieren ihren Gegensatzcharakter.

Auffallend ist, daß neuerdings das Wort Eigenwert bekommt, anstatt nur Werkzeug zu sein, um etwas anderes auszudrücken. Das ist gewiß auch ein Zurückgehen zum Ursprung. Diese Erscheinung ist in den Sprachen, die ein Alphabet haben, typisch. In Japan und China, wo man immer noch die vielen Einzelzeichen benutzt, ist das anders. Das Wesentliche ist in diesen vielen tausend Zeichen enthalten. Das ist vielleicht auch ein Grund dafür, daß die Menschen dort immer noch intuitiver sind.

Thematisch kommt die Zeit in der neuen *Dichtung* erst verhältnismäßig spät zur Geltung. Wo die Vorstellungswelt des Mental-Rationalen überwunden wird, kommt das Magische und Mythische wieder zur Geltung. Die Durchsichtigkeit kommt in der Dichtung zur Geltung, wo das Räumliche, Perspektivische und mental Vorstellbare nicht mehr verstellt ist. Arationalität und Diaphanität sind Voraussetzung für die Wahrnehmung des Geistigen. Die neue Dichtung und Sprache birgt die ersten Realisationen dieser neuen Bewußtseinsfähigkeit. Vieles, was man in der neuen Dichtung zunächst nicht versteht und was rational auch nicht erfaßbar ist, wird durch die Diaphanität verständlich.

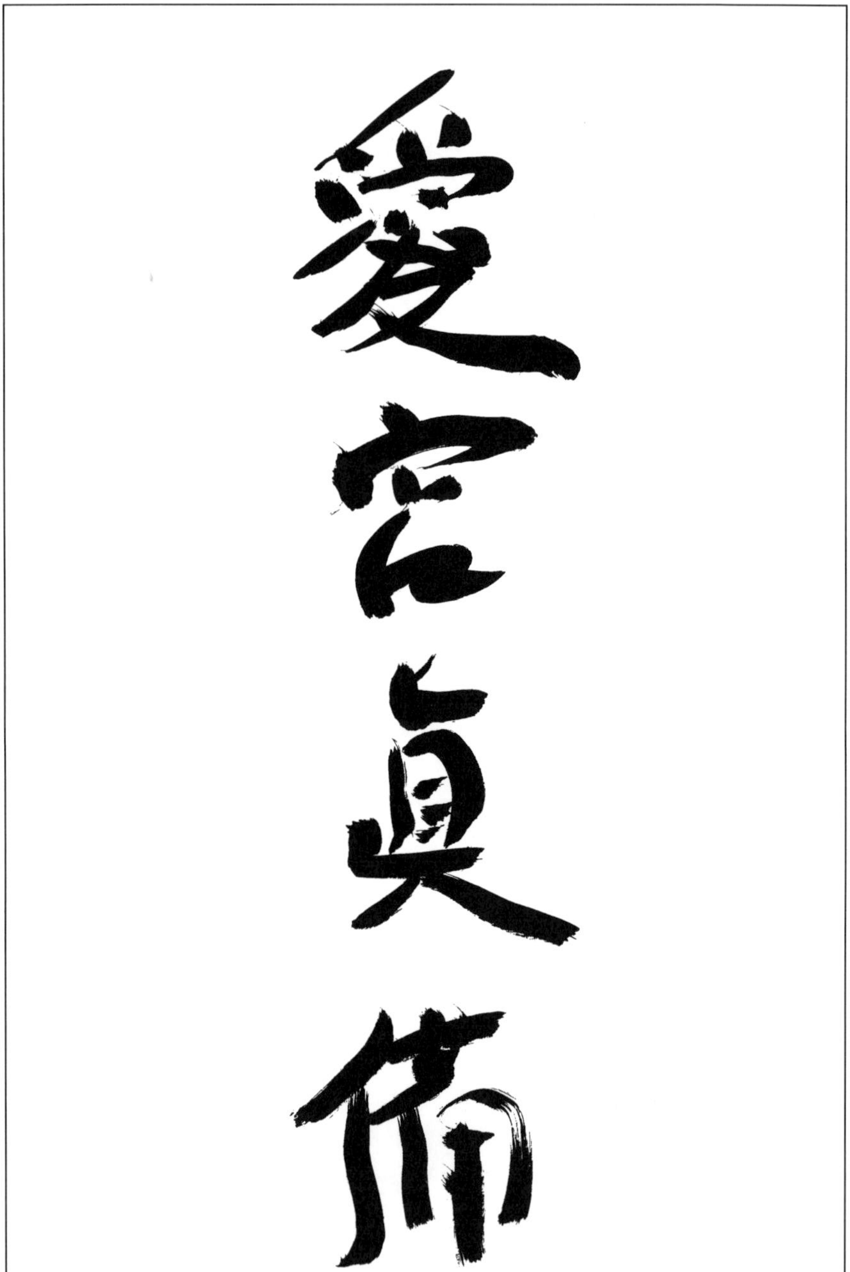
愛宮真備

5. Kapitel

Zen-Praxis

„Alles is euer Leben.
Tag und Nacht, was immer euch begegnet,
ist euer Leben; daher sollt ihr euer Leben
der Situation anpassen, die euch im Augenblick begegnet.
Verwendet eure Lebenskraft dazu, aus den Umständen, die
auf euch zukommen, eine Einheit mit eurem Leben zu
gestalten und die Dinge an ihren richtigen Platz zu setzen.“

- Zen-Meister Dogen (1200-1253) -

Zen als Lebensweg

Das Wort *„Zen“* kommt vom indischen *dhyana* und heißt ursprünglich „Meditation“. Die Chinesen schrieben es mit einem Schriftzeichen, das *„ch'an“* ausgesprochen wird und bereits im Taoismus in Gebrauch war. Das Zeichen ist aus den Elementen „Gott“ und „ein“ oder „einfach“ zusammengesetzt, bedeutet also *„eins mit Gott“*. Im Laufe der Zeit bekam das Wort „Zen“ einen weiteren Sinn und schließt heute alles mit ein, was mit der Art der Meditation irgendwie zusammenhängt. Dazu gehört z. B. die bekannte Teezeremonie, ebenso die Kunst des Bogenschießens (Kyudo, d. h. Weg des Bogens). Das gleiche gilt vom Fechten, Judo, Karate, Pinselschreiben und Blumenstecken (Ikebana). All das sind nicht nur Sportarten oder Künste, sondern Wege, Lebenswege. Sie atmen sozusagen den Geist des Zen, das heißt, sie enthalten die geistige Lebenseinstellung, die dem Zen eigen ist. Sie sind im weiteren Sinne religiös und betreffen nicht nur einen Teil des Menschen, sondern den Menschen als Ganzes, seine ganze Person. Diesen Eindruck hat man auch heute noch bei den echten Meistern dieser Künste. Sie gleichen den eigentlichen Zenmeistern. Auch das Verhältnis von Meister und Schüler ist dasselbe. Alle diese Zen-Wege sind heute mehr oder weniger im Westen bekannt und werden dort von vielen Menschen geübt. Alle haben ihre eigenen Regeln, spezielle Bedeutung und Wirkungen. Auf alle einzugehen würde zu weit führen. Der gründlichste und wirksamste dieser Wege ist und bleibt das Zazen oder die Zen-Meditation.

Zazen

Zazen heißt „Sitz-Meditation", was schon andeutet, daß das Sitzen dabei ein wichtige Rolle spielt. Wir wollen uns zunächst klarmachen, worin die Zen-Meditation besteht, wie sie vollzogen wird und was dazugehört. Zum Vollzug der Zen-Meditation gehören drei Dinge: Körperhaltung, Atmung und innere Haltung.

1. Körperhaltung

Man sitzt auf einem etwa fünf Zentimeter dicken Kissen, das unmittelbar auf dem Boden oder einer Decke liegt. Dabei wird der rechte Fuß auf den linken Oberschenkel und der linke Fuß auf den rechten Oberschenkel gelegt. Der Oberkörper soll einschließlich des Kopfes kerzengerade aufgerichtet, aber vollkommen entspannt sein. Die Arme hängen gelöst herunter. Die Hände liegen mit dem Handrücken nach unten gekehrt flach aufeinander, wobei sich die Daumen leicht berühren. Die Augen sind halb geöffnet und auf einen etwa einen Meter entfernten Punkt am Boden gerichtet. Dieser Sitz wird „Lotussitz" genannt. Legt man nur den einen Fuß auf den gegenüberliegenden Oberschenkel, während der andere Fuß am Boden liegenbleibt, nennt man diese Haltung „halber Lotussitz". Der Lotussitz ist fast unverändert vom Yoga übernommen. Bei diesem wird jedoch kein Kissen als Unterlage benutzt. Man sitzt flach am Boden, was übrigens auch im Zen bisweilen geschieht. Das im Zen gebräuchliche Kissen erleichtert den Lotussitz.

2. Atmung

Die Atmung geschieht grundsätzlich durch die Nase und sollte Tiefatmung oder Zwerchfellatumung sein. Brustatmung ist für den Zen weniger günstig. Das Atmen soll tief und ruhig sein. Zwischen Ein- und Ausatmen soll keine längere Pause gemacht werden. Der Atem wird nicht angehalten. Die beschriebene Haltung und Atmung fördert den Blutkreislauf und beruhigt die Nerven. Nachdem der Körper zur Ruhe gekommen ist, ist es leichter, auch seelisch in einen Zustand der Ruhe zu kommen, wie es für die Meditation notwendig ist.

3. Innere Haltung

Sie ist das wichtigste und der unmittelbare Zweck der Körperhaltung und Atmung. Sie ist schwieriger zu beschreiben als die beiden anderen Elemente des Zazen. Meister Dogen (1200 bis 1253), der Gründer der japanischen Soto-Schule (Sekte), sagte: *„Denke das Nicht-Denken.“* Es ist ein Nichtdenken, das nicht gleichbedeutend ist mit einem Zustand des Dösens. Eine andere gebräuchliche Ausdrucksweise ist: „Ohne Begriffe und ohne Gedanken“ (munen-muso). Zazen ist eine Meditation ohne Gegenstand oder Thema. Im christlichen Raum sind wir gewohnt, uns auf eine Glaubenswahrheit oder eine Schriftstelle zu konzentrieren, wenn wir eine Betrachtung oder Meditation machen. Im Zen ist dies anders. Dort wird nicht über etwas nachgedacht, auch nicht über die buddhistische Lehre. Der chinesische Altmeister Rinzai sagt: „Räume jedes Hindernis aus dem Wege ... Wenn dir der Buddha auf dem Wege begegnet, so töte den Buddha! Wenn du deine Ahnen triffst, töte die Ahnen! Wenn du Vater und Mutter triffst, töte Vater und Mutter! Wenn du Buddhas Jünger triffst, töte Buddhas Jünger! Wenn du deine Verwandten triffst, töte die Verwandten! Nur so wirst du die Erlösung erlangen, nur so den Netzen entfliehen und frei werden.“ Dies heißt: Wenn dir während des Zazen der Gedanke an Buddha kommt, so weise diesen Gedanken ab, etc. Daß der Zustand des Nichtdenkens nicht ein Verhalten ist, in dem keinerlei geistige Tätigkeit stattfindet, konnte neuerdings durch die Beobachtung der Gehirnwellen und Hautreflexe während der Zeit der Meditation bestätigt werden. Bei Menschen, die im Zen fortgeschritten sind, z. B. den Zenmönchen, treten bald Alpahawellen, später Thetawellen auf.

Anders ausgedrückt: Während der inneren Haltung des Zazen kommt es darauf an, daß jede ich-gelenkte Tätigkeit eingestellt wird. Das Ich muß passiv werden bzw. rezeptiv oder geöffnet. Es geht hier nicht um das Reden, sondern um die Haltung des Hörens, freilich nicht in dem Sinne, daß man etwas hören möchte; das wäre wieder eine ich-gelenkte Tätigkeit in der Form eines Wunsches. Tauchen trotzdem spontan Gedanken auf, schadet das dem Zen nicht, solange man nicht darauf eingeht. Mit anderen Worten: Man muß in die tiefere Bewußtseinsschicht eindringen. Das kann man jedoch nicht erzwingen, sondern muß es geschehen lassen.

Verwirklichung der inneren Haltung

Beim Zazen gibt es drei verschiedene Verhaltensweisen:
1. Man konzentriert sich auf den Atem.
2. Man beschäftigt sich mit einem sogenannten Koan.
3. Man sitzt einfach da, ohne irgendwelche Hilfsmittel zu gebrauchen.

1. Konzentration auf den Atem

Sie kann in verschiedener Weise geschehen. Gewöhnlich beginnt man damit, den Atem zu zählen, und zwar von eins bis zehn, dann wieder von eins anfangend. Man zählt dabei das Einatmen auf die ungeraden Zahlen und das Ausatmen auf die geraden. Das Atmen selbst geschieht ruhig und tief, jedoch ohne sich dabei Gewalt anzutun. Eine andere Art, sich auf den Atem zu konzentrieren, besteht darin, dem Atem im Geiste zu folgen, ohne zu zählen. Die Konzentration auf den Atem hilft, das Auftauchen von Gedanken einzuschränken. Sie hindert das Eindringen in tiefere Schichten des Bewußtseins nicht, weil sie eine sehr einfache Tätigkeit ist. Manchmal zählt man nur das Einatmen oder nur das Ausatmen. Das erstere hilft, die Zerstreuungen zu vermindern, das letztere, die Schläfrigkeit zu überwinden.

Die Methode, sich auf den Atem zu konzentrieren, ist nicht vom Zen erfunden worden. Sie geht auf die vorbuddhistische Zeit zurück. Buddha hat sie übernommen. Ursprünglich war sie nicht nur technische Hilfe, sondern hatte einen tieferen Sinn. Atem ist Leben. Der Mensch kann langes Fasten aushalten, ohne zu sterben. Wenn er jedoch nur wenige Minuten ohne Atem ist, stirbt er. Der primitive Mensch hatte das Gefühl, daß der Atem dem Geistigen nahesteht. Für beides brauchte er dasselbe Wort. Darum heißt es wohl im biblischen Schöpfungsbericht, daß Gott dem Menschen den Odem des Lebens ins Angesicht hauchte, nachdem er den Leib aus Erde geformt hatte (Gen. 2,7). Die Seele, das heißt das, was den Menschen zum Menschen macht, ist gewissermaßen ein Anteil am Geiste Gottes. Über den tieferen Sinn des Atems soll beim Zazen nicht nachgedacht werden. Aber das Wissen um diese Zusammenhänge kann das Zählen des Atems sympathischer machen. Jedenfalls ist es anzuraten, im Anfang beim Zazen das Atemzählen zu benutzen. Früher oder später sollte man dazu übergehen, dem Atem im Geiste zu folgen, ohne zu zählen. Dabei denkt man beim Einatmen nur an das Einatmen und beim Ausatmen nur an das Ausatmen.

2. Konzentration auf ein Koan

Koan ist ein chinesisches Wort und heißt nach dem Sinn der dafür verwandten Schriftzeichen „öffentliche Bekanntmachung". In Wirklichkeit hat es jedoch einen anderen Sinn. Im Zen gibt es eintausendsiebenhundert Koan. Zum großen Teil sind es Gespräche zwischen Meister und Schüler, „*mondo*" (Frage und Antwort) genannt. Der eigentliche Text des Koan ist meist kurz und enthält einen Widerspruch oder ein Paradox, auf das der Verstand keine Antwort weiß. Freilich wird dazu eine Erklärung gegeben. Auch diese ist jedoch nicht ohne weiteres verständlich, wenn man nicht schon tieferen Einblick in das Zen gewonnen hat.

Dazu einige Beispiele:

Meister Chaochou wurde einst von einem Mönch gefragt, ob auch in einem Hündlein die Buddhanatur sei. Chaochou antwortete: „*Mu*" (Nichts). Oder: Ein Mönch bat Chaochou: „*Meister, ich bin noch ein Neuling, zeige mir den Weg.*" Chaochou sprach: „*Hast du schon dein Frühstück beendet?*" Der Mönch sagte: „*Ich habe mein Frühstück beendet.*" Chaochou antwortete: „*Geh und wasch die Eßschalen!*" Da kam der Mönch zur Einsicht.

Der japanische Meister Hakuin klatschte in die Hände, dann erhob er die eine Hand und sagte: „*Höre den Ton der einen Hand!*"

Viele sind mit Hilfe des Koan zur Erleuchtung gekommen. Den Prozeß vom Koan zur Erleuchtung kann man sich in folgender Weise vorstellen. Der Schüler sucht zunächst eine logische Lösung zu finden. Nach einiger Zeit wird es ihm klar, daß es auf diesem Wege keine Lösung gibt. Nun gibt er das logische Denken auf. Inzwischen hat er sich jedoch so in das Problem hineingearbeitet, daß er es nicht mehr los wird. Dazu kommt, daß er immer wieder vom Meister gerufen und zu einer Antwort gedrängt wird. Er ist in einem Zustand wie einer, der eine glühende Kugel verschluckt hat und sie ausspeien möchte, es jedoch nicht kann. Das ist der Zustand des „großen Zweifels", von dem im Zen oft die Rede ist. Wo der Übende geht und steht, verfolgt ihn das Koan. Beständig hat er es im Sinn. Tag und Nacht ist er mit dem Koan beschäftigt. Eines Tages oder Nachts hat er plötzlich das Gefühl, er sei selbst das Problem geworden. Er ist selbst das Nichts des Chaochou oder die eine Hand, von der Hakuin sprach. Das eigene Ich ist spurlos verschwunden. Übt er nun unermüdlich weiter, dann verschwindet das Koan plötzlich aus seinem Bewußtsein. Damit ist die vollkommene Leere des Bewußtseins hergestellt und die Voraussetzung für die Erleuchtung erfüllt. Es bedarf meist nur einer unbedeutenden sinnlichen Wahrnehmung, z. B. eines Schlags der Tempelglocke oder des kaum hörbaren Fallens eines Blattes von einem in der Nähe stehenden Baum, und der Geist öffnet sich. Das große Erlebnis ist da.

Trotz der guten Erfahrungen, die man mit dem Koan gemacht hat, ist es nur ein Mittel, nicht das Wesen des Zen. Seine Anwendung ist nach Zen-Schulen oder Sekten und nach einzelnen Meistern verschieden. Von den beiden großen Sekten Soto und Rinzai benutzt erstere das Koan grundsätzlich nicht, während Rinzai es ausführlich tut. Wer dort Zenmeister werden will, muß alle Koan lösen, was natürlich viele Jahre in Anspruch nimmt. Auf diese Weise wird die Erleuchtung immer mehr vertieft.

3. Das „Nur-Sitzen" (shikantaza)

Man spricht vom „Nur-Sitzen", weil man sitzt und atmet, wie es vorgeschrieben ist, aber keinerlei Hilfsmittel - weder Konzentration auf den Atem noch ein Koan - benutzt. Kommen Gedanken, geht man ihnen weder nach, noch vertreibt man sie. Ein Meister der neueren Zeit, Sogaku Harada, stellte das in folgender Weise dar:

„Es ist wie der am Ostmeer majestätisch emporragende Fuji-Berg. Doch ist dieser Vergleich noch zu schwach. Eigentlich sollte man sagen: Das Zazen ist ein Gefühl, so massiv, als wäre das Sitzkissen zum Erdball geworden und das Weltall füllte den Unterleib aus. Stattdessen zu dösen, hieße Kuhmist kneten. Es wäre ein gänzlich totes Zen und überhaupt kein Zazen mehr. Wenn man es lieber anders ausdrücken will, kann man auch sagen: ‚Unbeweglich stehen die grünen Berge. – Die weißen Wolken kommen und gehen.' – Oder mit den Worten Tesshu Yamaokas: ‚Ob der Himmel klar ist oder bewölkt, in jedem Fall ist es recht. Der Berg ist immer derselbe, und seine ursprüngliche Gestalt ändert sich nicht.' Das ist der Zen-Gesang, der Gesang der Wahrheit, wirklich unser Gesang. Im Zen-Merkbuch (Zazengi) ist das ausgedrückt durch das Wort ‚Hishiryo' (Nicht-Denken). Um es ausführlich zu sagen: ‚Denke das Nicht-Denken', das ist der Schlüssel zum Zazen, das ist sein Lebensnerv."

(Daiun Sogaku Harada, 1870-1961 war in den 50er Jahren mein Zen-Meister; er vereinigte auf geniale Weise die beiden Schulungen des Zen von Rinzai und Soto zu einer neuen Form. Er ließ mich in seinem Kloster die Eucharistie feiern und hatte einen tiefen Respekt vor der Dimension der christlichen Mystik. Die Nachfolger von Harada Roshi waren die bekannten Zen-Meister Hakuun Ryoko Yasutani und Yamada Koun.)

Bei allen drei Verhaltensweisen gibt es kein Thema, über das nachgedacht wird, wie das bei der christlichen Betrachtung gewöhnlich geschieht. Das ist am Anfang schwierig. Entweder treten viele Gedanken auf, oder man wird schläfrig. Kommen dann noch wegen des ungewohnten Sitzens erhebliche Schmerzen in den Beinen dazu, braucht man viel Geduld, die vorgeschriebene Zeit durchzuhalten. Bei Anfängern sind die Schmerzen oft so stark, daß ihnen das Denken schon dadurch unmöglich wird. Aber das ist noch nicht das Nicht-Denken, das hier gemeint ist. Das bemerkt man erst, sobald die Schmerzen einigermaßen erträglich werden oder ganz aufhören. Denn nun drängen sich die Gedanken in Schwärmen auf.

4. Der Warnungsstab

Dieser soll den Zenschülern eine Hilfe bieten in ihrem Bemühen. Es ist ein zwei bis drei Fuß langer Stab, aus Holz gemacht, der am äußeren Ende flach ist. Damit wird von einem Mönch von Zeit zu Zeit auf die Schultern der Zen-Schüler geschlagen. Normalerweise geschieht das aber nur während des Zazen. Dieser Warnungsstab gehört seit Jahrhunderten zum eisernen Bestand der japanischen Zenhallen. Es wird bald mehr oder weniger, fester oder sanfter geschlagen. Ein Europäer, der das zum ersten Male mitmacht, ist vielleicht ungehalten darüber und meint, solche Methoden paßten nicht in die heutige Zeit. Aber er bemerkt bald, daß ein Schlag mit dem Stab eine lockernde Wirkung bei Verspannung hat. Der versteifte Körper wird aufgefrischt und der Schlaf vertrieben. Daß das Schlagen keine Züchtigung ist, sondern ein Dienst am Mitmenschen, kommt schon durch das dabei beobachtete Zeremoniell zum Ausdruck. Der Mönch holt den Stab vom Buddha-Altar (auf dem er gewöhnlich liegt), nachdem er sich tief verneigt hat. Bevor er einen der Übenden schlägt, verneigt er sich tief vor ihm, während jener die Hände zusammenlegt wie beim Gebet. Dann erst schlägt er ihn ein- oder mehrmals auf die Schultern. Dann geschehen dieselben rituellen Handlungen wie zuvor, und der Mönch geht weiter zum nächsten, wo dasselbe Zeremoniell wiederholt wird. Ehe die Sitzung endet, wird der Stab wieder feierlich an seinen Ort auf dem Buddha-Altar gelegt.

5. Der Zenmeister

Hier kommen wir zu einem wichtigen Punkt: der persönlichen Leitung durch den Zenmeister. Denn nach Auffassung des Zen kann

Zen, besonders die Erleuchtung, nicht durch theoretische Unterweisungen, sondern nur durch Initiation weitergegeben werden. Zen ist mehr als eine Technik oder Methode. Es ist etwas Geistiges darin, was übertragen oder weitergegeben werden soll, nämlich eine Erfahrung von höchster Bedeutung. Daher gilt die Leitung durch den Zenmeister von jeher als Wesensbestandteil des Zen. Eine Technik kann man zur Not auch durch eine ausführliche schriftliche Anweisung erlernen. Aber das ist nur der Anfang. Die Führung des Meisters ist weder Magie noch Hypnose. Auch hier kommt der tiefe Sinn der Sache durch ein Zeremoniell zum Ausdruck, das bei der Einzelleitung beobachtet wird. Der Zenmeister ist dann nicht irgendein Lehrer, sondern Buddha selbst. Der Schüler nähert sich ihm mit dreimaliger oder sogar neunmaliger Verbeugung bis zum Boden auf beiden Knien und rutscht nach der letzten Verneigung bis auf zwanzig Zentimeter an den Meister heran. Während dieser Begegnung, die in einem eigens für diesen Zweck bestimmten Zimmer stattfindet, wird über nichts anderes gesprochen als über das Zazen, und zwar praktisch, nicht theoretisch. Der Schüler berichtet von seiner Erfahrung oder von seinen Schwierigkeiten beim Zazen. Der Meister stellt ihm Fragen. Im allgemeinen ist das Gespräch kurz. Oft dauert es nur eine Minute oder noch weniger. Das genügt für den Meister, um zu sehen, wo der Schüler steht. Der Meister hat ein kleine Schelle neben sich stehen, die er läutet zum Zeichen, daß das Gespräch zu Ende ist. Sofort zieht sich der Schüler in der gleichen Weise zurück, in der er gekommen ist. Er geht in die Zenhalle zurück, wo er die Meditation fortsetzt. Während der strengen Übungen, die meistens eine Woche dauern, geht der Schüler mehrmals am Tage zum Meister.

Trotz der starken Betonung der Einzelleitung hält es die Soto-Schule anders als die Rinzai-Schule. Soto drängt weder auf Erleuchtung, noch benutzt sie das Koan. Sie betont die Einzelleitung längst nicht so stark wie Rinzai. Um das zu verstehen, muß man bei Soto die Interpretation des Zen in ihrer Gesamtheit sehen. Der Sotomönch tritt mit dem Mönchwerden in das Buddhaleben ein. Das aber erschöpft sich nicht im Zazen, sondern umfaßt das ganze tägliche Leben, Tag und Nacht. Dieses Buddhaleben ist für ihn schon die Erleuchtung. Diese Erklärung ist vielleicht zu einfach, um die einschlägigen Fragen vollkommen zu beantworten. Aber es gibt verschiedene Auffassungen im Zen. Oft wird es sich nach der Veranlagung des einzelnen richten, welche er vorzieht. Praktisch entscheidet sich die Wahl automatisch. Die Schulen sind ja gleichzeitig religiöse Gemeinschaften (Sekten). Je nachdem einer der einen oder anderen angehört, wird er die Wahl treffen, wenn er Mönch wird. Wenn oben gesagt wurde, daß Soto nicht auf die Erleuchtung dränge, so heißt das nicht, daß es dort keine Erleuchtungserlebnisse gibt. Es gibt sie auch dort. Findet die Erleuchtung statt, ist das Privatsache und wird nicht als äußere Norm gewertet, z. B. als Qualifikation für einen Zenmeister wie im Rinzai.

Wie gesagt, geschieht die Einzelleitung im Zen während der Meditationszeiten, damit der Meister den inneren Zustand des Schülers kennenlernt. Weil der Schüler während dieser Zeit tiefer in Versenkung ist, kann der Meister ihn leichter leiten als in der Zeit zwischen den Meditationen. Zu anderer Zeit könnte der Schüler nur berichten, was war. Dann ist keine unmittelbare Prüfung mehr möglich.

Die Wahl des Zenmeisters steht jedem frei. Hat man die Wahl getroffen und ist vom Meister als Schüler angenommen, so gilt als Regel, daß man den Meister nicht wechselt. Bedeutende Meister lassen Bittende oft lange warten, lehnen sie manchmal mit harten Worten ab, um zu sehen, ob es dem Schüler wirklich ernst ist mit seinem Entschluß. Sollte man aus schwerwiegenden Gründen den Meister trotzdem wechseln, dann tritt eine andere Regel in Kraft: Man muß alles vergessen, was man vom vorhergehenden Meister gesagt bekommen hat. Das heißt, man muß sich nun vorbehaltlos vom neuen Meister leiten lassen.

Ziel, Zweck und Wirkung

Man könnte zwei Fragen stellen:

1. Was ist der eigentliche Zweck dieser Meditation?
2. Was bedeutet sie für den Menschen als solchen, d. h. unabhängig davon, ob er Buddhist oder Christ, Asiate oder Europäer ist?

1. Ziel: Bewußtwerden des Selbst und der Transzendenz

Das Ziel des Zazen ist von seinem buddhistischen Ursprung her eindeutig bestimmt, nämlich: das Bewußtwerden der Buddhanatur. Nach buddhistischer Lehre hat jeder Mensch die Buddhanatur. Es ist daher nicht so, daß er etwas werden soll, was er nicht war, sondern daß er sich dessen bewußt werden soll, was er schon immer war. Mit der Buddhanatur ist im Grunde nicht etwas gemeint, das nur den Buddhisten angeht. Der Mensch hat ein doppeltes Leben oder Sein. Das eine ist jenes Leben oder Sein, dessen er sich bewußt wird in dem Augenblick, in dem er zum Bewußtsein kommt. Das ist jedoch nicht alles. Er hat auch teil an dem einen ungeteilten und absoluten Sein, von dem unabhängig nichts existiert. Nach buddhistischer Lehre genügt es nicht, das nur zu sein, sondern man muß sich dessen auch bewußt werden; daher die Bezeichnung „Selbstverwirklichung“. Das eigentliche, tiefste Selbst muß bewußt werden. In dem Augenblick, in dem das geschieht, erfährt der Mensch: Das, was er bisher für sein Ich gehalten hat, ist nicht im vollen Sinne er selbst. In der Erleuchtung wird er sich dieses anderen „überweltlichen Seins“ bewußt.

Damit hat allerdings die Zen-Meditation ihren Zweck noch nicht erfüllt und muß daher, auch nach Erlangen der Erleuchtung (satori), fortgesetzt werden. Die Erleuchtung ist nur ein Aufleuchten oder ein kleines Licht im Innersten der Seele, das stärker und stärker werden muß, bis es alles überflutet und alle Gedanken, Worte und Werke unmittelbar von ihm ausgehen. Dann geschieht, was Paulus sagt: *„Ich lebe, aber nicht ich, sondern Christus lebt in mir“* (Gal. 2,20). Dieses Wort ist auch den Zenmeistern bekannt, und sie führen es bisweilen an, um verständlich zu machen, was das letzte Ziel des Zazen ist.

Um die zweite Frage zu beantworten - was die Zen-Meditation für den Menschen als solchen bedeutet -, dürfen wir uns nicht auf das Endziel, die Erleuchtung, beschränken. Schon auf dem Wege dorthin geschieht vieles, das nicht nur für einen Buddhisten, sondern für jeden von hohem Wert ist, gerade für den Menschen der Gegenwart. Über diese Wirkungen der Zen-Meditation möchten wir nun einiges sagen.

2. *Wirkungen*

Die Wirkungen, die schon vor Erlangen der Erleuchtung auftreten und nach der Erleuchtung beständig verstärkt werden, lassen sich in zwei Gruppen zusammenfassen:

a) Geistige Kräfte: Sie wachsen dem Übenden durch die Übung des Zazen zu (joriki).
b) Einsicht (chie) oder intuitive Erkenntniskraft.

a) Geistige Kräfte

Die erstgenannten Kräfte können physisch-somatisch oder geistiger Art sein. Sie gehören nach heutigem Sprachgebrauch der Parapsychologie an. Wir müssen uns auf die geistigen Kräfte beschränken, die durch das Zazen geweckt oder freigelegt werden. Auch das Zen strebt heute nur die geistigen Kräfte an. Was versteht man darunter? Es handelt sich um die Fähigkeit, die Zerstreuungen des Geistes abzustellen und seelisches Gleichgewicht und Ruhe zu erlangen.

Was bedeutet dies konkret? Zunächst wird der Mensch Herr über seine Gefühle. Er wird ruhiger und innerlich freier. Seine Gefühle gehen nicht mit ihm durch. Er wird zugänglicher für seine Mitmenschen. Kommt er trotzdem einmal aus dem Gleichgewicht, dann gewinnt er es schnell zurück. Dies bedeutet nicht passive Gleichgültigkeit oder Verlust an Energie oder Emotionalität. Es gab und gibt auch heute Menschen aus allen Berufen, selbst Staatsmänner und Großindustrielle, die Zazen praktizieren. Die Fähigkeit, die Zerstreuungen des Geistes zu überwinden, fördert zugleich die Konzentration. Wer regelmäßig Zazen übt, wird auch in seinem Beruf tüchtiger. Er wird fähig, sich auf seine Arbeit zu konzentrieren, auch wenn äußere und innere Hindernisse im Wege stehen. Das Gleichgewicht zwischen Emotionalität und Ruhe läßt sich vielleicht durch eine Erklärung von Prof. Schultz, dem Erfinder des autogenen Trainings, verstehen. Er sagt, man müsse dafür sorgen, daß die Reize, denen wir beständig ausgesetzt sind, sich nicht im Vegetativen festsetzen. Sie werden dann ganz natürlich aufgenommen und empfunden, klingen aber schnell wieder ab. Gehen sie jedoch in den Körper, setzen sie sich dort fest wie mit einem Widerhaken. Der „Film" läuft immer wieder von neuem ab. „Ärger, Heftigkeit, Angst, kurz die störenden Gemütsbewegungen sind nur deswegen so mächtig, weil sie den ganzen Organismus erschüttern." Dies erklärt auch, daß emotionelle Menschen, wie es die Japaner von Haus aus sind, in schwierigen Situationen die Ruhe bewahren. Selbstverständlich bringen es nicht alle so weit. In letzter Zeit hat sich da manches geändert. Aber bei solchen, die Zazen üben, ist es selbstverständlich.

Eine andere Weise, die hier besprochene Wirkung des Zen zu erklären, ist folgende: Im Zen spricht man oft von der Tätigkeit an der Vorderseite und an der Rückseite des Geistes (oder des Herzens). Das ist in etwa dieselbe Unterscheidung wie zwischen bewußter und unbewußter Tätigkeit. Die Tätigkeit an der Vorderseite kennen wir und haben sie einigermaßen in der Hand. Anders ist es mit der Rückseite. Viele Menschen wissen gar nicht, was dort bei ihnen geschieht. Sie meinen vielleicht, daß sie in ihren Entscheidungen frei und objektiv sind, werden aber weit mehr von ihrem Unbewußten geleitet, als sie ahnen. Durch das Zazen lernt man auch die Rückseite des eigenen Geistes kennen. Es ist wie bei einer Selbst-Psychoanalyse. *„Man versteht den wahren Zustand seines Geistes"*, sagte einmal jemand von der Erleuchtung.

Dies alles wirkt sich auch auf das Religiöse aus. Die erhöhte Konzentrationsfähigkeit erleichtert die Aufmerksamkeit bei Gebet und liturgischen Handlungen. Selbstbeherrschung und innere Freiheit geben dem

Menschen größere Möglichkeiten, andern behilflich zu sein. Dazu kommt die ethische Vervollkommnung: Das Negative und Abwegige wird allmählich aufgelöst, weg-meditiert. Neid, Haß und Mißgunst … verschwinden oder werden gegenstandslos. Der Mensch wird frei und echter Liebe fähig.

b) Einsicht

Sie ist die zweite Wirkung des Zazen. Was damit gemeint ist, können wir uns auf zweierlei Weise klarmachen. Die erste geht von der Voraussetzung aus, daß die menschliche Erkenntnisfähigkeit sich auf zweifache Weise betätigen kann: diskursiv und intuitiv. Dazwischen liegen zahllose Kombinationen. Die diskursive Weise geht von einer Wahrheit zur anderen. Die intuitive dagegen erkennt die Wahrheit unmittelbar. Die erstere ist ihrer Eigenart nach auf die Einzeldinge oder das Seiende gerichtet. Letztere ist besonders auf das eine ungeteilte, absolute Sein, auf Gott, gerichtet. Dementsprechend gibt es auch zwei verschiedene Arten von Meditation: die diskursive, Betrachtung genannt, und die intuitive, die im eigentlichen Sinne Meditation ist.

Zwischen beiden besteht jedoch eine enge Beziehung. Das diskursive Denken wird durch das intuitive vervollkommnet. Bezeichnend sagt Thomas Merton: „Die ‚Unwissenheit‘ des wahren Mystikers bedeutet nicht Unvernunft. Zuweilen scheint die Beschauung das spekulative Denken zu verwerfen, in Wirklichkeit aber ist sie dessen Erfüllung. Jede Philosophie und Theologie, die sich über die Bedeutung der wahren Ordnung der Dinge klar ist, strebt danach, in die Wolke auf dem Gipfel des Berges einzutreten, in welcher der Mensch hoffen kann, dem lebendigen Gott zu begegnen. Jede Wissenschaft müßte daher erfüllt sein von dem Bewußtsein ihrer Grenzen und vom Verlangen nach einer lebendigen Erfahrung der Wirklichkeit, welche dem spekulativen Denken unerreichbar ist.“

Was wir heute in den Naturwissenschaften erleben, bestätigt diese Auffassung. Ihre größten Vertreter kommen von der Vielheit zur Einheit und damit zum letzten Sein, das diskursiv nicht mehr faßbar ist. Ähnliches wird angedeutet durch das „neue Denken“, von dem wir seit langem hören. Soll das überhaupt einen Sinn haben, muß es uns ein vollkommeneres Erfassen der Wahrheit bringen, als wir es bisher in unserem „dreidimensionalen“ Wissen erreichen können. Wenden wir dies auf die christliche Betrachtung oder Meditation an, so heißt das: Die Betrachtung, im Sinne der gegenständlichen, auf das einzelne gehenden Betrachtung kann uns die religiösen Wahrheiten nur unvollkommen mitteilen. Das gilt besonders von der Erkenntnis des Absoluten und, im christlichen Sinne, des persönlichen Gottes. Denn dieses bzw. dieser entzieht sich jeder Begrenzung und jedem Begriff.

Viele Menschen haben heute ihren Gottesglauben verloren (*Gott-ist-tot-Theologie*), weil sie keinen anderen Weg als den hergebrachten diskursiven fanden, tiefer in das Geheimnis Gottes einzudringen. Gottesbeweise helfen dem heutigen Menschen weitgehend nicht mehr. In den Dingen, die nicht Gott sind, findet er ihn auch nicht durch schlußfolgerndes Denken. Er findet nichts mehr, das wirklich zu Gott paßt. Ein anthropomorpher Gottesbegriff ist für viele Menschen trotz besten Willens nicht mehr vollziehbar. Die Betrachtung darf daher nicht bei den Einzeldingen stehenbleiben, sondern muß zur Meditation werden, in der das diskursive Denken aufhört. Solange wir Gott begrifflich erfassen, erfassen wir ihn nicht selbst, sondern ein Bild von ihm. Von neuem gilt heute das Verbot: Du sollst dir kein (geschnitztes) Bild machen, um es anzubeten. Das ist nicht mehr Gott, sondern ein Götze. Hier ist ein wichtiges Moment für die Begegnung mit dem Buddhismus, besonders mit Formen des Buddhismus, wie das Zen ihn vertritt. Die Zenmönche wollen keine Atheisten sein. Sie sind es auch nicht in dem Sinne, wie ein Christ es wäre, der später die Existenz Gottes ausdrücklich leugnete. Die Zenmönche glauben an etwas, haben es vielleicht sogar erfahren, und dieses „Es“ kann wirklich Gott sein. Einsicht oder intuitive Erkenntnisfähigkeit, die durch Zenübungen gefördert wird, ist jene Fähigkeit, die in der Erleuchtung sowie in der Gotteserfahrung christlicher Mystik allgemein wirksam ist.

Hier möchten wir noch eine andere Erklärung der Einsicht geben, die mehr östlich ist als die obengenannte, die sich an die christlich-scholastische Auffassung der menschlichen Erkenntnisfähigkeit anlehnt. Der Osten kennt auch heute noch ein „Organ“ für die intuitive Erkenntnis. Er nennt es „Grund“ - „Seelengrund“ würden die christlichen Mystiker sagen - oder das „dritte Auge“. Wir sind gewohnt, geistige Gefühle durch Verstand und Willen zu erklären. Man erkennt z. B. etwas als gut und liebenswert. Der Wille setzt daraufhin einen Akt der Liebe, dessen Gegenstand eine Sache oder Person sein kann. Nach östlichem Denken muß diese Liebe im „Grund“ empfangene und geboren werden. Dieser „Grund“ ist wie eine „geistige Erde“, aus der alle geistigen Gefühle hervorgehen. Auch die religiösen Gefühle, vor allem der Glaube, kommen auf diesem Wege zustande. Der Befehl des Willens genügt selbst bei bester Erkenntnis nicht. Im westlichen Kulturkreis ist die „geistige Erde“ durch das Übergewicht des materialistischen und rationalen Elementes überwuchert oder unfruchtbar geworden. Das ist heute unsere große geistige Not. Die Zen-Meditation spricht diesen „Grund“ an und macht ihn wieder fruchtbar. Sie tut das dadurch, daß sie das diskursive Denken beiseite läßt. Daraus erklärt sich die häufige Beobachtung, daß Menschen, die nicht mehr an Gott glauben können, durch Zen-Meditation zu ihrem eigenen Erstaunen wieder zu ihrem Gottesglauben zurückfinden, obgleich bei dieser Meditation nicht von Gott gesprochen wird. Ähnliche Erfahrungen wurden mit anderen östlichen Meditationsweisen gemacht. Andererseits machen gläubige Christen, die nach der Art des Zen meditieren, die Erfahrung, daß sie unerwartet tiefere Einblicke in christliche Wahrheiten oder Schriftsteller gewinnen, obwohl sie nicht darüber nachgedacht haben.

4. Grundlage: Läuterung

Betrachten wir die genannten Wirkungen des Zazen, fragen wir uns vielleicht: Wie ist das möglich? - Es ist möglich, weil Zazen ein *Versenkungsweg* ist und daher ein Läuterungsweg wie alle echten Versenkungswege. Denken wir nur an die „Nächte“ des hl. Johannes vom Kreuz. Er spricht von der „Nacht der Sinne“ und der „Nacht des Geistes“. Über erstere, in der die sinnlichen Begierden gereinigt werden (was immer der „Nacht des Geistes“ vorangehen muß), hören wir im Zen nicht viel. Es wird einfach vorausgesetzt, daß jeder, der den Weg zur Erleuchtung gehen will, die Einstellung mitbringt, das Buddhagesetz zu beobachten und ein sittenreines Leben zu führen. In den buddhistischen Schriften gibt es jedoch viele Stellen, in denen auf das gedrängt wird, was in der „Nacht der Sinne“ geschehen soll. Auch ist das Leben in Zenklöstern sehr streng. Zum Beispiel gibt es siebentägige Zenübungen, während derer weder bei Tag noch bei Nacht eine Minute geschlafen werden darf. Dazu kommt, daß jene, die in ein Zenkloster eintreten wollen, große Prüfungen bestehen müssen.

Der „Nacht des Geistes“ bei Johannes vom Kreuz entspricht im Zen die Ausschaltung des Gedächtnisses, Verstandes und Willens, mit einem Wort gesagt: des Ich. Vielleicht gibt es in keiner Religion einen so radikalen Weg der geistigen Losschälung wie den des Zen. Wer diesen Weg geht unter Leitung eines strengen Meisters, wird das rasch bemerken. Man darf sich an nichts hängen, nirgends stehenbleiben, weder bei guten noch bei schlechten Gedanken und Gefühlen. Die geringste Ausnahme führt zum Stillstand. Es gibt keinen Umweg, nur einen richtigen Weg. Wer das Ziel auf einem Umweg zu erreichen versucht, wird nach einiger Zeit feststellen, daß er wieder da angelangt ist, wo er den Umweg angetreten hat. Andererseits wird man auch feststellen, daß man am schnellsten vorankommt, wenn man diesen Weg so geht, wie er vorgesehen ist. Man muß oft mühsam Phasen durchstehen, ähnlich wie bei einer Psychoanalyse. Auch im Zen kennt man Schuldbewußtsein und Tränen der Buße. Dieser Weg gleicht einem Labyrinth. Wer ihn einmal ernsthaft angetreten hat, kann nicht mehr zurück, d. h. er kann nicht so sein, wie er vorher war. Der Übende hat Dinge erlebt, die er nicht mehr vergißt. Durch ein Zurück würde er niemals glücklich werden, sondern das Gefühl haben, falsch gehandelt zu haben. Nichts hilft, immer tiefer muß er in das Dunkel hineingehen, bis das Licht aufleuchtet, das er ersehnt. Wann dieser glückliche Augenblick jedoch kommt, weiß er nicht, und niemand kann es ihm sagen. Er hat nicht einmal die Garantie, daß er jemals zum Licht kommt. Dies alles geschieht nicht nur beim Zazen, sondern bei allen echten Versenkungswegen. Eines weiß man aber genau: die Zeit ist nicht verloren, wenn man durchhält. Der Übende bemerkt, daß sich sein Leben wandelt und er im Dienst seiner Mitmenschen mehr tun kann, als wenn er diesen Weg niemals angetreten hätte.

Zanmai: Weg der Versenkung

Das Zazen kann erstaunliche und für jeden Menschen bereichernde Wirkungen hervorbringen. Diese Wirkungen setzen voraus, daß man über die Anfangsschwierigkeiten langsam hinweg ist und allmählich, später dauernd, in die Versenkung kommt. Im Zen nennt man diesen Zustand „Zanmai", ein Wort, das aus dem Sanskrit kommt, nämlich von „samadhi".

Wir wollen versuchen zu erklären, worin der Zanmai besteht. Durch Erklärungen allein kann man es zwar nicht ganz verstehen. Für ein volles Verständnis ist die eigene Erfahrung notwendig. Die folgenden Überlegungen werden uns zeigen, daß die Versenkung oder das Zanmai etwas ist, das allen Religionen gemeinsam ist. Nur die Wege dahin sind verschieden. Carl Albrecht, der sich phänomenolgisch ausführlich mit der Versenkung beschäftigte, sagt, diese bestehe in dreierlei:

1. Herauslösung aus der Außenwelt,
2. Entleerung des Bewußtseins,
3. Vereinheitlichung des Bewußtseins.

Dieser Zustand war den Mystikern von jeher bekannt. Als Beispiel führen wir den Benediktinermönch Augustin Baker (1575–1641) an.

Baker hatte in jungen Jahren ein großes Erlebnis, vernachlässigte es aber lange Zeit. Später erfuhr er eine zweite Bekehrung und begann von neuem, nach Vollkommenheit zu streben. Er meditierte täglich viele Stunden. Der folgende Bericht spricht von der Art seiner Meditation.

1. Vereinheitlichung der Seelenkräfte

Baker spricht in der dritten Person und nennt sich „unser Schüler". Er sagt: *„Bei Tauler, Harphius und anderen Mystikern lesen wir, daß jeder, der ein geistlicher Mensch werden will, seine äußeren Sinne nach innen ziehen muß und diese inneren Sinne in die Fähigkeiten der höheren oder intellektuellen erheben und sie dort verlieren oder vernichten muß. Dann müssen diese Fähigkeiten der Seele sich in ihrer Einheit sammeln, die der Anfang oder die Quelle ist, aus der diese Fähigkeiten fließen und sich ergießen. In dieser Einheit ist der Mensch imstande, auf Gott ausgerichtet zu sein und sich mit ihm zu vereinigen. Nun frage ich mich, ob das, was unser Schüler euch gesagt hat, von seinen fortgesetzten Bestrebungen, die danach zielten, alle seine Tätigkeit in das Innere des Körper zu ziehen, nicht das gleiche ist, von dem die Mystiker reden."*

Der flämische Mystiker Jan von Ruysbroek nennt diesen Vorgang ein Zurückkehren der Seelenkräfte zu ihrem Ursprung. Teresa von Avila spricht von einem Gebundenwerden der Seelenkräfte. Die erwähnte Einheit wird von den Mystikern als Seelenspitze bezeichnet.

Im täglichen Leben betätigen sich die Seelenkräfte - Gedächtnis, Verstand und Wille - gewöhnlich einzeln, stehen aber miteinander in Zusammenhang. Zum Beispiel kommt ein Entschluß dadurch zustande, daß man sich an etwas erinnert, darüber nachdenkt und sich dann entscheidet. Bei der Vereinheitlichung des Bewußtseins ist das anders. Dort geschieht etwas im Seelengrund. Die Akte werden nicht gesetzt, sondern, wie oben gesagt, aus der „geistigen Erde" geboren. Während des Zanmai im Zen verändert sich der Bewußtseinszustand in dem Sinne, daß der innere Mensch mehr und mehr von der äußeren Welt abrückt und seine Wahrnehmungen durch die Sinne sich nicht voll auswirken. Man sieht und hört wie sonst, aber man wird dadurch nicht abgelenkt. Auch die Schmerzempfindung ändert sich. Bisweilen hören Schmerzen in den Beinen, die eben noch unerträglich schienen, plötzlich auf. Schmerzen werden zum großen Teil durch Verspannung verursacht. Tritt man in tiefes Zanmai ein, findet eine völlige Entspannung statt, und die Ursache des Schmerzes wird aufgelöst. Auch das Zeitgefühl ändert sich und geht gewissermaßen verloren. Man bemerkt nicht, daß die Zeit vorübergeht, und ist überrascht, daß die Meditation beendet ist, obwohl man meint, sie habe gerade erst begonnen.

Trotz dieser auffälligen Veränderungen sagen die Zenmeister, man nehme das eigene Zanmai nicht wahr. Eigentlich ist das selbstverständlich, denn in diesem Zustand ist die Subjekt-Objekt-Spannung mehr oder weniger aufgehoben. Daher verliert man auch das Zanmai, wenn man über das, was man empfindet, nachzudenken beginnt. Noch überraschender scheint es, daß es auch außerhalb der Meditation ein Zanmai gibt, wie wir bereits angedeutet haben. Es tritt ein, wenn man sich z. B. ganz auf eine Beschäftigung konzentriert. Man spricht daher von einem Zanmai der Arbeit. Dieses Zanmai wird im Zen höher geschätzt als das während des Zazen. Schon mancher hat bei einer solchen Gelegenheit die Erleuchtung erlangt, obwohl sie ihm zur Zeit der großen Übungen (sesshin) trotz allen Eifers nicht zuteil wurde. Kann jemand nicht beständig in einem Zenkloster leben und täglich viel meditieren, dann sollte er täglich wenigstens etwas üben und von Zeit zu Zeit die großen Übungen machen. Darüber hinaus sollte er sich ganz konzentrieren auf das, was er gerade tut, beim Essen auf das Essen, bei der Arbeit auf die Arbeit usw. Das ist der Rat der Zenmeister. Bei allem soll man nicht nur körperlich, sondern auch geistig ganz gegenwärtig sein. Wer dies tut, kann vielleicht eines Tages die Erleuchtung erlangen. Er wird allerdings feststellen, daß dies nicht so leicht getan wie gesagt ist. Zum Beispiel darf man bei der Arbeit weder an Verdienst, noch an eigene Ehre denken und sich auf Zerstreuungen nicht einlassen. Umgekehrt fördert die Zen-Meditation die Konzentrationsfähigkeit. Arbeit kann so zur Meditation werden. Manche Menschen bringen es so weit, daß Arbeit zur Erholung wird. Was an Arbeitskraft verbraucht wird, wird durch Meditation wieder aufgeholt. Dazu kommt ein Gefühl der Zufriedenheit, wie man es während der Meditation erfahren kann, selbst wenn es sich um eine rein mechanische Arbeit handelt. Solche Menschen brauchen oft sehr wenig Schlaf.

Es ist also nicht so, daß man während der Arbeit beständig an die Meditation denkt und damit die Aufmerksamkeit spaltet. Meditation und Arbeit stimmen negativ darin überein, daß alles, was nicht dazugehört, ausgeschaltet wird. Positiv stimmen sie darin überein, daß man ganz auf die Sache konzentriert ist. Der Unterschied besteht darin, daß man im einen Fall auf ein Objekt, im anderen Fall ohne Objekt konzentriert ist. Die objektlose Konzentration (Meditation) besteht in einem *„bedingungslosen Anhaften“ an dem Dunkel, in das man schaut“* (Carl Albrecht).

Um die zur Versenkung gehörige Entleerung des Bewußtseins zu vollziehen, müssen wir *„alle übernommenen Theorien, psychologischen Konstruktionen, alle bloßen Denkungen, Beurteilungen beiseite lassen."* Das ist problematisch in zweifacher Hinsicht. Zunächst regt sich in uns ein Widerspruch bei dem Gedanken, wir müßten alles an geistigem Besitz, den wir uns mit vieler Mühe angeeignet haben, einfach wegwerfen. Ferner schrecken wir davor zurück, uns sozusagen in das Nichts zu stürzen. – Zum ersten ist zu sagen: Es heißt nicht: „für immer wegwerfen", sondern: „beiseite lassen". Manche Autoren behaupten, man dürfe z. B. nicht an irgendeiner Glaubenswahrheit festhalten, sonst könne man das hier gesteckte Ziel nicht erreichen. Mit anderen Worten: ein bestimmter religiöser Glaube, z. B. der christliche, bilden ein Hindernis. Das ist nicht richtig. Richtig ist, daß man sich während der Meditation nicht willentlich und begrifflich mit irgendeiner Einzelerkenntnis beschäftigen darf. Das bestätigt uns auch Johannes vom Kreuz. Es geht nicht darum, daß man seinen Glauben wegwirft. Das tun auch die Zenmönche nicht. Sie bleiben Buddhisten. Sie halten auch während der großen Übungen, in denen fast den ganzen Tag meditiert wird, religiöse Riten ein, die sinnlos wären, wenn nicht ein Glaube dahinter stünde.

2. Sturz in das Nichts?

Wir kommen zum zweiten Bedenken, dem Sturz in das Nichts. Zunächst muß zugegeben werden: Dieser Sprung ist wirklich ein Wagnis. Dieses Wagnis aber muß der Mensch irgendwann einmal auf sich nehmen, will er in das tiefe Zanmai, d. h. in den Zustand kommen, der für die mystische Vereinigung im christlichen Sinne erforderlich ist. In der christlichen Spiritualität sah man hier häufig ein Problem. Man warnte davor, die vollkommene Leere des Bewußtseins anzustreben, d. h. bei der Betrachtung bzw. Meditation nichts zu denken. Das sei nicht nur sinnlos, sondern auch gefährlich, weil schlechte Gedanken in diese Leere eindringen könnten. Heute werden dazu noch Bedenken von der Psychotherapie angemeldet. Auf dieses Problem ausführlich einzugehen würde zu weit führen. Das Zen geht hier anders vor. Trotz der angedeuteten Gefahren besteht Zen von Anfang an auf dem Nichtdenken. Die Hilfen, die beim Vollzug des Zazen gegeben werden, haben keinen anderen Zweck, als das Nichtdenken zu erleichtern. Die Zenmeister haben allerdings große Geschicklichkeit, ihre Schüler an allen Klippen unbeschadet herumzuführen. Das Problem, das die Psychotherapie hier anzeigt, wird im Zen offensichtlich auf einem anderen Wege gelöst.

Irgendeinmal muß der Durchbruch zum Grund erfolgen, damit man zur Erleuchtung kommt. Das gleiche gilt für die mystische Erfahrung. Die christlichen Mystiker früherer Zeiten haben dies mit Hilfe ihrer großen Kasteiungen erreicht. Zen tut es in seiner Weise. Manchen Menschen wird es anscheinend ohne eigenes Dazutun geschenkt. Wir dürfen annehmen, daß etwas anderes, das nicht aus eigener Kraft stammt und das wir Gnade nennen, mit im Spiel ist. Im Augenblick, in dem diese Erfahrung da ist, wird sie immer als Geschenk empfunden.

Satori: Erleuchtung

Da die Erleuchtung das eigentliche Ziel des Zen ist, möchten wir einige Erklärungen zum oben Gesagten hinzufügen, die uns ihre Bedeutung auch für den westlichen Menschen verständlich machen können.

Eine begriffliche Erklärung der Erleuchtung gibt es nicht. Sprechen wir trotzdem davon, dann ist zu sagen, daß sie keine Einzelerkenntnis ist. In diesem Sinne weiß man nachher nicht mehr als zuvor. Wohl aber weiß man das bereits Gewußte in einer neuen Dimension. Als ein Zenmeister gefragt wurde, ob man selbst merke, wann die Erleuchtung da sein, sagte er: „Selbstverständlich; man sieht hundertmal mehr als vorher." Ohne Zweifel wird in der Erleuchtung ein erfahrungsmäßiges Wissen erlangt, nicht ein theoretisches. Theoretisches Wissen um Erleuchtung und um das, was man in ihr erfährt, kann vorher schon da sein oder nicht. Als Kosen Imakita, ein japanischer Zenmönch aus der Meiji-Zeit, die Erleuchtung erlangte, rief er aus: *„Eine Million Sutras sind nur wie eine Kerze vor der Sonne."*

Fragen wir nun: Was wird in der Erleuchtung erfahren? - Darauf kann man zwei Antworten geben:

1. Erfahrung des Selbst

In der Erleuchtung wird das Selbst, das tiefste Selbst, erfahren, im Gegensatz zum empirischen Ich. Letzteres kennen wir alle. Wir führen es beständig im Munde. Dieses Ich ist noch nicht der Personkern. Er ist überhaupt nichts, das in sich existiert. Louis Gardet sagt, daß das Subjekt bei dem Bemühen einer Selbstinspektion - die übrigens verschieden ist vom Zen - den Eindruck haben kann, *„daß es gleichsam am Mittelpunkt seines Ich angelangt ist. In Wirklichkeit ereignet sich noch alles auf der Ebene einer gedanklichen Erfahrung der Akte, was darauf hinweist, daß* *ein primär Existierendes, das den Akten zugrunde liegt und aus dem sie hervorgehen, sich noch gar nicht preisgegeben hat.“*

Das Bewußtsein des empirischen Ich ist beim Menschen nicht von Anfang an da. Es entsteht erst durch die Erfahrungen, die das Kind macht. Langsam wird sich das Kind bewußt, daß es von anderen Menschen verschieden ist. Das ist der erste Schritt zur Bildung der Persönlichkeit. Das, was hier zugrunde liegt, hat der Mensch noch nicht erfahren, wenigstens nicht unmittelbar. Er kann höchstens auf das Vorhandensein eines tieferen Selbst schließen. Erst in der Erleuchtung wird man sich dessen zum ersten Mal bewußt. Dies ist die Erfahrung der eigenen Existenz, die „unmittelbare Selbstwahrnehmung“. Von indischen Weisen hören wir seit Jahrtausenden die Mahnung, wir sollten uns fragen: *„Wer bin ich?“* In neuerer Zeit war es der indische Weise vom heiligen Berg Arunachala, Ramana Maharshi (1879–1950), der seinen Schülern immer wieder diesen Rat gab.

2. Erfahrung des absoluten Seins

Die zweite mögliche Antwort auf die oben gestellte Frage ist: In der Erleuchtung wird das ungeteilte, absolute Sein erfahren. Dieses Sein kann a-personal oder personal erfahren werden. Man wird heute kaum mehr in Frage stellen, daß die Zen-Erleuchtung und andere ähnliche Erlebnisse in nichtchristlichen Religionen echte Erfahrungen des Absoluten sind, wenn auch nicht personal. Wären sie personal, so wären sie gleichbedeutend mit der Gotteserfahrung im christlichen Sinn. Die Formung dieser Erfahrung, vor allem aber der Versuch, sie in Begriffe zu fassen, ist nach der jeweiligen Weltanschauung verschieden. Eine echte mystische Erfahrung sträubt sich gegen jede Begrifflichkeit. Daher wird jeder, der eine Deutung versucht, die ihm zur Verfügung stehenden Kategorien zu Hilfe nehmen. Das führt leicht zu Mißverständnissen.

Der Buddhist erfährt in der Erleuchtung zwar das tiefste Selbst, aber als eins mit dem absoluten Sein. Er wird dadurch in seinem Glauben an die vollkommene Einheit allen Seins bestärkt. Der Christ (oder wer an einen persönlichen Gott glaubt) erfährt das Selbst nicht nur in sich, sondern auch in seiner Beziehung zum absoluten Sein. Er erfährt Gott in seinem Selbst. Die christliche Gotteserfahrung geht über das Selbst. Daher wird das Selbst nicht in das Absolute „eingeschmolzen“. Im Gegenteil: Die Gotteserfahrung ist für den Christen die Vollendung seiner Persönlichkeit. Meister Eckhart sagt: *„Da ist Gott mein Grund und mein Grund Gottes Grund.“* Damit ist die für die christliche Mystik typische Liebesvereinigung mit Gott angesprochen. Beide, der Buddhist und der Christ, fühlen sich in ihrer Erfahrung von Furcht und Zweifel befreit und erfüllt von tiefem Frieden und höchster Freude. Die Beziehung zum Absoluten ist in beiden Fällen wesentlich vorhanden. Es kommt uns hier nicht darauf an, näher festzustellen, wie die Beziehung zum Absoluten im einzelnen bezeichnet wird, sondern darauf, daß diese Beziehung mit unserem geschöpflichen Dasein gegeben ist. Es nimmt daher nicht wunder, daß man das Phänomen der Erleuchtung in ähnlicher Weise zu allen Zeiten und in allen Religionen gefunden hat und auch noch findet.

Die Erleuchtung, sei es im buddhistischen oder im christlichen Sinn, ist zweifellos eine Erfahrung von hohem Wert - richtig verstanden die wertvollste, die dem Menschen möglich ist. Es wäre aber ein Irrtum, daraus den Schluß zu ziehen, daß damit alles geschehen sei, was zu geschehen habe, man brauche jetzt nichts mehr zu tun. Was fehlt dann noch? Zunächst ist zu sagen, es gibt Unterschiede zwischen den einzelnen Erfahrungen. Man unterscheidet zwischen kleiner und großer Erleuchtung. Den Unterschied kann man sich so vorstellen: Man sitzt in einem Raum hinter einer vollkommen undurchsichtigen Glaswand und bohrt mit viel Mühe ein ganz dünnes Loch, vielleicht so dünn wie eine Stecknadel, aber doch so, daß es bis auf die andere Seite der Wand geht. Dementsprechend dringt ein ganz dünner Lichtstrahl in den Raum. Doch man sitzt noch fast im Dunkeln. Das wäre die kleine Erleuchtung. Eine Kleinigkeit genügt, und das kleine Loch ist wieder verstopft. So weit sollte man es nicht kommen lassen. Vielmehr sollte man weiter üben, damit mehr und mehr Licht ins Zimmer kommt. Es kann dann ein neues Erleuchtungserlebnis stattfinden; dadurch bricht auf einmal ein größeres Stück aus der Wand heraus. Je häufiger das geschieht, desto mehr wird es hell um uns. Bricht nun eines Tages nicht nur ein Stück aus der Wand heraus, sondern verschwindet die ganze Wand, dann wäre dies die große Erleuchtung.

Es ist eine Tatsache: In den meisten Fällen wird beim ersten Mal nur eine kleine Erleuchtung erfahren. Übt man viel, besteht die Aussicht, daß sich das Erlebnis wiederholt. Die große Erleuchtung erlangen nur wenige Menschen. Die Meister drängen daher darauf, nach der Erleuchtung immer weiter zu üben. Es wäre geradezu ein Verhängnis, wenn jemand, anstatt die Übungen fortzusetzen, sich etwas auf seine Erleuchtung einbilden und andere, die kein solches Erlebnis gehabt haben, geringschätzen würde. Da wäre es besser, er hätte dieses Geschenk niemals erhalten. Aus diesen Zusammenhängen geht hervor: Man darf nicht annehmen, mit der Erlangung einer kleinen Erleuchtung sei man schon ein vollkommener Mensch. Wohl hat man jetzt neue Möglichkeiten, rascher auf dem Wege zur Vollkommenheit voranzukommen.

Wir brauchen nicht einmal zu betonen, daß die Dinge im christlichen Bereich ähnlich liegen. auch im Christentum gilt: mit dem Empfang einer mystischen Gnade ist man noch längst kein Heiliger. Ost und West stimmen auch darin überein: Die letzte und vollkommene Auswirkung der Erleuchtung bzw. der mystischen Gnade besteht darin, daß der Mensch in allem vom Absoluten gelenkt wird. Er steht dann jenseits von Gut und Böse in dem Sinn, daß er keines Gebotes mehr bedarf, keiner Regel, nach der er sich ausrichten müßte. Konfuzius sagte von sich, daß er mit siebzig Jahren nur dem Zuge seines Herzens zu folgen brauchte und keiner Regel mehr bedurfte. Ähnliche Stellen finden wir im christlichen Raum, z. B. bei Johannes Tauler. Von erleuchteten Menschen sagt er, *„die Tugend würde ihnen so leicht und lichtvoll, als sei sie ihr Wesen und ihre Natur geworden"*. Und was die Wirksamkeit des Menschen betrifft, *„weiß er augenblicklich, was er tun soll"*.

Noch ein anderer Hinweis soll im Anschluß an die Erleuchtung gegeben werden. Liest oder hört man von Erleuchtungserlebnissen großer Meister, ist man voller Bewunderung und fühlt vielleicht ein Verlangen, auch ein solches Erlebnis zu haben. Im gleichen Augenblick rückt jedoch diese Aussicht in weite Ferne, da man nicht zu hoffen wagt, daß dies jemals Wirklichkeit wird. Dazu möchten wir sagen: Es ist nicht so aussichtslos, wie es scheint, eine kleine Erleuchtung zu erlangen. Es müssen nur die Bedingungen dafür geschaffen werden, vor allem voller Einsatz und richtige Führung. Es ist gar nicht selten, daß Europäer durch Zenübungen Erleuchtungen erlangen. Was uns noch hoffnungsvoller machen sollte, ist die immer deutlicher sich abzeichnende Entwicklung des Menschen in Richtung einer neuen Dimension. Die Erleuchtung liegt in dieser Richtung. Das gilt auch von den Erfahrungen christlicher Mystiker. Mit Recht kann man sagen: Was früher Sache weniger begnadeter Menschen zu sein schien, gilt heute für viele. Der Mensch der Zukunft sollte Mystiker sein. Nur so kann er die Chance nützen, die ihm gegeben ist.

6. Kapitel

Zen-Erleuchtung und christliche Mystik

„Die Eigen-Natur ist Nicht-Natur
und von hohler Argumentation gänzlich frei.
Das Tor des Einsseins von Ursache und Wirkung
öffnet sich, der Weg von Nicht-Zweiheit und Nicht-Dreiheit
führt geradeaus, die Form der Nicht-Form wird zur Form,
weder Gehen noch zurückkehren sind einander fremd,
das Denken des Nicht-Denken wird zum Denken,
und Gesang und Tanz werden zur Stimme des Dharma."

\- Zen-Meister Hakuin (1685 - 1768) -

„Gehe nicht nach außen;
kehre in dich selbst zurück,
im inneren Menschen wohnt die Wahrheit."

\- Augustinus (354–430) -

Absolute Wirklichkeit

Bevor wir den Erleuchtungsweg des Zen-Buddhismus betrachten, müssen wir uns einigermaßen darüber klar werden, worum es dabei geht. Das ist aber eine Frage der buddhistischen Weltanschauung; denn es geht dem Zen-Buddhismus in seinem Streben nach der Erleuchtung nicht um eine Art Übermenschentum oder um die Erlangung außergewöhnlicher Kräfte, sondern um das Kernproblem seiner religiösen Existenz. Wir wollen daher, wenn auch nur kurz, auf einige Punkte hinweisen, in denen die buddhistische Lehre von der christlichen und überhaupt von jeder ausgesprochen monotheistischen Religion abweicht.

Als erstes fällt auf, daß im Buddhismus nirgendwo von einem persönlichen Gott im christlichen Sinne die Rede ist. Man hat deswegen gelegentlich die Frage gestellt, ob denn der Buddhismus überhaupt Religion sei. Daß diese Frage trotzdem zu bejahen ist, wird niemand bezweifeln, der den Buddhismus kennt, so wie er lebt und gelebt wird. Es erübrigt sich wohl, das im einzelnen darzulegen, und es wird auch aus den folgenden Darlegungen von selbst klar werden. Wir werden sehen, daß die vom Christentum her geläufige Definition von Religion einer Erweiterung, einer umfassenden Interpretation bedarf.

Da kein persönlicher Gott angenommen wird, kann im Buddhismus auch von Schöpfung und Offenbarung im eigentlichen Sinne nicht gesprochen werden. Auch der christliche Begriff der Sünde als Übertretung des göttlichen Gesetzes kommt hier nicht zur Anwendung. Ähnlich ist es mit theologischen Bezeichnungen wie Übernatur und Gnade. Für unser Thema ist der mit allen diesen Begriffen aufs engste verbundene Begriff der Erlösung von größter Bedeutung. Denn der Erleuchtungsweg ist im Zen-Buddhismus der Weg zur Erlösung. Während man Erlösung im christlichen Sinne als Verzeihung der Sünde und Erhebung in das personal-göttliche Leben bezeichnen kann, trifft das für den Zen-Buddhismus nicht zu, da es dort weder einen personalen Gott noch eine Übernatur gibt.

Dagegen ist Erlösung im buddhistischen Sinne Befreiung vom Leiden und Auslöschen der Begierden, die die Ursache der Leiden sind, bzw. Befreiung aus der Kette der Wiedergeburten, denen der Mensch durch das Gesetz der Kausalität unterworfen ist. Erst wenn er diese Kausalität überwindet, ist er für immer von allen Leiden befreit und vollkommen glücklich. Das *Zen* vertritt einen meditativen Intuitionismus. Das soll heißen, es genügt nicht, die erlösende absolute Wahrheit durch dialektisches Denken zu ermitteln oder auf Grund von Übertragung durch Worte an dieselbe zu glauben.

Sie muß vielmehr durch Intuition oder eigene innere Erfahrung erfaßt werden. Zu dieser Intuition gelangt man durch das Zazen oder die Zen-Meditation. Diese Intuition ist die Erleuchtung, im Japanischen „satori", oder die Wesensschau, „kensho" genannt. Es ist die erfahrungsgemäße Erkenntnis der absoluten Einheit allen Seins, in der es weder ein für sich bestehendes Ich, noch irgendein Einzelding und daher auch keinerlei Gegensätze gibt. Man bezeichnet daher die Welt, die sich in der Erleuchtung offenbart, als Welt der Gleichheit im Gegensatz zur Welt der Unterschiede. Die letzte ist die Welt, wie wir sie durch die Sinne wahrnehmen, durch differenziertes Denken erkennen oder in Begriffen darstellen.

Hier liegt die Frage nahe: Welche Beziehung besteht zwischen der einen absoluten und letzten Wirklichkeit und der gegenwärtigen Welt?

Darauf ist zu antworten: In der sichtbaren Welt oder durch die sichtbare Welt wird die letzte und absolute Wirklichkeit transparent. Damit erhält die „Welt der Unterschiede“ auf einmal eine überwältigend starke positive Note. Denn das Absolute wird in ihr greifbare Wirklichkeit. Das aber gilt in gleicher Weise von jedem Teil der sichtbaren Welt, und wenn es nur ein Tautropfen wäre.

Typisch für diese Auffassung sind die in der Darstellungsweise so kargen Zen-Bilder, etwa ein Grashalm mit nur einem Pinselstrich dargestellt auf weißem Grund: In diesem Grashalm wird die undarstellbar absolute Leere sichtbar.

All-Einheit des Seins

Wie gesagt, ist das Satori ein Erlebnis vollkommener Einheit, in der es kein Ich-Bewußtsein mehr gibt. Daher sieht der Buddhist darin eine Bestätigung seiner Lehre von der All-Einheit des Seins.

Da mit der vollkommenen Einheit alle Gegenstände aufgehoben sind, verschwindet jeder Zweifel und jede Furcht, und an deren Stelle tritt das Gefühl vollkommener Sicherheit. Man erfaßt nun erlebnismäßig das im Zen oft genannte Einssein von Leben und Tod, japanisch „shoji-ichinyo“ genannt. Solange nicht wenigstens in dieser Form die Auflösung aller Gegensätze erfaßt ist, kann von Satori keine Rede sein. Ist dieser Grad erreicht, so werden durch weiteres Üben und erneute Satori-Erlebnisse alle Gegensätze aufgelöst, alle Unruhe und Furcht schwinden bis hinein in die Dinge des täglichen Lebens.

Aber das allein genügt noch nicht.

Das Satori muß sich auch auf die ethische Umwandlung des Menschen auswirken. Der Mensch muß trotz der Erleuchtung weiter üben, bis er innerlich ganz *frei* und ein *geistiger* Mensch geworden ist, der über den Trieben steht und wie von selbst das Rechte und Gute tut. Auch diese Umwandlung beginnt schon, bevor das Satori erlangt ist. Bemerkenswert ist, daß hier die ethische Umwandlung in anderer Weise geschieht als in der christlichen Askese. Bei dieser bemüht man sich, seine Fehler und Schwächen zu erkennen und zu bessern. Gleichzeitig bemüht man sich um die Erlangung jener Tugenden, deren man besonders bedarf. In der Zen-Meditation denkt man weder an seine Fehler noch an eine bestimmte Tugend, um die man sich bemühen möchte. Dennoch verschwinden die Fehler nach und nach, und die Tugenden wachsen mehr und mehr. Der Mensch wird umgewandelt, ohne daß er bewußt im einzelnen danach strebt. Vielleicht fragt er sich eines Tages verwundert: Bin ich denn ein anderer Mensch geworden?

Kommt die Erleuchtung hinzu, dann geht die Entwicklung noch besser voran, bis der Mensch schließlich - buddhistisch gesprochen - eins mit der Natur oder dem Kosmos wird und in voller Harmonie mit diesem denkt, plant und handelt. Er bedarf dann keines Gesetzes und keines Zwanges mehr, um das Rechte zu tun. In diesem Sinn steht er jenseits von Gut und Böse. Denn das „Jenseits von Gut und Böse" heißt nicht, daß ihm erlaubt ist, das Böse zu tun, sondern daß er, ohne zu denken und zu zielen, das Rechte und Gute trifft.

Es versteht sich von selbst, daß es nicht leicht ist, bis dahin zu kommen.

Nur wer alles verliert, kann alles gewinnen.

Es ist in Wahrheit ein Sterben und Auferstehen zu einem ganz neuen Leben. Erst wenn der Mensch das vollbracht hat, ist er ein wahrhaftig Erleuchteter. Er lebt dann zwar weiterhin in der Welt der Gegensätze und paßt sich ihr auch an. Er bleibt wie jeder andere allem von außen kommenden Leiden ausgesetzt. Aber geistig ist er schon frei und erlöst, er befindet sich bereits im Zustand des Nirvana.

Zehn Bilder des Ochsen

Für das vollkommene Nirvana freilich ist das Erlöschen des Körpers notwendig, so wie das Verschwinden aller Wellen die Vorbedingung für vollkommene Stille des Wasser ist. Im Zen-Buddhismus hat man die ganze Entwicklung vom Zustand vor der Erleuchtung bis zur Erleuchtung und ihrer vollen Auswirkung durch die sogenannten *„Zehn Bilder des Ochsen"*, japanisch *„jugyuzu"*, symbolisch dargestellt.

Der Verlauf ist kurz folgender: Die Bilder stellen einen Bauern dar, der seinen Ochsen sucht, der ihm davongelaufen ist. Nach vielem Suchen entdeckt er die Fußspuren und schließlich auch den Ochsen selbst. Mit vieler Mühe legt er ihm den Zügel an, aber das Tier sträubt sich noch, ihm zu folgen. Endlich gelingt es ihm, den Ochsen zu zähmen, und er sitzt nun, vergnügt die Flöte spielend, auf seinem Rücken. Das Tier geht, wohin er will. Das sind die ersten sechs Bilder.

Der Ochse ist das wahre Selbst, das der Mensch verloren hat. Er sucht lange und findet es. Das ist der Augenblick des Satori. Aber die Leidenschaften sind noch widerspenstig, bis er schließlich seiner selbst Herr wird und zur wahren Freiheit gelangt. Auf dem siebten Bild ist er allein. Das heißt, das Ich und sein Herz sind eins geworden. Das achte Bild stellt nur einen leeren Kreis dar: alle Gegenstände sind aufgehoben, selbst der von Erleuchtung und Nicht-Erleuchtung. Auf dieser Stufe hat der Mensch, der bis hierher vorgedrungen ist, wirklich seine große Erfahrung. *„Leib und Seele sind ihm weggefallen“,* wie Zen-Meister Dogen sagt: Leben und Tod sind ein und dasselbe. Hier ist das Reich des Absoluten. Die Avatamsaka-Schule sagt: „Das Eine umschließt Alles, und Alles ist das Eine. Das Eine durchdringt Alles, und Alles ist in Einem. Und dies ist so mit jedem Gegenstand und jedem Dasein.“

Das neunte Bild stellt eine Landschaft dar. In der Außenwelt hat sich nichts geändert. „Grün sind die Gewässer, blau die Berge.“ Aber der Erleuchtete, der auf seiner langen Reise hierhergekommen ist, sieht diese Welt mit anderen Augen. Er sieht sie von innen, von einer anderen Ebene, einer anderen Dimension aus.

Auf dem zehnten und letzten Bild sehen wir, wie sich der Bauer bemüht, auch seinen Mitmenschen den Weg aufzuzeigen, auf dem er selbst das wahre Glück gefunden hat. Nun hat der Mensch sein Ringen beendet. Er ist frei, auch von der Vorstellung seiner Erleuchtung. Jetzt kann er sich den anderen zuwenden und ihnen helfen, auf diesem geistigen Weg weiterzukommen, und kann mit einem sehr häufig in Zen-Hallen rezitierten Gebet sprechen: *„Der Geschöpfe sind zahllos – ich gelobe, sie alle zu retten.“*

Erst wer sein innerstes Wesen erkennt und öffnen kann für die Auseinandersetzungen und Begegnungen mit dieser Welt und mit den Menschen, wird etwas von jener anderen Dimension ausstrahlen und weitergeben können.

Oft stößt das innere Ringen um die Selbstfindung Menschen ab, die mehr nach außen leben und ihre Werke vorzeigen möchten. Doch schon Lao-Tse sagte: „Der wahrhaft Tugendhafte ist sich seiner Tugend nicht bewußt. Der Mensch geringerer Tugend aber ist stets um seine Tugend besorgt und ist darum ohne wahre Tugend. Wahre Tugend ist spontan und erhebt keine Ansprüche auf Verdienst.“

Loslassen

Wenden wir uns nun der christlichen Mystik zu und vergleichen wir den Weg der mystischen Vereinigung mit dem Erleuchtungsweg des Zen-Buddhismus. Ich möchte vorausschicken, daß wir hier Mystik als experimentelle Gotteserkenntnis meinen, wie wir sie von den christlichen Mystikern her kennen, die aber auch zum Leben eines jeden Christen gehören kann. Im Zen ist das Wort Mystik in Verbindung mit dem Zazen nicht beliebt, und man sträubt sich oft dagegen, die Erleuchtung als mystische Erfahrung zu bezeichnen. Aber wir dürfen nicht vergessen, daß die Kenntnisse der christlichen Askese und Mystik selbst bei den meisten Zen-Mönchen noch recht unvollständig sind. Man stützt sich immer wieder auf einige Vorurteile, die man gegen die christliche Mystik hegt.

Daher möchte ich versuchen, eine gemeinsame Linie bei beiden Wegen aufzuzeigen.

Was die entfernte Vorbereitung für den mystischen Weg betrifft, so ist es hinlänglich bekannt, daß hier ebenso wie im Zen die Entsagung oder das *Lassen*, wie es die deutschen Mystiker nennen, unbedingt notwendig ist und bis zur letzten Konsequenz durchgeführt werden muß. Wer würde nicht an das Wort des Johannes von Kreuz vom „Nichts hoffen, nichts fürchten, über nichts sich freuen, über nichts traurig sein" erinnert, wenn er bei Zen-Meister Dogen liest: „Nichts im Herzen verabscheuen, nichts im Herzen erbitten, nichts im Herzen bedenken, nichts im Herzen bedauern"!

Was zunächst die Wichtigkeit oder gar Notwendigkeit der mystischen Erfahrung betrifft, so liegt die Sache hier anders als im Zen-Buddhismus. Im Christentum hat immer die Auffassung bestanden, daß der Glaube allein - wir sprechen hier nicht von der Notwendigkeit der Werke - genügt und eine darüber hinausgehende intuitive, mystische Bestätigung nicht zum Heil erforderlich ist. Man ist oft sogar noch weitergegangen und hat gesagt, daß die mystische Erfahrung nicht für alle, sondern nur für wenige dazu Berufene sei.

Trotzdem finden wir in den frühen christlichen Jahrhunderten in dieser Beziehung eine gewisse Parallele mit dem Zen. Klemens von Alexandrien, der im 2. Jahrhundert nach Christus gelebt und gewirkt hat, ging zwar nicht so weit, eine geistige Erkenntnis oder Erfahrung Gottes zum Heile für unbedingt nötig zu erachten; aber er hielt sie für notwendig zur Erlangung der christlichen Vollkommenheit. Er sagt: *„Nach meiner Meinung ist die erste Umwandlung im Heilsprozeß die Hinüberführung vom Heidentum zum Glauben, die zweite aber vom Glauben zur christlichen Einsicht.“*

Und an anderer Stelle sagte er : *„ Unser Ziel ist zu zeigen, daß nur der erleuchtete Mensch heilig und fromm ist und allein den wahrhaftigen Gott so verehrt, wie es Gottes würdig ist. “*

Christliche Gnosis

Man kann darüber streiten, was hier mit Einsicht gemeint ist. Aber wenn es auch nicht die mystische Erfahrung im engeren Sinn ist, so doch gewiß eine intuitive Erkenntnis im Sinne christlicher Gnosis, die allerdings als eine Wirkung des Heiligen Geistes bzw. der Taufgnade aufzufassen ist. In Verbindung mit dem, was wir über die Wirkungen des Zazen gesagt haben, liegt der Gedanke nahe, daß auch unsere Zeit eben dieser geistig-christlichen Erfahrung bedarf.

So wie das Zazen der normale Weg zur Erleuchtung ist, so ist die christliche Meditation der Weg zur christlichen Mystik, das heißt zur erfahrungsgemäßen Gotteserkenntnis.

Andere mystische Erfahrungen wie Visionen, Offenbarungen etc. sind als akzidentiell zu betrachten; wir brauchen sie hier nicht zu berücksichtigen. Wir vergleichen zunächst die christliche Meditation mit der Zen-Meditation. Was Körperhaltung und Atmung betrifft, so bestehen dafür in der christlichen Meditation keine festen Normen.

Der heilige Ignatius von Loyola, der Gründer meines Ordens, erwähnt in seinen *„Geistlichen Übungen“* zwar die Körperhaltung, aber gibt keine bestimmte Form an, sondern nur ein Prinzip, nämlich daß man diejenige Haltung einnehmen oder beibehalten soll, in der man jeweils am besten meditieren kann, sei es nun Knien, Stehen, Sitzen oder auch Liegen. Das Gehen erwähnt er bezeichnenderweise nicht. Was die innere Haltung der christlichen Meditation betrifft, so hat sie gewöhnlich ein Objekt, einen Betrachtungsgegenstand, den es, wie wir gesehen haben, im Zen nicht gibt. Daher kennt man im Zen auch keine Vorbereitung auf die Meditation am Vorabend, die darin besteht, daß man den Betrachtungsstoff auswählt und kurz durchgeht. Man beginnt also in der christlichen Meditation damit, einen Gegenstand, z. B. eine Begebenheit aus dem Leben Jesu zu betrachten, indem man sich daran erinnert, sie sich allenfalls auch mit der Phantasie vorstellt, darüber nachdenkt, eine Lehre daraus zu ziehen sucht und, je nach dem Ergebnis dieser Erwägungen, Vorsätze faßt und Gott um seine Gnade dazu bittet. Natürlich kann das auch auf andere Weise geschehen, aber es ist ein Betrachtungsgegenstand vorhanden, mit dem man sich bewußt beschäftigt. Im Laufe der Zeit tritt - so sollte es wenigstens sein - die Tätigkeit des Gedächtnisses und des Verstandes mehr zurück. Die Betrachtung wird mehr affektiv und nimmt die Gestalt des Zwiegesprächs mit Gott an. Der nächste Schritt, die Vereinfachung der Willenstätigkeit selbst, ist schon bedeutend schwieriger und besteht darin, daß man mit einem einzigen anhaltenden Akt auf den Betrachtungsgegenstand gerichtet ist. Es ist, als hätte man ein Gemälde in allen Einzelheiten studiert und ließe nun das Ganze längere Zeit hindurch auf sich wirken. Die Meditation ist also sehr einfach geworden, aber sie ist immer noch „gegenständlich" und in *der* Form noch nicht bei der Zen-Meditation angelangt.

Das Zen kennt diese Art der Betrachtung nicht, sondern hat von Anfang an keinen Gegenstand. Es beginnt mit dem Nichts, was nach seiner Weltanschauung und dem ausgesprochenen Zweck seiner Meditation nicht zu verwundern ist. Die Frage ist: Gibt es auch eine christliche Meditation, die wie das Zazen keinen Gegenstand hat, sondern direkt auf die Erfahrung des Absoluten abzielt? Im Christentum würde das gleichbedeutend sein mit: auf die Erfahrung Gottes. Gewiß, auch die christliche Meditation, und zwar jede, geht schließlich auf das Absolute, also auf Gott hin. Durch die Meditation soll Gott immer besser erkannt werden, wobei die Liebe zum Mitmenschen wesenhaft eingeschlossen ist. Nach der Auffassung der meisten Theologen ist es dem Menschen nicht möglich, in diesem Leben zu einer vollkommenen intuitiven Erkenntnis Gottes zu kommen. Die *visio beatifica* kann erst nach dem Tode stattfinden. Schon im Alten Testament lesen wir im Buch Exodus, Kapitel 33, Vers 20: *„Kein Mensch sieht mich* (d. h. Gott) *und bleibt am Leben."* Dennoch sprechen sowohl die Kirchenväter als auch die Mystiker oft von einem Schauen Gottes, das im Gegensatz zu einer nur auf dem Glauben beruhenden Gotteserkenntnis auch erfahrungshafte Gotteserkenntnis genannt wird, ähnlich wie man im Zen das Satori oder die Wesensschau im Gegensatz zur theoretischen Erkenntnis als Erfahrung bezeichnet. Viele Anweisungen der christlichen Mystiker, über die ich in meinen Büchern *Zen und christliche Mystik* sowie *Zen und christliche*

Spiritualität berichte, stimmen mit denen der Zen-Meister in auffallender Weise überein. Mein letzter japanischer Zen-Meister, Yamada Koun, der viele Priester und Ordensleute zu seinen Schülern zählt, sagte einmal: *„Mit den Religionen ist es wie mit zwei Autobahnen, die von weither kommen, sich aber im Autobahnkreuz treffen. Betrachtet man die Religionen jede für sich getrennt, so erscheinen sie ganz verschieden voneinander. Doch sie treffen sich in einem Punkt, der religiösen Erfahrung."*

Auch in den Jahren, bevor es zu den positiven Gesprächen zwischen Vertretern der Religionen kam, konnte man im persönlichen Gespräch mit einem Zen-Meister bereits feststellen, daß er, wenn man von christlichen Mystikern sprach, aufhorchte und sagte: *„Hier können wir miteinander reden."*

Anwesenheit Gottes

Was die Erleuchtungswege des Zen und der christlichen Mystik angeht, können wir trotz großer Unterschiede in der beiderseitig zu Grund liegenden Weltanschauung große Ähnlichkeiten feststellen. Das ist wohl in erster Linie dadurch zu erklären, daß die menschliche Natur mit ihren Neigungen und Schwächen einerseits und ihren trotzdem fast unbegrenzten Möglichkeiten überall dieselbe ist.

Eine andere Frage ist, ob auch das Ziel beider Wege, nämlich die Erleuchtung und die Erfahrung der christlichen Mystiker, ein und dasselbe ist. Eine weitere Frage, die hier gestellt werden kann und mit der vorhergehenden in etwa zusammenfällt, bezieht sich sodann auf den „Durchbruch" selbst, sei es nun im Sinne des Satori im Zen oder im Sinne eines großen mystischen Erlebnisses wie etwa jenes, das der heilige Ignatius von Loyola hatte, nachdem er unmenschliche Kasteiungen vollzogen hatte und durch innere Not bis an den Rand der Verzweiflung geraten war. Hier wäre die Frage zu stellen: In welcher Beziehung steht das Erlebnis des christlichen Mystikers zu den vorhergegangenen Anstrengungen und Leiden? Im Zen, also im Falle des Satori, erklärt man diesen Zusammenhang im allgemeinen durch die Beziehung zwischen Ursache und Wirkung. Jedenfalls ist in beiden Fällen ein wirkliches Sterben des Alten notwendig, damit ein Neues entstehen kann. Was nun das Erlebnis selbst, das heißt die Erleuchtung und die christlich-mystische Erfahrung anbetrifft, so können wir wohl mit Recht sagen, daß sowohl im einen wie im anderen Falle ein Transzendenz-Erlebnis vorliegt. Das heißt: Die gewöhnlich sinnlich-geistige Tätigkeit wird des Sinnlichen entkleidet oder geht darüber hinaus, und es findet eine rein geistige Tätigkeit statt, deren Möglichkeit in der Natur des Menschen angelegt ist und daher zwar immer vorhanden, aber meistens gebunden ist. Sollte die Auffassung richtig sein, daß in jedem Satori das Gesamt der Persönlichkeit, und zwar in seiner geschlossenen Einheit, im Bewußtsein realisiert wird, so müßte jedes Element des echten Christseins im Satori eines Christen eingeschlossen sein, soweit es echt personal angeeignet ist. Daraus würde sich ergeben, daß ein Satori, ein „reines Zen-Satori", für einen Christen als solches möglich ist. Es wird sich also wahrscheinlich im Laufe der Zeit herausstellen, daß Christen, die ihren Gottes- und Christusglauben bewahrt haben, ein Satori haben, das gleichzeitig ein im christlichen Sinne mystisches Erlebnis ist. Der Klarheit halber möchte ich nochmals darauf hinweisen: Der Gottesglaube ist an sich kein Hindernis für das Satori und auch nicht für das Zen-Satori; denn in jedem Satori, auch in dem eines Buddhisten, wird das Absolute miterfahren.

In der Meditation und in einem gewissen Sinne überhaupt in der mystischen Erfahrung wird ja zunächst die Ruhe hergestellt. Wir kommen zum eigentlich Menschlichen in einer Erfahrung, die zugleich die Erfahrung des Absoluten einschließt. Ob es dabei um *das Absolute* als um etwas Unpersönliches oder um *den Absoluten*, also etwas Persönliches, geht, ist eine andere Frage, die nicht durch die Erleuchtungserfahrung allein geklärt werden kann. Beim Dialog, der mit den Vertretern beider Ansichten zu führen ist, müssen wir bedenken, daß der Begriff *Person* vom Menschen genommen ist und deswegen nie vollständig für das Absolute passen kann. Die Erfahrung ist überrational oder, psychologisch gesehen, eine rein geistige Tätigkeit und daher von allen Begriffen losgelöst. Sie kann aber ein anderes Gewand, eine andere Färbung oder Interpretation haben, je nach der Weltanschauung des Erfahrenden. Es ist dabei zu betonen, daß der Mystiker bei diesem Erlebnis eine vollkommene Einheit zwischen Gott und sich empfindet, richtiger gesagt, daß er in dieser Erfahrung keinen Unterschied mehr zwischen Gott und sich empfinden kann. Darin trifft er sich mit der Erfahrung des Zen. Doch kann man deshalb noch nicht von einer Identität beider Lehrsysteme, nämlich von Buddhismus und Christentum sprechen. Auf keinen Fall darf man einfach eine Vermischung vornehmen. Dieses wird nicht nur von christlicher Seite, sondern auch von seiten der Buddhisten, auch der Zen-Buddhisten, ganz entschieden abgelehnt.

Das Christentum gründet sich auf Offenbarung, und das ist der große Unterschied zu den anderen Religionen. Genauer gesprochen, handelt es sich nicht um den Unterschied, daß unser Christentum auf der Offenbarung durch Christus beruhe, der Buddhismus hingegen auf der Offenbarung des Buddha. Keineswegs! Beim Buddhismus und beim Hinduismus kommt alles allein auf die persönliche Erfahrung an; Glaube reicht dafür nicht aus. Das ist eine ganz andere Einschätzung des Glaubens als im Christentum, das alles auf den Glauben an die Offenbarung gründet.

Ich bin der Meinung, daß die östliche Seinserfahrung und die christliche Erfahrung der Präsenz Gottes *nicht zwei* einander gegenüberstehenden Positionen sind. Die eine Erfahrung ist in der anderen enthalten. Dasselbe Erlebnis wird aufgrund jeweils anderer Voraussetzungen verschieden empfunden. Weil es sich also um verschiedene Entfaltungen desselben Grunderlebnisses handelt, kann man sogar sagen, daß die christliche *praesentia* Dei in der Erfahrung des Buddhisten verborgen enthalten ist. Der Christ aber entfaltet die Seinserfahrung als solche bis zur Erfahrung der letzten Ursache des Seins hin. Letztlich müssen sich die Denkweisen von Ost und West gegenseitig ergänzen. Im Westen herrscht mehr das Bewußte, im Osten mehr das Unbewußte vor. Beide Bereiche sind zu integrieren, damit eine volle Persönlichkeit entsteht.

Für die Gemeinsamkeit zwischen Zen und Christentum erinnere ich immer gern an die Stelle in der Heiligen Schrift, wo bei Matthäus 10,39 zu lesen ist: *„Wer das Leben gewinnen will, wird es verlieren; wer aber das Leben um meinetwillen verliert, wird es gewinnen.“* Diese Erfahrung wird auch im Zen gemacht. Man denke nur an die 10 Bilder des Ochsen. Sowohl für den Weg im Zen wie in der christlichen Mystik geht es stets um das ungeteilte Dasein, um die Erfahrung im Hier und Jetzt. Wir müssen immer wieder mit großer Anstrengung üben, alles ganz zu tun.

7. Kapitel

Sri Aurobindo: Das Supramentale Bewußtsein

„Dem Eintritt eines spirituellen Zeitalters muß das Erscheinen einer zunehmenden Anzahl von einzelnen vorausgehen, die nicht mehr mit dem üblichen intellektuellen, vitalen und körperlichen Sein des Menschen zufrieden sind, sondern erkennen, daß eine Höherentwicklung das wahre Ziel der Menschheit ist, und die versuchen, sich dieses Ziel zu setzen, andere zu ihm hinzuführen und es zum anerkannten Ziel aller Menschen zu machen. Soweit sie darin erfolgreich sind und in dem Maße, in dem sie diese Entwicklung voranbringen, wird die noch unverwirklichte Möglichkeit, die sie repräsentieren, zur aktuellen Chance der Zukunft."

- Sri Aurobindo (1872-1950) -

Intuitiver Geist

Aurobindo Ghose, genannt Sri Aurobindo, am 15. August 1872 in Kalkutta geboren, wurde schon im Alter von 7 Jahren von seinem Vater nach England geschickt. Der Vater selbst hatte in England Medizin studiert und wünschte, daß seine Söhne möglichst unberührt von indischer Kultur erzogen würden. So, glaubte er, könnten sie später am besten für ihr eigenes Volk arbeiten. Aurobindo verbrachte die ersten Jahre in Manchester. Er stand unter der Obhut eines anglikanischen Pastors, der jedoch die Weisung hatte, dem Knaben keinen Religionsunterricht zu erteilen, damit er später seine Religion selbst wählen könnte. Mit 12 Jahren ging er nach London, wo er die klassischen Sprachen Latein und Griechisch und an modernen Sprachen außer Englisch auch Französisch und Italienisch studierte. Mit 18 Jahren begann er das Universitätsstudium in Cambridge. Als er dort in Verbindung mit der indischen Studentenvereinigung revolutionäre Reden hielt, geriet er in Mißkredit. Mit 21 Jahren kehrte er nach Indien zurück. Er war entschlossen, sich ganz für die Befreiung, d. h. die Unabhängigkeit Indiens einzusetzen und alle revolutionären Kräfte zu diesem Zweck zusammenzuschließen. Das konnte auf die Dauer nicht verborgen bleiben. Am 4. Mai 1908 wurde er verhaftet. Der nähere Umstand war der Verdacht, am Mordanschlag auf einen britischen Magistrat in Kalkutta beteiligt gewesen zu sein. Während der Haft hatte er tiefgreifende seelische Erfahrungen, die ihn von Grund auf umwandelten. Ein Jahr später stand er seinen Richtern für die letzte Entscheidung gegenüber. Das Todesurteil schien unausweichlich. Doch wurde Sri Aurobindo wider Erwarten durch eigenartige Umstände freigesprochen und entlassen, während sein Bruder zum Tod verurteilt und hingerichtet wurde. Er selbst ging trotz allem sogleich in die Freiheitsbewegung zurück, Als ihn ein Jahr später die Warnung erneuter Verhaftung erreichte, verließ er sofort, einer inneren Stimme gehorchend, seinen Aufenthaltsort und ging zwei Monate später ins Exil nach Pondicherry, das unter französischer Oberhoheit stand. Weder die Versuche britischer Agenten, noch die Bitten seiner Freunde aus der Freiheitsbewegung vermochten ihn zu bewegen, sein Exil zu verlassen. Er war überzeugt, daß er nun eine neue Berufung geistiger Art für die ganze Menschheit erhalten habe, der er sein weiteres Leben widmen sollte. So kam es im Lauf der Jahre zur Gründung des Ashrams in Pondicherry, südlich von Madras, der Provinzhauptstadt von Tamil Nadu/Süd-Indien. Jedoch übertrug er die Leitung im Jahr 1920 seiner Mitarbeiterin Mir Alsfassa, der „Mutter“. Er selbst zog sich vollkommen von der Öffentlichkeit zurück, bis er 1950, wie es heißt, seinen Körper verließ. Auroville, die Stadt des Zukunftsmenschen, wurde erst 1968, 18 Jahre später, gegründet, obwohl sie vermutlich schon Aurobindo vorgeschwebt hatte. Jedenfalls geschah die Gründung in seinem Sinn. Die Leitung dieser neu gegründeten Stadt wurde der „Mutter“ noch neben der Verwaltung des Ashrams übertragen, bis sie im hohen Alter von 96 Jahren Ende 1973 starb.

Aurobindo hat seine Auffassung in vielen Schriften dargelegt. Auch er spricht von einer Bewußtseinsveränderung, die geschehen muß.. Nach ihm ist es der *„Übergeist“* oder das *„Supramentale“*, das sich im Menschen durchsetzen und an die Stelle des mentalen Bewußtseins treten müsse. Damit das aber geschehen kann, müßten zunächst alle Stufen des mentalen Bewußtseins integriert werden. Diese Stufen werden in ihrer Gesamtheit auch das „Lichtmentale“ genannt, weil das Licht je nach der

Stufe in verschiedener Weise auftritt. Die verschiedenen Stufen oder Schichten sind: der gewöhnliche Geist, der höhere Geist, der erleuchtete Geist, der intuitive Geist und der Obergeist.

Der gewöhnliche Geist wird mit einer Wolke verglichen, in die von Zeit zu Zeit von oben Licht hineinscheint. Es ist die Stufe, auf der die gewöhnlichen Menschen stehen. Der höhere Geist findet sich oft bei Philosophen und Denkern. Er ist durchsichtiger und freier als der gewöhnliche Geist. Hier spricht man von einem oder mehreren Lichtpunkten, in denen alles andere zusammenfließt und nur das Gültigkeit hat, was dazu paßt. Damit ist offenbar das perspektivische Denken gemeint. Der erleuchtete Geist ist typisch für die Dichtkunst. Er tritt spontan auf und ist unabhängig von festen Gesichtspunkten. Aber er ist von vielen Bildern und Worten begleitet. Damit ist auch die Möglichkeit und sogar die Gefahr verbunden, abgelenkt und zu niedern Zwecken mißbraucht zu werden. Der intuitive Geist unterscheidet sich von dem erleuchteten durch große Klarheit und Durchsichtigkeit. Er besteht in der Erinnerung oder dem Wiederaufleben einer früher einmal in irgendeiner Weise stattgefundenen tiefen persönlichen Erkenntnis, wie sie vielen Menschen ganz unvermittelt zuteil wird. Hier gibt es nicht viele Worte und Bilder, sondern nur einen kurzen, prägnanten Satz oder auch nur ein einziges Wort, in dem alles enthalten ist. Der Obergeist ist der Gipfel des mentalen Bewußtseins. Er ist den großen Religionsstiftern und manchen geistig sehr hochstehenden Dichtern eigen. Hier ist das Licht fast ohne Schranken oder auch beständig gegenwärtig.

Göttliche Schau

Was nun das übergeistige Bewußtsein betrifft, so läßt es sich nicht durch Begriffe und mentales Denken definieren. Es ist auch nicht der Gipfel des Bewußtseins, sondern ein neues Bewußtsein. In ihm gibt es keine Gegensätze mehr. Es sieht nicht nur die gesamte Welt der Dinge, sondern alles in einer einzigen Schau. *„Für die übergeistige Sinneswahrnehmung gibt es eigentlich nichts Endliches. Sie beruht auf einem Gefühl, daß alles in jedem Ding und in jedem Ding alles enthalten ist.“* (Sri Aurobindo). Desgleichen verbindet das übergeistige Bewußtsein *„Vergangenheit, Gegenwart und Zukunft in ihren unteilbaren Zusammenhängen Seite an Seite mit einer einzigen, ununterbrochenen Sichtweite der Erkenntnis“*. *„Das Absolute ist überall ... jedes Endliche ist unendlich.“*

Was hier über den Übergeist oder das Supramentale gesagt wurde, stimmt im wesentlichen überein mit dem, was im Hauptteil dieser Schrift über das integrale Bewußtsein oder die vierte Dimension oder besser noch über die Bewußtwerdung des Geistigen im integralen Bewußtsein gesagt wurde. Bisweilen wird das, was mit Übergeist gemeint ist, bei Aurobindo einfach mit *„spirit"* bezeichnet. Wenn das Wort „Geist" gebraucht wird, entsteht eine Schwierigkeit für den Vergleich. Wenn das englische Wort *„mind"* gebraucht wird, wie z. B. in *„supermind"*, d. h. das, was über den „mind" hinausgeht, wird die Schwierigkeit vermieden. Für *„mind"* gibt es kein Äquivalent im Deutschen. (Anmerkung von Roland R. Ropers: Das englische Wort „mind" geht auf das lateinische Wort „mens" = Denkkraft, Verstand zurück. Mentales Training ist in keiner Weise einer spirituellen Praxis gleichzusetzen. Daher ist die in Amerika so gebräuchliche Terminologie von body/mind/spirit oder auch body/mind/soul völlig irreführend, weil die korrekte Drei-Einheit von Körper-Seele-Geist in der englischen Sprache body/soul/spirit ist).

Wird es aber einfach mit „Geist" wiedergegeben, entsteht Verwirrung. Freilich hat das Wort „Geist" im Deutschen auch nicht immer jene Bedeutung gehabt, die ihm heute zukommt.

Wenn auch der Übergeist bei Aurobindo dem Wesen nach übereinstimmt mit dem, was wir als reinen Geist bezeichnet haben, so hat es zum mindesten den Anschein, als ob in der Sicht Aurobindos der Ursprung des Übergeistes von außen, und zwar von oben, auf den Menschen herabkommen müsse. Dagegen fanden wir bei Gebser und auch bei Teilhard von Chardin, von dem noch die Rede sein wird, die Auffassung, daß der Geist schon immer im Menschen war, aber erst Schritt für Schritt bewußt wurde bis hin zum reinen Geist. Vielleicht ist die Darstellung von Aurobindo trotz allem auch von der westlichen Kultur beeinflußt, mit der er von frühester Jugend an einseitig in Berührung gebracht wurde. Er hat in England sicher von einer Sendung bzw. Herabkunft des Heiligen Geistes gehört und gelesen. Anderseits ist es nicht wahrscheinlich, daß Aurobindo bei dem Dualismus, dem er begegnete, auch der Sache nach bis zum Ende seines Lebens stehengeblieben ist.

Neu ist jedenfalls bei Aurobindo, daß der Übergeist bei ihm nicht nur eine Schau oder ein besondersartiges Wissen ist, sondern auch eine „Macht". Damit ist allerdings nicht eine Art von Magie gemeint, die etwas nicht Gewolltes aufzwingt, sondern die Macht, die unbewußt in der Materie schlafenden Kräfte zu wecken. Die Auffassung, daß es solche verborgenen Kräfte in der Materie gibt, glaubte Aurobindo schon in den Veden, den ältesten Schriften des Hinduismus, gefunden zu haben. Sie wurden von den Rischis, den heiligen Sehern, mit „Agni" bezeichnet. In dieser Überzeugung haben Aurobindo und die „Mutter" sich bis zum Ende ihres Lebens bemüht, diese Kräfte zu erwecken. Da der ganze Prozeß bis zur Unsterblichwerdung des Körpers sehr lange dauert, ist es selbstverständlich nicht möglich, dieses Ziel, auch wenn einem ein sehr hohes Alter beschieden ist, in einem Menschenleben zu erreichen.

Wir müssen uns auf einige Andeutungen für eine nähere Erklärung beschränken, möchten aber doch versuchen, in diesem Rahmen die ganze Konzeption Aurobindos einigermaßen verständlich zu machen. Manches davon kann uns vielleicht schon jetzt für unser eigenes Bemühen auf dem Weg eine Anregung sein.

Es wird z.B. in Verbindung mit dem Übergeist von „innerer Regungslosigkeit" gesprochen, die in jeglicher Tätigkeit bewahrt wird. Darüber sagt Aurobindo: *„Wenn du, während du die großen Taten vollbringst und gewaltige Ergebnisse zeitigst, erkennen kannst, daß du nichts tust, dann wisse, daß Gott das Siegel von deinen Lidern entfernt hat ... Wenn du, während du allein, still und wortlos auf einem Berggipfel sitzest, die Umwälzungen erkennen kannst, die du hervorrufst, dann hast du die göttliche Schau und bist vom Schein der Dinge befreit."* Das erinnert an das bereits erwähnte Wort von Johannes Tauler: *„Da weiß der Mensch augenblicklich, was er tun, worum er bitten oder worüber er predigen soll."* Dasselbe gilt von einem Menschen, der die höchsten Erfahrungen in Yoga oder Zen integriert hat. Er weiß unmittelbar und ohne zu zweifeln, was er zu tun hat. Er wird also in seinen Entscheidungen nicht mehr von irgendwelchen ethischen oder sonstigen Prinzipien geleitet. Aber diese Fähigkeit setzt nicht voraus, daß auch der Körper umgewandelt ist im Sinn einer Vergeistigung, verlangt aber einen gewissen beständigen Bewußtseinszustand, der eben über den gewöhnlichen Grad des menschlichen Bewußtseins hinausgeht. Gewiß gibt es heute wenige Menschen, die so weit fortgeschritten sind. In Einzelfällen kann das bei jedem Menschen vorkommen. Wenn das bei allen Menschen der Fall wäre, so hieße das, daß die Menschheit das neue Bewußtsein integriert hätte, von dem in dieser Schrift die Rede ist.

Wie gesagt, genügt das nicht für den neuen Menschen, den Aurobindo als Ziel setzt, nämlich einen Menschen, bei dem auch die Umwandlung des Körpers vollzogen ist. Das aber geschieht über den Einzelmenschen, der daher auch die Aufgabe hat, die unmittelbare Verbindung zwischen dem höchsten Bewußtsein und der Materie herzustellen. Ausdrücke wie

„Herabkunft“ darf man sich jedoch nicht als eine Bewegung von oben nach unten vorstellen. Es bedeutet vielmehr, daß das Niedere aufhört, etwas Niederes zu sein. *„Wir wollen den Übergeist als neue Eigenschaft herabbringen. Genauso wie heute der Geist ein ständiger Bewußtseinszustand der Menschheit ist, so wollen wir darüber hinaus eine neue Rasse hervorbringen, in welcher der Übergeist ein ständiger Bewußtseinszustand wird.“* An anderer Stelle spricht Aurobindo von Tiergattungen, die an das Ende ihrer Entwicklungen gekommen sind: *„Der Mensch ist ein Abnormes, das seine eigene Form noch nicht gefunden hat – er mag das Gegenteil glauben, er mag innerhalb seiner eigenen Gattung als etwas Normales gelten, aber dieses Normale ist gewissermaßen nur eine vorläufige Ordnung; deshalb ist der Mensch, obschon unendlich viel größer als die Pflanzen und das Tier, in seiner eigenen Natur nicht so vollkommen wie Pflanze und Tier.“*

Ganzheitliche Umwandlung

Zu der Wandlung, die sich vollziehen muß, sagt er: *„Wenn eine spirituelle Entfaltung auf Erden die verborgene Wahrheit hinter unserer Geburt in der Materie ist, wenn das, was sich in der Natur abgespielt hat, im tiefsten Grund eine Evolution des Bewußtseins ist, kann der Mensch, wie er jetzt ist, nicht das letzte Wort sein, das diese Evolution zu sprechen hat: als ein Ausdruck des Spirits ist es zu unvollkommen, und der Geist als solcher ist als Form zu eng, als Werkzeug zu beschränkt. Der Geist ist nur eine mittlere Stufe des Bewußtseins, das geistige Wesen kann nur ein Wesen des Übergangs sein. Wenn folglich der Mensch nicht fähig ist, über das geistige Dasein hinauszugelangen, muß er überschritten werden, und der Übergeist und der Übermensch müssen auf der Bildfläche erscheinen und die Führung der Schöpfung übernehmen ...“* Es sei nochmals daran erinnert, daß hier Geist an Stelle des englischen „mind“ steht. Und weiterhin: *„Wenn wir uns auf eine ganzheitliche Umwandlung unseres Wesens ausrichten, muß die Umwandlung des Körpers ein unerläßlicher Teil davon sein; ohne sie ist auf der Erde kein in vollem Umfang göttliches Leben möglich.“*

Die Umwandlung des Körpers ist in dem Maß, wie es hier gemeint ist, bisher niemandem gelungen. Weder Aurobindo noch die „Mutter“ haben einen Weg aufzeigen können, wie das erreicht werden kann. Sie sagen selbst, daß es niemand wisse. Erst wenn es einem Menschen gelungen sei, könne man es wissen. Nach Aurobindos eigenen Worten sind dreihundert Jahre dafür nötig. Es sei aber möglich, daß das, was in dieser Richtung innerhalb eines Lebens erreicht sei, im folgenden Leben - die Wiedergeburt vorausgesetzt - durch entsprechendes Verhalten innerhalb einer gewissen Zeit in den neuen Körper integriert würde. So kann jedes neue Leben desselben Menschen ein Kettenglied in dieser Entwicklung werden. Hat es aber einmal ein Mensch erreicht, so weiß er den Weg und kann dieses Wissen auch anderen mitteilen, die dann in einer kürzeren Zeit dasselbe erreichen können.

Der Ashram in Pondicherry hat den Zweck, in gemeinsamer Arbeit auf dieses Ziel hinzuarbeiten. Daher ist er nicht wie die anderen Ashrams als Stätte der Meditation und des Friedens gedacht, sondern als ein „eiserner Hammer", wie Aurobindo selbst gesagt hat. Er ist eine Stätte der Arbeit; denn jede Arbeit oder Beschäftigung kann diesem Zweck dienen. Aurobindo sagt dazu: *„Ich will nicht Hunderttausende von Schülern. Es würde genügen, wenn ich hundert vollständige Menschen bekommen könnte, die frei von kleinlicher Ichsucht zu Werkzeugen Gottes werden wollen."*

Auroville

Manches an dieser Städtegründung wird auf den ersten Blick unzulänglich oder sogar unverständlich erscheinen, wenn man von den Richtlinien, die sonst bei Städtegründungen gelten, ausgeht. Aber man muß das Ziel der Gründung dieser Stadt im Auge behalten, nämlich für das neue Bewußtsein möglichst günstige Bedingungen zu schaffen.

Von Anfang an wurden keine festen Regeln und Gesetze aufgestellt. Die Formulierungen sollten dem allmählich wirksam werdenden supramentalen Bewußtsein überlassen bleiben. Man ging daher auch bewußt jeder Systematisierung aus dem Weg. Nicht mehr die mentale Intelligenz sollte dominieren, sondern das spirituell erfüllte Bewußtsein. Aurobindo selbst hatte die Weisung gegeben: *„Es ist eine junge und neue Welt, die jetzt im Entstehen ist, und es ist die Jugend, die sie gestalten muß; unser Ideal ist eine Geburt des Menschen im Geist, unser Leben muß eine spirituelle, inspirierte Bemühung sein, einen Körper der Tat für die große Geburt und Schöpfung zu bilden."* Das war gewiß ein Wagnis. Denn es fehlte eine starre Regierungs- und Organisationsform. Die Kindererziehung sollte von den Gewohnheiten der Vergangenheit abweichen.

Das Hauptgewicht sollte darauf gelegt werden, daß sich in den Kindern das neue Bewußtsein ungehindert entfalten konnte. Das sollte vor allem für die ersten Schuljahre gelten. Die Kinder sollten mehr durch Tun lernen als durch Studium. Der Lehrer soll dem Kind helfen, die innere Führung zu finden. Das setzt allerdings voraus, daß der Lehrer das bei sich selbst gelernt hat. Außer den Bereichen der Erziehung, die auch sonst bekannt sind, wird die Entwicklung des mentalen Schweigens, die völlige Stille, betont, die eine immer umfassendere Empfänglichkeit für die Inspirationen ermöglichen soll, die aus solchen Bereichen des Wesens kommen. *„In einer großen Anzahl der Kinder ist dieser Einfluß wirksam, der sich oft sehr deutlich in ihren spontanen Handlungen und selbst in ihren Worten fühlen läßt. Unglücklicherweise wissen die Eltern meistens nicht, was das ist, und verstehen nicht, was in ihrem Kinde vor sich geht.“* Eine weitere Eigentümlichkeit in der Erziehung ist, daß das Kind sich frei in den Werkstätten des Ashrams bewegen kann, wo dann auch Lehrer bereitstehen, die ihm die Antwort auf seine Fragen geben können. Eine andere, ganz dem Zweck entsprechende Eigenart ist, daß es keine Zeugnisse gibt und kein Standesdünkel entwickelt wird. Nur *„Freude an der Zukunft und die Bereitschaft, ununterbrochen zu lernen, wird gefordert.“* Die Erziehung soll spontan sein am Traktor, an einer Glühbirne und anderen Gegenständen, wie es gerade kommt. Die Betonung liegt auf der Bereicherung und Erweiterung des Bewußtseins. Die meisten Kinder brauchen kaum beaufsichtigt zu werden. Sie erziehen sich selbst.

Folgende Verhaltensweisen sollen helfen, den Menschen für die Integrierung des Übermentalen, also des eigentlichen Geistigen zu disponieren: Die Überzeugung, daß der Verstand nicht imstande ist, das Spirituelle wirklich zu erfassen, der Verzicht auf jedes Streben nach Bequemlichkeit, Genuß und Vergnügen; der Versuch, an allem, was man tut, Freude zu haben, ohne daß das Vergnügen zum Motiv des Handelns wird; nie aufgeregt, gehetzt oder nervös zu werden; das Bemühen, die Ereignisse auf der psychischen Ebne niemals für das zu halten, was sie zu sein scheinen. Nie über das Verhalten eines Menschen zu klagen, wenn man nicht imstande ist, ihn seiner Natur nach zu ändern. Nie das Ziel vergessen. Alles ist gleich wichtig. Vor dem Essen einige Sekunden warten und wünschen, daß die Nahrung helfe zur Verwirklichung der großen Entdeckung. Dasselbe gilt für alles, was man tut. Vor dem Schlafen sich konzentrieren auf das Bestreben, daß der Schlaf die Kraft geben möge, am nächsten Morgen den Weg zur großen Entdeckung wieder aufnehmen zu können. Bevor man spricht, gerade so lange zu warten, bis man die Worte überprüft hat, und nur die wirklich notwendigen sprechen, und in keiner Weise sprechen, wie es dem Weg hinderlich sein kann. Und Sri Aurobindo sagt:

„Vor der unermüdlichen Ausdauer eures Bemühens wird sich plötzlich ein inneres Tor öffnen, und ihr werdet in eine blendende Pracht eintreten, die euch die Gewißheit der Unsterblichkeit bringt, die konkrete Erfahrung, daß ihr schon immer gelebt habt und immer leben werdet, daß allein die Formen vergehen und daß die Formen im Verhältnis zu dem, was ihr wirklich seid, die Umhänge sind, die weggeworfen werden, wenn sie abgenützt sind. Dann werdet ihr aufrecht stehen, befreit von allen Ketten, und statt mit Schwierigkeiten unter der Last der Umstände voranzukommen, die euch durch die Natur auferlegt sind und die ihr auf euch nehmen müßt, wenn ihr nicht unter ihnen erdrückt werden wollt, könnt ihr geradewegs und entschlossen ausschreiten, eurer Bestimmung gewiß, der Meister eures Lebens.“

Allerdings ist diese Befreiung aus allen persönlichen Bindungen noch nicht die höchste Erfüllung. Man muß noch weiter gehen: Das psychische Leben ist das unsterbliche Leben. Im Unterschied dazu bedeutet das spirituelle Bewußtsein, das Unendliche und Ewige zu leben, jenseits von Zeit und Raum. Um ein seelisches Leben zu führen, muß alle Ich-Haftigkeit beseitigt werden. Um das spirituelle Leben zu führen, darf man kein Ego mehr haben. Die supramentale Erziehung soll also nicht so sehr eine Entwicklung der menschlichen Natur und eine Entfaltung seiner latenten Befähigungen bewirken als vielmehr eine Transformation der Natur als solcher, eine Transformation des Seins in seiner Totalität, einen neuen Aufstieg der menschlichen Gattung über den jetzigen Menschen hinaus zum Menschen der Zukunft, um schließlich zu einer göttlichen Menschheit auf der Erde zu führen.

In der ganzen Konzeption Aurobindos wird auch der Körper ernstgenommen und damit auch die Arbeit. Davon kann sich jeder überzeugen, der den Ashram in Pondicherry besucht. Die Vervollkommnung des Körpers hat zwei Voraussetzungen, nämlich das Erwachen des Körperbewußtseins und ein so vollständig als mögliches Erwecken und Erziehen seiner Fähigkeiten, ebenfalls so total, so vollkommen und vielseitig wie möglich.

„Im Ablauf dieser psychischen Transformation wird die dreifache Welt von Geist, Leben und Körper ständig bewußter und geschmeidiger: die höheren und tieferen Ebenen des Geistes, des Lebens und des Körpers erschließen sich. Die Verbindung mit dem höheren Mentalen, den übermentalen Ebenen, mit den okkulten Wirklichkeiten und dem

feinstofflichen Bereich stellt sich her. Eine Universalisierung findet statt, die spirituelle Transformation, in der man eins mit dem All wird und das kosmische Bewußtsein erlangt.“

An anderer Stelle betont Aurobindo die Wichtigkeit *„der Reinigung des positiven Gedächtnisses, die wesentlich ist für die Befreiung, Läuterung und vollkommene Wirkweise“*. Man muß also Passivität gegenüber der ruhelosen Flut der Gedankenempfindungen zuwege bringen, die unabhängig von unserem Willen aus dem Gedächtnis aufsteigen. Wenn man das erreicht, bringt das Gedächtnis automatisch die Gewohnheit zustande, daß man nur die richtigen Eindrücke aufnimmt. Es befähigt den Intellekt, dem passiven Gedächtnis zu diktieren, was für Assoziationen gebildet oder zurückgewiesen werden.

Aurobindo sagt, das erste Ziel des Yoga müsse die Befreiung der Seele des Menschen aus ihrer gegenwärtigen naturhaften Unwissenheit und Begrenztheit sein. Sie soll in das spirituelle Wesen freigelassen und mit dem Höchsten selbst und göttlichen Wesen eins werden. Sein zweites Ziel ist die Teilnahme am kosmischen Sein des göttlichen Wesens. Daraus ergibt sich ein drittes Ziel: Der Mensch soll die Bedeutung der göttlichen Einheit mit allen Wesen dadurch wirksam machen, daß er mitfühlend und aktiv an der spirituellen Absicht teilnimmt, die das göttliche Wesen mit der Menschheit hat. *„Deshalb gehört der dreifache Pfad von Wissen, Wirken und Hingabe zum Grundzug unseres Yoga.“*

Man braucht sich nicht mit allem zu identifizieren, was in dieser Darstellung theoretisch und praktisch vertreten wird, zumal dann nicht, wenn man die Sache vom religiösen Standpunkt aus betrachtet. Jedenfalls geht es darin um eine Bewußtseinsveränderung, die sich durch die ganze Menschheit anbahnt. Und es ist in erster Linie und unmittelbar gar keine religiöse Frage, wenn diese Bewußtseinsveränderung, die sich durch die ganze Menschheit hindurchzieht, auch auf die Religion und die Religionen einen großen Einfluß haben wird. Sri Aurobindo hatte auch nicht die Absicht, eine neue Religion zu gründen. Gerade weil es um die ganze Menschheit geht, kann man die Religion nicht umgehen. Diese ist ja in uns und nicht außerhalb. Der Mensch kann immer nur nach dem Maß seines Bewußtseins sich konkret vorstellen oder gar durch Worte bekunden, was wir Gott oder göttlich nennen. Anderseits kann und darf der Mensch in der Gegenwart sich dieser Bewußtseinsveränderung nicht entziehen. Sollte er es wider Erwarten trotzdem vermögen, so wäre es sein Untergang. Er muß im Gegenteil alles tun, um sich dieser Mutation zu stellen, sie zu integrieren. Die ganze Gründung von Auroville hat keinen anderen Zweck, wenn auch manches, was man dort zu diesem Zweck tut oder zu tun versucht, manchem Außenstehenden widersinnig erscheinen mag. Das Ganze ist ein groß angelegter Versuch und als solcher zu bejahen.

Wohl könnte man Zweifel hegen an dem, was über die fernere Zukunft nach der Integrierung des neuen Bewußtseins vorausgesagt wird. Ob z. B. der Mensch schließlich unsterblich wird, und auf welche Weis das möglich ist. Ob all das so kommt, wie Sri Aurobindo gemeint hat, bleibt doch wohl eine offene Frage. Können wir uns überhaupt vorstellen, was dann geschehen wird? Wir haben dazu gegenwärtig eben doch nur unser mentales Bewußtsein zur Verfügung. Hier sind Grenzen, die nur Vermutungen, aber keine bestimmten Angaben zulassen. Was die Sache betrifft, so lehrt auch das Christentum, daß der menschliche Körper in der letzten Vollendung „verklärt" wird und an der Verherrlichung des Geistes teilnimmt. Es spricht in diesem Sinn vom Auferstehungsleib, ebenso wie es mit Christus bei der Auferstehung geschah. Wenn wir hier nicht auf die Frage eingehen, wie die ganze Konzeption Aurobindos zum Christentum steht, so soll das nicht heißen, daß diese Frage gegenstandslos sei. Es scheint im Gegenteil höchst erwünscht, daß sich jede Religion mit dieser Frage der Bewußtseinsveränderung auseinandersetzt.

Als Ergänzung dieser Ausführungen sollen hier noch einige Angaben über die weitere Entwicklung dieses Unternehmens hinzugefügt werden.

Schon bald nach dem Tod der „Mutter" entstanden Spannungen zischen dem Ashram und Auroville, die schließlich dazu führten, daß ein gerichtliches Verfahren eingeleitet wurde und die indische Regierung einen Administrator ernannte, der die Verwaltung des ganzen Unternehmens bis zu der gerichtlichen Entscheidung führen sollte.

Diese Maßnahme hat dann zu allerlei Mißverständnissen geführt, nämlich die Regierung habe das ganze Gelände von Auroville samt den Gebäuden konfisziert; von den früheren Bewohnern sei niemand mehr dort; die Gebäude stünden leer; das ganze Unternehmen sei gescheitert. Es sei gestattet, an diesen Darstellungen auf Grund eines Besuches in Auroville und im Ashram, der im Januar 1981 stattfand, einige Korrekturen vorzunehmen.

Zunächst muß man wissen, daß die bisherigen Bewohner von Auroville, die sich dort um die Verwirklichung der Vision Aurobindos bzw. der „Mutter" bemühten, zum größten Teil von anderen Teilen der Welt, besonders von Europa, eingewandert sind. Ihre Zahl beträgt gegenwärtig etwa 300, und zwar meist junge Menschen. Hinzukommen ungefähr 100 Inder. Sie sind auch jetzt noch dort und beabsichtigen, weiterhin dort zu bleiben und im selben Sinn weiterzuforschen und zu arbeiten. Die Inder unter ihnen, die sich in dem Streit mit dem Ashram auf dessen Seite gestellt hatten, scheinen gegenwärtig eine abwartende Stellung einzunehmen.

Der Eingriff der Regierung geschah offensichtlich, um der Sache einen Dienst zu erweisen. Schon früher hatte sich die Regierung in Auroville engagiert und mehrere Gebäude für gemeinsamen Gebrauch errichtet, darunter ein großes Auditorium, das im Rohbau bereits fertig ist. Die Mitglieder von Auroville betrachten das Vorgehen der Regierung nicht als Bevormundung, sondern als Hilfe und Förderung ihrer Bemühungen. Kurz, Auroville ist durchaus wach und lebendig. Seine Bewohner sind aufrichtig und vom besten Willen beseelt. Daß das Unternehmen gescheitert ist, davon kann wenigstens gegenwärtig keine Rede sein.

Auch die maßgebenden Persönlichkeiten im Ashram betrachten Auroville nicht als eine verlorene Sache, wenn sie sich vielleicht auch mehr Sorgen machen um den Fortbestand dieser Gründung als die jungen Leute dort. Auch gibt es im Ashram Menschen, die im Sinn von Aurobindo auf das neue Bewußtsein hin weit fortgeschritten sind, sozusagen die Grenze überschritten haben. Sie wissen auch, daß das Anliegen Aurobindos nicht mit Auroville allein steht und fällt. Es geht ja um eine Bewußtseinsveränderung, welche die ganze Menschheit betrifft. Es wäre zu wünschen, daß die gegenwärtigen Bewohner von Auroville, die ja nun ganz auf eigenen Füßen stehen, mit den oben genannten Menschen im Ashram in engem Kontakt blieben, zumal sie selbst offenbar noch nicht so weit - auf dem „Weg“ - fortgeschritten sind wie jene.

Anderseits soll auch nicht verschwiegen werden, daß die gegenwärtige Besetzung von Auroville noch große Schwächen hat, deren sie sich auch wohl bewußt ist. Es sei nur auf zwei Punkte hingewiesen. Zunächst bilden die Bewohner keine geschlossene Gemeinschaft mehr, sondern sind in kleine Gemeinschaften aufgeteilt, die anscheinend kaum oder keine Beziehungen zueinander haben. Sie sind nämlich durch die je verschiedene Sprache entstanden. Außerdem liegen sie geographisch weit auseinander auf dem sehr weiten Gelände dieser Stadt der Zukunft, und es gibt dort keine öffentlichen Verkehrsmittel. Dieser Umstand schwächt die Stoßkraft dieses großangelegten Unternehmens. Das war ganz anders, als die „Mutter“ noch lebte, die in ihrer Person alles zusammenhielt.

Ferner besteht eine gewisse Gefahr, daß Auroville, nachdem nun seine Existenz einigermaßen gesichert ist, seine Identität verliert. Jedermann weiß nämlich von dem ständig fließenden Strom junger suchender Menschen, die vom Westen nach Indien und anderen ostasiatischen Ländern ziehen. Diese Menschen sind zum weitaus größten Teil aufrichtig Suchende. Darüber besteht kein Zweifel, ganz gleich, in welcher äußeren Gestalt sie auftreten. Sie wissen, daß es Ashrams gibt, in denen sie billig leben und vielleicht auch finden können, was sie suchen, oder wo doch die Möglichkeit besteht, auf diese Weise ein Stück weiterzukommen. Auch Auroville ist wenigstens in Europa, besonders in Frankreich und Deutschland, gut bekannt und hat als „Stadt der Zukunft" noch eine besondere Attraktion. Die Tatsache, daß die Einzelgemeinschaften nach Sprachen verschieden sind, bietet zudem für viele die Möglichkeit, in eine Gemeinschaft zu kommen, in der ihre Muttersprache verstanden und gesprochen wird. Man hört schon jetzt, daß viele der jungen Leute, die in Auroville sind bzw. dorthin kommen, nicht jenes hohe Ziel im Auge haben, für das Auroville gegründet wurde. Sie wissen auch nicht, was von ihnen verlangt wird, wenn sie an der Verwirklichung dieses Zieles mitarbeiten wollen. Ursprünglich waren die Bedingungen für die Aufnahme in Auroville sehr streng, bisweilen geradezu hart. Wie immer es gegenwärtig damit steht, ist die Aufnahme durch die Aufsplitterung in kleine Gemeinschaften schwer zu kontrollieren.

Man darf hoffen, daß die genannten Schwierigkeiten mit der Zeit überwunden werden und Auroville seine Berufung zum Besten der Menschheit erfüllt.

8. Kapitel

Teilhard de Chardin: Das Göttliche Milieu

„Aus der Biosphäre geht die Noosphäre hervor, eine geistige Sphäre, die dem menschlichen Bewußtsein entspricht. Geist und Materie fließen letztlich in einem göttlichen Zentrum, dem Punkt Omega, zusammen."

– Marie-Joseph Pierre Teilhard de Chardin (1881–1955) –

Überwindung des Dualismus: Materie und Geist

Teilhard de Chardin vereinigte in sich Eigenschaften oder Veranlagungen, die man selten in einer Person zusammen findet. Er ging das Thema der Evolution nicht nur von der Naturwissenschaft her an, sondern auch von Philosophie und Theologie und überdies von eigener religiöser Erfahrung.

Als Wissenschaftler war er davon überzeugt, daß es keine Möglichkeit gibt, dem Problem der Diskontinuität zu entgehen. Er sagt, daß man in dieser psychischen Diskontinuität das Entscheidende der Menschwerdung erblicken müsse, und folgerte daraus, daß *„eine so grundlegende Mutation wie das Denken, die der ganzen menschlichen Gruppe ihren spezifischen Charakter gibt ..., oberhalb des Ursprungspunktes und Entfaltungsbeginns der Menschheit stehen muß"*. Es handelt sich also auch für ihn um eine Mutation. Mit dieser Auffassung wird die Vorstellung einer Akategorialität verbunden, die als Anzeichen für das neue Bewußtsein gilt. *„Kategoriale Systeme reichen zu einer Weltbewältigung nur innerhalb der dreidimensionalen Weltvorstellung und Begriffswelt aus."* Diese Auffassung von der Bewußtseinsveränderung im Sinn einer beständig fortschreitenden Intensivierung des Bewußtseins zieht sich durch Teilhards ganzes Denken hindurch.

Die Forderung einer Überwindung des Dualismus von Materie und Geist ist im Werk Teilhards deutlich zum Ausdruck gekommen. Diese neue Erkenntnis bekam er schon lange vor seiner wissenschaftlichen Laufbahn. Wie er uns selbst erzählt, begann das Gespür dafür schon in früher Jugend. Ein Stück Eisen konnte ihn faszinieren in einer Weise, wie das normalerweise bei Kindern nicht der Fall ist. Späterhin erkannte er gerade darin seine besondere Berufung, wie aus folgenden Worten hervorgeht: *„Mögen andere, entsprechend ihrer höheren Aufgabe, den Glanz Deines reinen Geistes verkünden! Ich aber, der ich unter einer Berufung stehe, die in den tiefsten Fasern der Natur wurzelt, ich will nicht noch kann ich anders aussagen als die unzähligen Verlängerungen Deines inkarnierten Seins durch die Materie hindurch, ich werde niemals etwas anderes predigen können als das Geheimnis Deines Fleisches, o Seele, die in allem durchscheint, was uns umgibt."*

Bei ihm ist das Ganze, das Göttliche, immer durchscheinend, ganz dem neuen Bewußtsein entsprechend. Über den Ursprung der Welt sagt er: *„Ohne Erschütterung und ohne Donner hat die Flamme alles von innen her erleuchtet. Vom Herzen des geringsten Atoms bis zur Energie der universellsten Gesetze hat sie individuell und in ihrer Gesamtheit jedes Element, jede Triebkraft, jede Bindung unseres Kosmos so natürlich durchdrungen, daß man von ihm glauben könnte, er habe sich spontan entflammt."*

Dann aber fährt er fort: *„In der neuen Menschheit, die heute gezeigt wird, hat das Wort den endlosen Akt seiner Geburt verlängert: und kraft seines Hineintauchens in den Schoß der Welt haben sich die großen Wasser der Materie ohne ein Erzittern mit Leben geladen. Anscheinend hat nichts gezittert unter der unsagbaren Transformation. Und doch ist geheimnisvoll und wirklich in der Berührung mit dem substantiellen Wert das Universum, die unermeßliche Hostie* (Anspielung auf die ‚Messe über die Welt', Anmerkung des Verfassers) *Fleisch geworden. Alle Materie ist von nun an inkarniert, mein Gott, durch Deine Inkarnation."* So kann man in Wahrheit sagen, daß das Universum der *„kosmische Christus"* ist. In diesem Sinn spricht Teilhard Jesus an als den, in dem „alle Dinge Bestand haben" (Kol. 1,17).

Es ist bezeichnend, daß nach Teilhards eigenen Worten ihm diese Erkenntnisse nicht durch philosophisch-theologische Spekulation zuteil wurden, sondern ihm durch verschiedene Umstände und Menschen seiner Umgebung schon früh geschenkt wurden. Sie gehen über das rationale Denken hinaus. So kam er dahin, *„nicht mehr sehen und atmen zu können außerhalb des Milieus, in dem alles nur eins ist."*

Für Teilhard durchdringen sich Materie und Geist: Er könne nicht sagen, *„welche dieser beiden Seligkeiten strahlender ist, das Wort gefunden zu haben, um die Materie zu beherrschen, oder die Materie zu besitzen, um das Licht Gottes zu erreichen und zu erfahren"*. Sein Wunsch war, daß die Herabkunft Gottes in die universelle Spezies *„nicht nur als die Frucht einer philosophischen Spekulation geliebt und gehegt werde, daß sie vielmehr wahrhaft eine wirkliche Gegenwart werde."*

Er war sich bewußt, daß er sich auf ein Wagnis einließ. *„Auch ich habe Angst, wie alle meine Brüder, vor der zu geheimnisvollen und zu neuen Zukunft, in die mich die Dauer jagt."* Trotzdem: *„Wer leidenschaftlich Jesus verborgen in den Kräften liebt, die die Erde wachsen lassen, den wird die Erde mütterlich in ihren Riesenarmen emporheben, und sie wird ihn das Angesicht Gottes schauen lassen."* Es ist das Loslassen der Alleingültigkeit des rationalen Denkens, das heute noch viele zurückschrecken läßt, da ihnen der Boden unter den Füßen weggezogen zu werden scheint. Aber es gibt Millionen andere, die nicht in diesem Maß behindert sind, in denen sich das neue Bewußtsein, wenn auch langsam und lautlos, stetig wachsend durchsetzt. Teilhard war sich klar bewußt, daß ihm der Boden unter den Füßen weggezogen würde. Er sagte, daß er eine Lust und Affinität gewinne, die ihm *„von nun an die Freuden unmöglich machen würden, an denen sich bisher mein Leben erwärmte"*; und doch: *„Herr Jesus, ich bin bereit, von Dir besessen zu werden und von der unaussprechlichen Macht Deines Leibes, an den ich gebunden sein werde, in die Einsamkeit geführt zu werden, in die aufzusteigen ich allein niemals gewagt hätte."* Pierre Teilhard de Chardin hat diese Einsamkeit bis in seinen Tod ertragen.

Das Folgende erinnert etwas an Voraussagungen, Prophezeiungen, Ahnungen und Befürchtungen eines Weltunterganges, von denen schon eingangs die Rede war: *„Die Welt, Herr, kann letztlich dich nur erreichen durch eine Art Umschlagen, Umkehr, Exzentration, in der für eine gewisse Zeit nicht nur das Gelingen der Individuen, sondern sogar das Äußerliche allen menschlichen Gewinns unterzugehen scheint."*

Ohne Zweifel ist in diesen Worten die Überzeugung einer Bewußtseinsveränderung in der Menschheit ausgesprochen. Andrerseits sind heute seit der Verfassung der *„Messe über die Welt"* in der Ordoswüste 1923 bereits 60 Jahre vergangen. Wir haben den Zweiten Weltkrieg erlitten und vieles andere, das uns ängstigen könnte. Trotzdem dürfen wir noch hoffen, daß das *„Umschlagen"*, die *„Umkehr"* und die *„Exzentration"* sich nicht in Weltkatastrophen vollzieht, sondern der geistige

Himmel sich allmählich aufheitert bis zum vollen Sonnenschein, wenn es auch noch einiger Generationen bedarf.

Alles in mir ist Gott

Im Anschluß an die Darstellung des neuen Bewußtseins, wie es Teilhard sieht, scheint es angebracht, einige Stellen aus seinem Werk *„Das göttliche Milieu"* anzuführen, in denen die christliche Interpretation des Verfassers noch deutlicher wird. *„Alles ist mir Alles, und Alles ist mir Nichts: Alles ist mir Gott, und Alles ist mir Staub: Das kann der Mensch in gleicher Wahrheit je nach dem Einfallswinkel des göttlichen Strahles sagen."* Dieses Zitat spricht für sich selbst.

Weiterhin sagt er, daß der Mensch reif sei für die *„Parusie"*, d. h. die Wiederkunft Christi am *„Ende der Welt"*, wie immer man das nun verstehen mag, wenn alle vergöttlichte Substanz in die Seele eingegangen und alle erwählte Kraft hineingeholt sei. Sri Aurobindo sagte, daß der Mensch unsterblich sein würde, wenn er sich sämtliche Zellen seines Körpers bewußt geworden sei. Wenn man von Begriffen und Wortsinn absieht, scheinen sich beide Autoren irgendwo zu treffen. Jedenfalls geht es hier bei beiden wohl um die Unsterblichkeit des Körpers. Daß der Geist unsterblich ist, versteht sich von selbst.

Bezeichnend für die ganze Sicht von Teilhard ist auch das Folgende: *„Wenn es erlaubt ist, ein heiliges Wort leicht abzuwandeln, würden wir sagen, das große Geheimnis des Christentums sei gerade nicht das Erscheinen, sondern die Transparenz Gottes im Universum. O ja, Herr, nicht nur der Strahl, der streift, sondern der Strahl, der durchdringt. Nicht Deine Epiphanie, Jesus, sondern Deine Diaphanie."* Die Wahrnehmung der göttlichen Gegenwart, von der im *„Göttlichen Milieu"* die Rede ist, läßt sich nach Teilhard nicht durch irgendeine Beweisführung oder einen Kunstgriff erhalten. Das stimmt überein mit dem, was über die volle Integration des neuen Bewußtseins gesagt wurde, wo man sich des Ganzen, das mit dem Geistigen identisch ist, bewußt wird. Der Versuch, es sich durch irgendwelche Technik anzueignen, könnte mit dem Sturz in den Abgrund enden.

Wiederum sagt Teilhard: *„Herr, wir wissen und wir ahnen, daß Du überall um uns herum bist. Doch es scheint, ein kleiner Schleier liege über unseren Augen ..."* Anschließend sagt er, die individuellen Fortschritte des göttlichen Milieus seien: die wirksame Reinheit, der wirksame Glaube und die wirksame Treue. Mit Reinheit ist hier nicht nur Sündenlosigkeit und Keuschheit gemeint, sondern mehr noch: Geradheit, Aufrichtigkeit, Selbstlosigkeit und Reinheit in der Absicht. Sie stellt die Sorge um den in allem zu vollendenden Christus über einen unmittelbaren oder angeblichen Vorteil. Diese Reinheit wird erhalten durch die Sammlung, geistiges Gebet, Reinheit des Gewissens, Reinheit der Absicht, die Sakramente. Er betont weiterhin, daß die reinen Seelen alle schon durch ihr Dasein wirken, zu vergleichen mit verschneiten Gipfeln, deren reglose Zinnen für uns immerfort die umherirrenden Kräfte der oberen Atmosphäre anziehen. Mit Glaube ist hier nicht nur der Glaube an Dogmen gemeint, sondern der „evangelische Glaube", von dem Christus mehr noch als von der Liebe spreche. Gemeint ist Glaube als eine Macht, die wirkt. Ohne Glaube schaden uns die Naturkräfte. Mit Glaube helfen sie uns. Dieser Glaube vermehrt das Brot, öffnet die Augen, Tote stehen auf. Das heißt jedoch nicht, daß die Kräfte des Glaubens anstelle der normalen Ursachen treten sollten. Manchmal gibt es Wunder, gewöhnlich aber Integrierung indifferenter und ungünstiger Ereignisse in einem höheren Plan der Vorsehung. Unsere Mißerfolge, unser Scheitern und unser Tod werden zu Verlängerungen des Leibes Christi. Die Dinge geschehen wie von selbst.

Die Treue ist die Annahme, die „*Kommunion*" des göttlichen Milieus, das uns durch Reinheit und Glaube näherkommt. Aber es ist nicht etwas, das fix und fertig ist und angenommen wird. Vielmehr ist Gott für uns die ewige Entdeckung und das ewige Wachsen. Auf diese Weise ist der bevorzugte Punkt der einzige Punkt des Universums. Teilhard de Chardin hat gegen Ende seines Lebens (1948) in „*Mein Weltbild*" noch einmal versucht, seine oft angegriffenen Ansichten verständlich zu machen. Darin schreibt er: „*Wenn man versucht, wissenschaftlich zu ergründen, wie das Ende der Menschheit auf Erden aussehen könnte, ist es mir lieber, man spräche weniger von Katastrophen (eine faule und billige Hypothese) oder von Siechtum (nichts sagt uns – vgl. unten –, daß die Noo-Sphäre nicht dem Prozeß des Altwerdens entrinnen könnte) oder von Evolution mit Hilfe der Astronautik (eine astronomisch wenig wahrscheinliche Ausflucht). Und ich möchte im Gegenteil, daß man sich, indem man zugleich genauer und tiefer hinsieht, endlich über die grundlegende Tatsache klar wird, um die letzten Konsequenzen daraus zu ziehen, daß nämlich die ‚Noo-Genese' (auf die sich die Anthropo-Genese grundsätzlich zurückführen läßt) ein konvergentes Phänomen ist, das heißt, ein Phänomen, das seiner Natur nach auf ein Ende und eine Erfüllung inneren Ursprungs hin ausgerichtet ist.*"

Punkt Omega

Er sucht die Tatsache dieser Konvergenz auf den drei Gebieten der Physik, Metaphysik (Philosophie) und Mystik aufzuzeigen. Dieser Grundgedanke wird bekanntlich von Teilhard in allen seinen Werken immer wieder ausgesprochen. Nach ihm bewegt sich die ganze Evolution von Anfang an auf einen bestimmten Punkt hin, den er „Omega“ nennt. Er versteht darunter *„einen letzten und selbstsubsistenten Pol des Bewußtseins, der genügend in diese Welt hineingemischt ist, um in sich durch Vereinigung die kosmischen Elemente sammeln zu können, die bis zum äußersten ihrer Konzentration durch technische Anordnung gelangt sind - und der doch auf Grund seiner supraevolutiven (das heißt transzendenten) Natur in der Lage ist, dem fatalen Rücktritt zu entrinnen, der (von der Struktur her) jegliche Konstruktion aus Raum- und Zeit-Stoff bedroht.“* Der Punkt Omega ist für ihn der *„universelle Christus“*, der Christus der Parusie, der nach christlichem Glauben am Ende der Zeiten wiederkommt. Nach Teilhards Darstellung wird dieser universelle Christus schon im Bereich der Physik und Metaphysik irgendwie sichtbar. Man ist vielleicht versucht zu sagen, daß diese Sicht nur für einen Christen Gültigkeit haben kann. Damit wird man Teilhard jedoch nicht gerecht. Sein Gedankengut läuft umgekehrt. Er geht nämlich nicht von der Theologie aus, sondern von den Erkenntnissen, die er durch seine jahrelangen Forschungen gewonnen hatte. Dabei ist er jeweils in der Physik und Metaphysik auf eine Situation, eine Stufe der Evolution, gestoßen, auf der eben das, was mit dem universalen Christus gemeint ist, spontan wie eine Erfüllung aufleuchtet.

Im einzelnen auf die Zusammenhänge in der Physik und Metaphysik einzugehen ist natürlich hier nicht möglich. Wohl aber scheint bezüglich des dritten Bereiches, der Mystik, zu dem, was Teilhard über den Unterschied zwischen der Straße des Ostens und der des Westens sagt, sich eine Berichtigung anzubieten. Er behauptet nämlich, daß für die Weiterführung der Konvergenz in diesem Bereich nur die westliche, gemeint ist die christliche Mystik, in Frage kommt. Die östliche sei nicht dafür geeignet, weil bei ihr „die mystische Einheit durch unmittelbare Unterdrückung des Vielen sichtbar und erreicht werde“. Er nennt das: *„Pantheismus der Identifizierung“*, *„Geist der Entspannung“*, *„Eins-*

werdung durch Koextension mit der Sphäre mittels Auflösung. Gemäß dem zweiten Weg (Straße des Westens) dagegen ist es unmöglich, eins mit dem Ganzen zu werden, ohne die zerstreuten Elemente, die uns bilden und umgeben, gleich in Richtung der Differenzierung und der Konvergenz bis ans Ende ihrer selbst voranzutreiben. Von diesem zweiten Standpunkt aus ist der ‚gemeinsame Grund' des östlichen Weges nur eine Illusion". Er nennt das *„Pantheismus der Vereinigung (und folglich der Liebe), Geist der ‚Anspannung', Einswerdung durch Konzentration und Hyperzentration im Zentrum der Sphäre".* Wohlbemerkt geht es Teilhard auch an dieser Stelle nicht um eine theologische Wertung von Buddhismus oder sonst einer nicht-christlichen Religion.

Es ist eine weit verbreitete Meinung, daß die östlichen Meditationsweisen wie Yoga, Zen und andere die sichtbare Welt, das „Viele", wenn überhaupt noch als Wirklichkeit, so doch als ein Hindernis für die Erfahrung der letzten Wirklichkeit betrachten und es daher zu verdrängen suchen. Wenn das für einige Richtungen zutreffen sollte, so gewiß nicht für alle. Bei der in dieser Schrift als Beispiel angeführten Zen-Meditation gilt das sicher nicht. Die Zen-Meister betonen ausdrücklich, daß im Zen nichts verdrängt wird. Nach ihnen ist die phänomenale Welt genauso wirklich wie die absolute. Beide sind nur verschiedene Aspekte derselben Sache. Ob Teilhard de Chardin das Zen näher gekannt hat, ist fraglich. Er scheint in Japan keine besonderen Forschungen gemacht zu haben und war ganz auf China konzentriert. Auch in Europa war damals das Zen noch wenig bekannt, geschweige denn praktiziert wie heute.

Als Abschluß dieses Kapitels möge die kurze Zusammenfassung dienen, die Teilhard selbst am Schluß des genannten Buches *„Mein Weltbild"* gibt: *„Eine Phänomenologie der Einrollung, die in den Begriff Superreflexion einmündet. Eine Metaphysik der Vereinigung, die in der Gestalt des Christus universalis kulminiert. Eine Mystik der Zentration, die sich in der totalen totalisierenden Haltung einer Liebe zur Evolution resümiert. Eine Supermenschheit, gekrönt von einem Superchristus, dem Prinzip selbst einer Supercaritas. – So zeigt sich gemäß drei kohärenten und komplimentären Seiten unserem Denken, unserem Herzen und unserem Tun die organische Einzigkeit eines konvergenten Universums."*

9. Kapitel

Das Aufleuchten des integralen Bewußtseins

Zen-Meister H.M. Enomiya-Lassalle
im Gespräch mit Roland R. Ropers

„Durch das Sichtbarwerden des Ursprungs,
das Durchscheinende im Menschen,
wird auch der Widerspruch zwischen Glauben und Wissen,
zwischen Mythos und Wissenschaft überwunden."
- H.M. Enomiya-Lassalle (1898-1990) -

Roland R. Ropers: In Ihrem Buch *Leben im neuen Bewußtsein* wie auch in Ihren Vorträgen berichten Sie vom Wendepunkt des Menschen, von der Geburtsstunde des integralen Bewußtseins. Was müssen wir darunter verstehen?

Hugo M. Enomiya-Lassalle: Wenn wir von einem neuen Bewußtsein sprechen und die bisherigen Bewußtseinsstufen geschichtlich darstellen wollen, kann man von einem null-, ein-, zwei-, dreidimensionalen Bewußtsein sprechen. Jetzt würde man dementsprechend das neue Bewußtsein vierdimensional nennen. Nun darf man das nicht so verstehen, daß das neue Bewußtsein nur diese eine vierte Dimension hat. Das wäre ganz falsch. Es bleiben alle früheren Dimensionen erhalten, aber im rechten Maß und nicht im Übermaß. Es ist nicht so, daß das neue Bewußtsein eine Synthese aller vier Bewußtseinsstufen ist, denn das wäre im wesentlichen nichts Neues. Eine Synthese ist hier überhaupt nicht möglich. Es ist vielmehr so, daß die vierte Dimension integrierend ist und so die bisherigen Dimensionen auf ein höheres Niveau hebt.

Solange die anderen Dimensionen noch allein herrschen, kann man die vierte Dimension nicht integrieren.

Roland R. Ropers: In diesem Zusammenhang sprechen Sie von der aperspektivischen Wirklichkeitserfahrung.

Hugo M. Enomiya-Lassalle: Ja, dies ist eine ganz wesentliche Erfahrung. Typisch für die Ausdrucksweise der aperspektivischen Welt sind drei Hauptkriterien. Das erste Hauptkriterium sind Versuche der Konkretion der Zeit im Sinne der *Zeitfreiheit*, d. h. das Bemühen, die begriffliche Zeit zu überwinden. Wir müssen sehr gut unterscheiden zwischen Abschaffen und Überwinden. Die Dinge werden nicht abgeschafft, sondern überwunden, um darüber hinauszukommen, obwohl sie doch noch bleiben. Das ist die Kunst heutzutage.

Durchsichtigkeit, die nicht aufgrund rationaler Schlußfolgerungen, sondern durch Begriffe und Worte hindurch zum Wesen der Dinge vordringt, ist das zweite Hauptkriterium. Wir sind gewohnt, wenn wir das Wesen der Dinge verstehen wollen, zu denken und sie auseinanderzunehmen sowie nach den Gründen zu suchen. Durchsichtigkeit heißt nicht, das Denken und auch nicht die Begriffe und Wörter abzuschaffen, sondern durch Begriffe und Worte hindurch zum Wesen der Dinge vorzudringen. Ich darf hier sagen, was manche von denen, die bei mir Zen geübt haben, mir erzählen und was ich selber täglich erfahre als Priester beim Gebet. Man liest jedes Wort und jede Silbe ganz bewußt, man weiß, was es bedeutet, aber ohne darüber nachzudenken.

Erst dann kann man erfahren, was dahintersteht. *Das ganzheitliche Wahrnehmen*, das auch immer das Ganze wahrnimmt und auf diese Weise den extremen Dualismus überwindet, ist schließlich das dritte Hauptkriterium. Daß man immer das Ganze wahrnimmt, geht nicht von heute auf morgen. Wenn wir immer das Ganze wahrnehmen und noch einen Schritt weiter gehen und gleichzeitig das Religiöse mit wahrnehmen, dann haben wir den Dualismus überwunden.

Roland R. Ropers: Was können wir konkret tun, um in diese Erfahrung hineinzuwachsen?

Hugo M. Enomiya-Lassalle: Zunächst und vor allem müssen wir uns bemühen, die Alleingültigkeit des rationalen Denkens zu überwinden. Mit anderen Worten, es geht darum, sich dem Systemzwang des Dreidimensionalen zu entziehen, durch das alles fixiert und ein unausweichliches Dilemma entstanden ist, in dem sich der Mensch sozusagen totgelaufen hat. Wo das gelingt, verwandelt sich das Mental-Rationale aus einer Hauptkomponente in eine bloße Komponente neben und mit dem Magischen und Mythischen, die zusammen in der Diaphanität (Durchsichtigkeit) integriert werden. Wir müssen bedenken, daß wir in einer Periode des Übergangs leben. Wenn wir uns aus der Bedrängnis, in die wir durch die Alleingültigkeit der sogenannten Uhr-Zeit gekommen sind, befreien wollen, müssen wir die Zeit aus ihrer rationalen Vergewaltigung lösen. Man spricht in diesem Sinn auch von einer Rehabilitation der Zeit. Das zu vollziehen ist freilich keine leichte Sache. Denn es besagt, daß wir das logische Denken transzendieren, das uns wenigstens im Westen seit zweitausend Jahren das Höchste zu sein schien und für lange Zeit auch war. Bis vor einigen Jahrzehnten gab es für viele Menschen immer noch die Möglichkeit, sich durch religiöse Bindungen dem ganzen, uns heute bedrängenden Problem der mental bewußten Sphäre zu entziehen. Schöpferische Allmacht, Ewigkeit, und Unendlichkeit waren für viele Menschen fraglose Postulate des Glaubens, und die „Verbürgtheit" des bürgerlichen Menschen in seine Welt störte ihn nicht auf, neue Sicherungen zu suchen.

Es gab noch einen kollektiven Glauben, der hinter den einzelnen Gläubigen stand. Das ist heute nicht mehr so, wenigstens bei uns im Westen nicht. Es ist bekannt, daß das religiöse Fundament durch den Rationalismus schwer erschüttert wurde.

Es gibt gewiß auch heute noch Menschen, die sich durch einen tiefen Glauben sozusagen über Wasser halten, wenn auch die zuvor geschilderte allgemeine Notlage dadurch nicht behoben oder auch nur gemildert wird. Die Zahl derer, die das noch können, nimmt beständig ab. Denn die begriffliche Darstellung der religiösen Wahrheiten reicht auch aufrichtigen Christen nicht mehr aus. Daher suchen viele von ihnen nicht mehr in der Theologie, sondern in der Glaubens- und Gotteserfahrung auf verschiedenen Wegen ihr Heil.

Das ist eine typische Erscheinung unserer Zeit und sollte nicht als Verlust angesehen werden; denn es ist in Wirklichkeit ein Fortschritt.

Hinzu kommt, daß das Mentale nicht einmal ausreicht, um das Mythische, geschweige denn das Magische zu begreifen. Mit der Einschränkung auf das Mentale bejahen wir vielleicht nur ein Drittel der Weltwirklichkeit.

Roland R. Ropers: Nach Ihrer Auffassung befinden wir uns in der Geburtsstunde eines neuen Menschen, der mit einem neuen Denken und einer neuen Aufrichtigkeit zur Welt kommt.

Hugo M. Enomiya-Lassalle: Viele Erscheinungen unserer Zeit sind als die Geburtswehen des neuen Menschen anzusehen. Die Menschheit leidet unter dieser Geburt ebenso wie jede Mutter, die ein Kind zur Welt bringt.

Den Menschen, die aus einer früheren Zeit stammen, mag manches widersinnig vorkommen. Sie glauben und hoffen vielleicht, daß all das eine vorübergehende Krise ist und der Mensch über kurz oder lang zum Alten zurückfindet und alle diese Dinge einmal wieder überwunden sind wie eine langwierige Krankheit, die aber schließlich doch geheilt wird. Tiefersehende Menschen dagegen wissen, daß es kein Zurück zum Alten gibt und daß es daher sinnlos ist zu versuchen, das Rad der Entwicklung zurückzudrehen. Die Natur des Menschen ist so angelegt, daß die Geburtsstunde des neuen Menschen früher oder später kommen muß. Denn die Persönlichkeit, das Person-Sein, ist der tiefste Kern des Menschen; je mehr er sich daher dessen bewußt wird, desto mehr ist er Mensch.

Das aber impliziert das Verlangen nach und den Anspruch auf größere Freiheit. Dieser Anspruch ist heute bei der jüngeren Generation unverkennbar. Wenn man diese Zusammenhänge kennt, so weiß man, daß ein solches Verlangen nicht leichthin als Unbotmäßigkeit und Ungehorsam abgetan werden darf oder kann. Der neue Mensch kann einfach nicht darauf verzichten, in vielen Dingen gefragt zu werden und in irgendeiner Weise bei Entscheidungen mitzubestimmen, die seine Person angehen.

Der Mensch sollte imstande sein, die Dinge so zu sehen, wie sie sind, und, was eng damit zusammenhängt, aufrichtig sein. Viele Menschen sind in ihrem Denken fast immer von Vorurteilen geblendet. Es gibt kaum Menschen, die vorurteilslos denken können.

Man muß den Tatsachen klar ins Auge sehen. Wenn der neue Mensch wirklich ein Fortschritt gegenüber dem alten sein soll - und darum geht es, denn sonst ist es nichts Neues -, dann muß dieser Mensch imstande sein, vorurteilslos zu denken und aufrichtig zu sein.

Unsere Zeit drängt mehr denn je auf ein neues Denken hin. Es ist ein gewaltiger Umbruch, der vieles bisher selbstverständlich Erscheinende in Frage stellt. Und doch ist in diesem Drängen ein Verlangen nach Wahrheit und Wirklichkeit am Werk.

Roland R. Ropers: Wie beurteilen Sie das Verhältnis von mystischer Erfahrung und naturwissenschaftlicher Erkenntnis?

Hugo M. Enomiya-Lassalle: Es hat Zeiten gegeben, da die mystische und auch die meditative Erfahrung höher gewertet wurde als die naturwissenschaftliche Erkenntnis, die ja historisch viel jünger ist. Sicher ist auch, daß sich das Verhältnis zugunsten der naturwissenschaftlichen Erkenntnis im Laufe der Zeit verändert und einen gewissen Höhepunkt erreicht hat, wo wenigstens von vielen Menschen die naturwissenschaftliche Erkenntnis höher und fast einseitig beherrschend gewertet wurde und die meditativ Erfahrung kaum noch einen Stellenwert hatte.

Heute gibt es wieder eine völlig neue Situation. Das möchte ich sehr betonen. Obwohl die Wissenschaft als solche anerkannt wird, kann sie dem heutigen Menschen den religiösen Glauben nicht ersetzen. Andererseits hilft es diesen Menschen nichts, wenn man ihnen Beweise für den Glauben, z. B. für das Dasein von Gott, liefert.

Demgegenüber ist heute ein großes Verlangen nach der religiösen Erfahrung wachgeworden. Die Menschen möchten Gott erfahren und nicht in theologischen Begriffen und Deutungen erklärt bekommen. Dem entspricht auch das große Interesse für Meditation, insbesondere auch für die Zen-Meditation. die ja gerade darauf eingestellt ist, durch Erfahrung die Wirklichkeit zu erkennen. All dies hängt mit dem neuen Bewußtsein, mit der Bewußtseinsveränderung des Menschen in unserer Zeit zusammen.

Roland R. Ropers: Sie sehen in der gegenwärtigen Krise des Menschen den Durchbruch zu einer neuen Bewußtseinsstruktur. Wie wird sich dieser Wandel vollziehen?

Hugo M. Enomiya-Lassalle: Die Tatsache, daß es in jeder Struktur zwei Phasen gibt, die qualitativ-maßvolle, die effizient ist, und die qualitativ-maßlose, die defizient ist, könnte zu dem Schluß verleiten, daß auch hier wie anderswo das Neue nach einiger Zeit degeneriert und untergeht. Diese Beobachtung hat man auch bei vielen Religionen gemacht. Der Stifter war ein Heiliger oder Berufener. Er bekam viele Anhänger. Dann wurde die Religion organisiert. Aber der Geist starb, und nur die Form blieb noch und wurde von denen, die durch sie lebten, mit Mühe aufrechterhalten, bis ein Sturm alles hinwegfegte.

Doch ist es mit den Bewußtseinsstrukturen bei genauerem Zusehen ganz anders. Das Defizientwerden einer Struktur ist zwar Verarmung und Erschöpfung, aber gleichzeitig auch die Gewähr einer neuen Mutation. Jede Mutation ist in diesem Sinne eine Vervollkommnung des Menschen als solchem, ein Fortschritt im besten Sinn. Aber gleichzeitig besteht die Gefahr, daß sie sich ins Maßlos verstärkt. An diesem Punkt befinden wir uns gerade jetzt. Die Lösung ist weder ein weiterer Fortschritt auf dem Gebiet der Wissenschaft, der eine weitere Quantifizierung bedeuten würde, noch das Zurückfallen ins Esoterische im Sinn von Geheimwissenschaften.

In der gegenwärtigen Krise sollten wir nicht vergessen, daß in der Vergangenheit der Niedergang einer Bewußtseinsstruktur immer auch ein Zeichen und sogar eine verborgene Garantie für eine heraufkommende neue Struktur war. Daher ist es heute so wichtig, daß die vierte Dimension integriert wird. Wenn der moderne Mensch auch nur von ferne eine Ahnung hätte von dem, was mit der neuen Dimension gemeint ist, könnte er aufatmen. Er würde neue Kraft verspüren, weil ihm Möglichkeiten aufleuchten könnten, an die er bisher nicht gedacht hat. Andererseits ist jede einseitige Lösung von vornherein zum Scheitern verurteilt; sie ist keine Lösung, sondern im günstigsten Fall nur ein Hinausschieben. Denn sie ist zeitbedingt und mental, gleichgültig, ob sie auf das Nur-Meßbare oder auf das Unmeßbare eingestellt ist. Es handelt sich weder um Aufstieg noch um Abstieg, sondern um eine Umlagerung, eine mutierende Entfaltung. Das Ergebnis dieser Umlagerung ist das Sichtbarwerden des Ursprungs, die Transparenz, das Durchscheinende im Menschen und durch ihn hindurch Sichtbar-Werdende. Es ist der Ausweis einer neuen Mutation, durch welche die vorhergehenden raumzeitlichen Entfaltungen, wie sie sich in der zunehmenden Dimensionierung des Bewußtseins darstellen, integriert und sinnvoll werden.

Durch die Durchsichtigkeit wird auch der Widerspruch zwischen Glauben und Wissen, zwischen Mythos und Wissenschaft überwunden. Dieser Dualismus wird, wohlbemerkt, ohne Vernunftgründe aufgehoben. Das ist von der mentalen Struktur her unverständlich. Doch die Diaphanität (Durchsichtigkeit), wie sie hier gemeint ist, steht mit dem Rationalen nicht im Widerspruch, sondern geht darüber hinaus.

Roland R. Ropers: Wie kommt man zur Erfahrung der absoluten Wirklichkeit, zur Erleuchtung?

Hugo M. Enomiya-Lassalle: Ganz konkret: durch die Zen-Meditation. Im Zen wird Satori, d.h. die Erleuchtung geprüft, durch einen anerkannten Meister. Es müssen ganz bestimmte Fragen beantwortet werden. Allein der Eindruck, daß einer die Erleuchtung hat, genügt nicht. Damit jemand Zen-Meister wird, müssen noch etwa 500 bis 600 Koans gelöst werden; damit die Erleuchtung wirklich integriert wird, ist das notwendig.

Theoretisch kann jeder Mensch zur Erleuchtung kommen. Es geht immer um das Eins-Werden. Aber das berüchtigte Ego, das sogenannte kleine Ich, steht den Menschen im Weg, wirklich eins zu werden.

Wenn aber jemand zur Erfahrung des Eins-Seins gelangt ist, muß er diese Erfahrung vertiefen und integrieren, und das heißt: Er muß ein anderer Mensch werden, ein vollkommener, aufrichtiger Mensch im besten Sinne des Wortes. Das bedeutet nicht, diese oder jene Religion zu haben, sondern daß er ehrlich ist und sich selbst für die Menschen einsetzt. Im letzten Stadium, wenn er ganz umgewandelt ist, vergißt er die Erleuchtung und arbeitet selbstlos für die Menschen.

Roland R. Ropers: Welchen Weg muß man beschreiten, um zu dieser Erfahrung zu gelangen?

Hugo M. Enomiya-Lassalle: Erleuchtung ist ein Innewerden von der Wirklichkeit, dem Absoluten, und das verliert der Mensch auch nicht - aber die Umwandlung geschieht nicht allein durch die Erleuchtung, dazu braucht man das ganze Leben. Die Erleuchtung ist nur der Anfang. Wichtig ist, daß der Betreffende an sich arbeitet. Bevor man an die Erleuchtung denkt, muß man sich bemühen, ein richtiger, guter Mensch zu werden, ehrlich, aufrichtig, mitleidig, selbstlos und treu - dann kann man die Erleuchtung anstreben.

Roland R. Ropers: Wie verträgt sich die Erfahrung des Absoluten mit dem Leid in der Welt?

Hugo M. Enomiya-Lassalle: Ich kann das Absolute erfahren und mir beständig der Gegenwart Gottes bewußt sein und doch die ganze Not der Menschheit sehen - das ist kein Widerspruch. Man kann in diesem Zusammenhang auch nicht sagen, es hätte keinen Sinn, in die Einsamkeit zu gehen, weil man dort glücklich ist und sich dem Leiden der Mitmenschen entzieht. Die Menschheit ist ein Ganzes. Wenn Menschen sich zurückziehen und nur noch meditieren, wirkt sich auch das aus und hat einen Wert für die Menschheit. Aber gerade die Zen-Meditation bzw. der Zen-Weg sollte konkret in den Alltag integriert werden. Zen führt nicht aus der Welt, sondern in die Welt hinein. Im Zen gilt es, die phänomenale Welt (das ist unser Alltagsbewußtsein) und die absolute Welt als eins zu erfahren. Und das ist ein langwieriger Prozeß.

Roland R. Ropers: In Ihrem soeben erschienenen Buch *Mein Weg zum Zen* schildern Sie die Stationen Ihres bewegten und ereignisreichen Lebens. Sie haben für die Christen das Fenster zum Osten geöffnet, Sie sind der erste christliche Zen-Meister in der Geschichte, Sie haben für den Dialog zwischen Christen und Buddhisten eine Pionierleistung erbracht. Sie haben den Abwurf der Atombombe von Hiroshima unmittelbar er- und mit Strahlenschäden überlebt. Sie sind der Erbauer der Weltfriedenskirche von Hiroshima und Ehrenbürger dieser Stadt. Und im hohen Alter nun neunzig Jahren geben Sie noch über dreißig einwöchige Zen-Kurse in Asien und Europa, reisen beständig und ohne Begleitung zwischen den Kontinenten hin und her. Wie bewältigen Sie dieses Pensum?

Hugo M. Enomiya-Lassalle: Lassen Sie mich auf Ihre Frage mit einem berühmten Dialog zwischen einem Zen-Meister und seinem Schüler antworten:

Der Schüler fragt den Zen-Meister: *„Machst du ununterbrochene Anstrengungen, dich in der Wahrheit zu üben?"*

Antwort des Meisters: *„Ja, das tue ich."*

Der Schüler fragt: *„Wie übst du dich selbst?"*

Der Meister antwortet: *„Wenn ich hungrig bin, esse ich, wenn ich müde bin, schlafe ich."*

Antwort des Schülers: *„Das tut jeder. Kann man dann von jedem sagen, daß er sich übt wie du?"*

Der Meister: *„Nein!"*

Der Schüler fragt: *„Warum nicht?"*

Antwort des Meisters: *„Weil die anderen, wenn sie essen, nicht essen, sondern über die verschiedensten Dinge nachdenken und sich dadurch stören lassen. Wenn sie schlafen, so schlafen sie nicht, sondern sie träumen von tausend Dingen. Darum sind sie nicht so wie ich."*

Tokyo/Japan, Juli 1988

Weitere Bücher aus dem Verlag Via Nova:

Bede Griffiths

Ein Mensch sucht Gott

John Swindells, Hrsg.

192 Seiten, gebunden – ISBN 3-928632-39-6

Ein authentischer Zeuge für die Anwesenheit Gottes in der Welt

Einer der größten Virtuosen unseres Jahrhunderts, Yehudi Menuhin, hat den Mönch, Mystiker und Meister Bede Griffiths auf unübertreffliche Weise charakterisiert: „ Er ist ein authentischer Zeuge für die Weisheit der großen Religionen. Er offenbart meisterlich und wunderbar die Gegenwart Gottes." Dieser göttliche Geist berührt den Leser in diesem Buch, in dem einer der größten Mystiker unseres Jahrhunderts über sein Leben reflektiert. In diesen Selbstzeugnissen wird eine erstaunliche Synthese von Wissen und Erfahrung, von westlichem Denken und östlicher Weisheit dokumentiert. Der Leser wird getroffen von der bedingungslosen Liebe als Schlüssel zur Versöhnung aller Gegensätze in der Welt.

Gott, Mensch und Welt

Die Drei-Einheit der Wirklichkeit

Roland R. Ropers

226 Seiten, gebunden – ISBN 3-928632-40-X

Die Wirklichkeit als Trinität des Kosmischen, Göttlichen, Menschlichen

Einer der großen Wegweiser der Menschheit in das neue Jahrtausend ist Raimon Panikkar. R. Ropers würdigt in diesem Buch das Werk des universalen Gelehrten, des hochangesehenen Philosophen und spirituellen Meisters und bringt dem Leser die bahnbrechende Theologie und Spiritualität für ein neues Verstehen der einen Wirklichkeit nahe, die sich in Zeit und Ewigkeit, in Diesseits und Jenseits manifestiert. Der in drei Fächern promovierte Wissenschaftler, Gastprofessor an über hundert Universitäten, hat mehr als 40 Bücher in sechs Sprachen geschrieben. In diesem Buch kommt in den hochaktuellen Beiträgen und Ausschnitten aus dem Lebenswerk Panikkars die genial-integrative Dialogfähigkeit zum Ausdruck, die östliche und westliche Spiritualität miteinander verbindet.

Suche nach der Wahrheit

Wege – Hoffnungen – Lösungen

Willigis Jäger

228 Seiten, gebunden – ISBN 3-928632-41-8

Spirituelle Weisungen aus der Sicht des Mystikers

Wer bin ich? Woher komme ich? Warum bin ich? Welcher Weg führt zur Wahrheit? Welches Leben eröffnet Sinn? Nur in der Tiefe unseres Seins gibt es eine wahre Antwort auf diese bohrenden Fragen. Um sich dieser Wahrheit zu nähern, wurde dieses Buch geschrieben. Der Verfasser begleitet den Leser auf der Suche nach der Wahrheit. Alle wichtigen Themen des spirituellen Lebens werden behandelt und zur christlichen Mystik, zu den Erkenntnissen der Naturwissenschaften und der Transpersonalen Psychologie in Bezug gesetzt. Ein spiritueller Meister unserer Zeit hat den Mut, grundlegende Glaubensinhalte des Christentums aus der Sicht des Mystikers neu zu interpretieren. Er will die Erkenntnis vermitteln, daß allein die religiöse Erfahrung zu den Quellen der Religion führen kann und so mithelfen, daß das kommende „Jahrhundert der Metaphysik" für alle Religionen eine Zeit der Regeneration wird.

Spiritueller Eros

Auf den Spuren des Mystischen

Hans Willi Weis

312 Seiten, gebunden – ISBN 3-928632-43-4

Bewußtseinsschulung in der mystischen Tradition

Dieses Buch eröffnet die seltene Gelegenheit, das Mystische als lebendige Manifestation menschlichen Geistes kennenzulernen, als spirituellen Eros. Mystik und spiritueller Eros sind für den Verfasser nichts Verschwommenes, sondern die reale Entwicklungs- und Ausdrucksmöglichkeit eines Bewußtseins, das an Klarheit, Bewußtheit und Geistesgegenwart die uns vertrauten Stufen des Mythischen, Religiösen und Rationalen übertrifft. Dabei legt der Verfasser besonderen Wert auf Abgrenzung von vagen esoterischen Heilslehren aller Art. Er setzt sich für ein aufgeklärtes Verständnis des Mystischen und für eine klare meditative Bewußtseinsschulung ein. Dabei vermag der Leser den Duft der mystischen Rose wahrzunehmen.

Die verborgene Blüte

Über die psychologischen Hintergründe der Spiritualität

Han F. de Wit

288 Seiten, gebunden – ISBN 3-928632-42-6

Grundlegende Menschlichkeit und spirituelles Wachstum

Warum strahlen manche Menschen Lebensfreude aus, andere aber Lebensangst? Warum wachsen die einen an ihren Leiden, während andere an ihnen zerbrechen? Wie kann ich ein glücklicher Mensch werden, zu mir selbst finden? Welche Hilfen bietet die Psychologie? Die Antworten darauf stehen im Zentrum der kontemplativen Psychologie. Sie beziehen sich auf eine verborgene Blüte, die sich tief im Kern unseres Wesens entfaltet. Ihre Früchte – Lebensmut, Lebensfreude, Erbarmen und Klarheit des Geistes – sind in diesem Buch gegenwärtig mit all unserem Handeln, im Umgang mit uns selbst, unserer Umgebung und Umwelt. Es geht um unsere grundlegende Menschlichkeit. Wege dorthin werden eingehend beschrieben.

Der innere Schrei nach Erlösung

Befreiung von innen

François Brune

288 Seiten, gebunden – ISBN 3-928632-44-2

Die Welt als Hologramm – Erlösung von innen

Während viele das Ende des Christentums voraussagen, unterstreicht der Verfasser die absolut einzigartige Bedeutung des Christus für die Entwicklung der Menschheit. Anders als die philosophische Theologie ist die mystisch-holographische Theologie darauf ausgerichtet, von innen heraus wirksam zu werden. Brune versteht die Welt als ein Hologramm, in dem alles mit allem verbunden ist, also auch jede Seele mit jeder anderen – und mit Christus, der aus der Tiefe einer jeden Menschenseele als Mittelpunkt des kosmischen Hologramms erstrahlt. Unfaßbar? Aber wie, wenn es wahr wäre? Das gilt es in diesem Buch zu entdecken, das so fesselt wie eine Abenteuerreise – die Reise in die mystische Erfahrung.

Die Vision des göttlichen Menschen

Barbara Schenkbier

432 Seiten, gebunden, Einband Kunstleder mit Goldaufdruck, 21 ganzseitige Bilder, Zweifarbendruck – ISBN 3-928632-18-3

Das Buch ist ein umfassendes Standardwerk, das den Durchbruch einer neuen Evolutionsstufe im menschlichen Bewußtsein des Menschen vorbereiten hilft. Aufbauend auf wissenschaftlichen Erkenntnissen und der mystischen Tradition aller Religionen führt es zu einem tieferen Wissen über das menschliche Bewußtsein, um dann den Weg zum göttlichen Menschen zu beleuchten. Alle wichtigen Schritte werden beschrieben, wesentliche Übungen aus einer neuen Sicht heraus dargestellt und die Transformationsstufe zu einem neuen Bewußtsein geschildert.

Beim Lesen und Anwenden der beschriebenen Wahrheiten eröffnet sich dem Leser eine neue Sicht über den Sinn des Lebens. Alle, die den geistigen Weg beschreiten, werden ihn besser verstehen, ihn bewußter, mutiger und konsequenter weitergehen.

Das Buch ist aus der eigenen, spirituellen Erfahrung der Autorin heraus geschrieben und eröffnet den Blick in eine Zukunft, die die evolutionäre Schöpferkraft selbst schaffen wird.

Wenn es verletzt, ist es keine Liebe

Wege zu erfüllenden Beziehungen

Chuck Spezzano

384 Seiten, gebunden – ISBN 3-928632-20-5

Dieses Buch verändert Ihr Leben. Ein Wissender zeigt den Weg, wie Sie ein Leben führen können, das erfüllt ist von Liebe und Verstehen, von Freude und Glück. Sie erfahren in 366 Kapiteln wichtige Lebensgrundsätze, die Ihre zwischenmenschlichen Beziehungen auf eine höhere Ebene heben.

Die Weisheit der Liebe, die der Verfasser in jahrzehntelanger Forschungsarbeit als Psychotherapeut, als weltweit bekannter Seminarleiter, als visionärer Lebenslehrer entdeckt und in klare Weisungen umgesetzt hat, verwandelt Sie und berührt Ihr wahres Wesen, das Liebe ist.

Durch die angebotenen Übungen, die das theoretisch Erkannte auch in den praktischen Alltag umsetzen, wird das Buch zu einem Wegbegleiter und Ratgeber in bedrängenden Beziehungsnöten. Sie reifen in Ihrer Selbsterkenntnis, können Ihre Beziehungen in Partnerschaft und Freundschaft neu ordnen, vertiefen und intensivieren.

Das Enneagramm der Gesellschaft

Die Übel der Welt, das Übel der Seele.

Claudio Naranjo

168 Seiten, gebunden, 10 Zeichnungen – ISBN 3-928632-37-X

Das Wissen um die Tiefenstrukturen der Seele mit Hilfe des Enneagramms führt zur Erkenntnis des eigenen Charakters mit seinen Stärken, Schwächen und verborgenen Potentialen. In diesem Buch weist Claudio Naranjo – Arzt, Psychiater, weltbekannter Bewußtseinsforscher und Therapeut – nach, daß die Mißstände der Welt in den Übeln unserer Seele begründet liegen.

Es werden dabei folgende Themen behandelt:

- Das Enneagramm als Landkarte der Übel, Sünden und grundlegenden Leidenschaften in der individuellen Psyche sowie die Beziehungen zwischen diesen Übeln und den Krankheiten der Seele.
- Eine detaillierte Beschreibung der Störungen der Persönlichkeit oder Charakterneurosen, die sich aus jeder einzelnen dieser Übel oder krankhafter Zustände ableiten lassen.
- Eine Diskussion der Verwirrungen der Liebe, die jedem einzelnen dieser menschlichen Charaktere des Enneagramms zu eigen sind.
- Eine Betrachtung eines möglichen „Enneagramms der Gesellschaft“ als eine kurze sozialkritische Abhandlung aus der Perspektive der psychischen Krankheiten des individuellen Charakters.

Identität und Befreiung in Gestalttherapie, Zen und christlicher Spiritualität

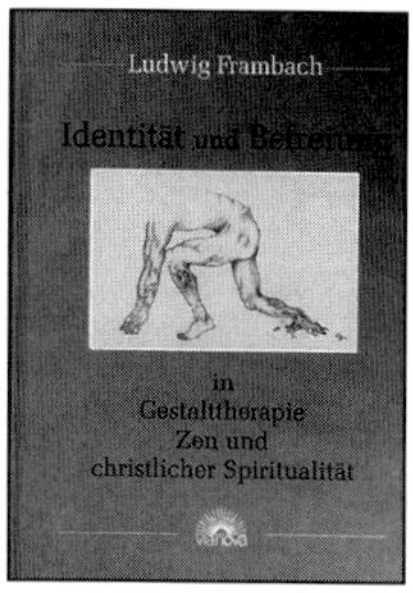

Ludwig Frambach

418 Seiten, gebunden, 45 Zeichnungen und Fotos
ISBN 3-928632-10-8

Aus dem Vergleich von Gestalttherapie, Zen und kontemplativer christlicher Spiritualität entwickelt der Autor ein grundlegendes Prozeßmodell, das Psychotherapie und Spiritualität verbindet.
Die Darstellung der Gestalttherapie konzentriert sich auf authentische Aussagen von Fritz *Perls.* Sie weist jene Struktur auf, die als Entsprechung im Befreiungsprozeß des *Zen* und *christlicher Kontemplation* nachzuweisen ist. Das Buch kann Menschen, die auf dem Weg sind, helfen, die Phasen und Stadien, die sie durchleben, besser zu verstehen und zu akzeptieren. Es will ermutigen, sich auf eine befreiende Transformation der Identität einzulassen und sich für die notwendigen psychischen und spirituellen Prozesse zu öffnen.

Jean Gebser

Individuelle Transformation vor dem Horizont eines neuen Bewußtseins

Gerhard Wehr

304 Seiten, gebunden – ISBN 3-928632-26-4

Die Gebser-Biographie beleuchtet Höhen und Tiefen eines innerlich wie äußerlich bewegten Lebens; das Leben eines Dichters und Kulturgeschichtlers, eines vielgereisten Weltbürgers, der als Phänomenologe viele Disziplinen befruchtet hat: Philosophie, Psychologie, Anthropologie, Bereiche der Mythologie und der Symbolforschung. Der Verfasser Gerhard Wehr hat nach jahrelangen Recherchen und nach zahlreichen Gesprächen mit Freunden und Zeitzeugen Gebsers, aufgrund des Studiums der Tagebücher und einer tiefgründigen Kenntnis des literarischen Werkes die erste umfassende Gebser-Biographie vorgelegt. Der Leser erfährt nicht nur biographische Informationen, sondern auch in verdichteter Form die wichtigsten Einsichten und Erkenntnisse über die Stufen menschlicher Bewußtseinsentwicklung, über das Werden einer neuen Welt und die Heraufkunft eines neuen Bewußtseins.

Der Weg durch den Sturm

Weltarbeit im Konfliktfeld der Zeitgeister

Arnold Mindell

248 Seiten, gebunden – ISBN 3-928632-29-9

Wie sollen wir Menschen an der Schwelle zum dritten Jahrtausend unsere gigantischen Probleme lösen? Ausgehend von seinen Erfahrungen in der psychotherapeutischen und supervisorischen Arbeit mit Einzelnen und Gruppen in vielen Teilen der Welt hat Mindell Ansätze für eine Methode entwickelt, welche Lösungen nicht von außen überstülpt, sondern Gruppen und Großgruppen dabei unterstützt, sich selbst kennenzulernen und bisher unterdrückte oder übersehene Teile als Ressourcen für den Umgang mit ihren Schwierigkeiten und zur Entwicklung von Gemeinschaft zu nutzen.
Wie können Betroffene dabei unterstützt werden, aus ihrem Prozeß und ihrem jeweiligen Feld heraus Zugang zu den eigenen Potentialen von Führungskraft und Weisheit zu finden? Dieses Buch schildert Schritte auf dem steinigen Weg der Suche nach einer neuen „Weltarbeit“, welche Erkenntnisse aus der Psychologie, den modernen Naturwissenschaften und den alten spirituellen und schamanistischen Traditionen zusammenbringt, um den Herausforderungen unserer Zeit zu begegnen.